数字时代的文件与档案管理

赵 屹 著

世界图书出版公司

上海·西安·北京·广州

图书在版编目(CIP)数据

数字时代的文件与档案管理 / 赵屹著. 一上海:
上海世界图书出版公司,2013.11(2021.8重印)
ISBN 978-7-5100-6917-8

Ⅰ.①数… Ⅱ.①赵… Ⅲ.①电子文件—档案管理
Ⅳ.①G276

中国版本图书馆 CIP 数据核字(2013)第 217404 号

数字时代的文件与档案管理

著　者　赵　屹

出 版 人　陆　琦
策 划 人　姜海涛
责任编辑　吴柯茜
装帧设计　车皓楠
责任校对　石佳达

出版发行　上海世界图书出版公司　www.wpcsh.com
地　　址　上海市广中路 88 号
电　　话　021 - 36357930
邮政编码　200083
经　　销　各地新华书店
印　　刷　上海景条印刷有限公司　　如发现印装质量问题
开　　本　787mm×960mm　1/16　　请与印刷厂联系　021 - 59815621
印　　张　20
字　　数　280 000
印　　次　2021 年 8 月第 1 版第 5 次印刷
书　　号　ISBN 978 - 7 - 5100 - 6917 - 8/G · 424
定　　价　60.00 元

序

我们身处一个变革的时代。作者在书中将这样一个时代称为数字时代。在这个时代,数字化浪潮一浪高过一浪,成为席卷一切、冲击一切的强大动力,具有摧枯拉朽的巨大力量。这个时代的文件与档案工作,由电子文件引发了史上革命性的变化。这种革命性的变化蕴含着很多机遇、深藏着很多风险也制造了很多的难题……正如书中所言,当前电子文件在法律地位方面、长期保管方面、归档管理方面、安全方面都存在问题。这些问题影响了电子文件的长期保存,也使得许多作为档案永久留存的电子文件最后无法发挥档案的作用——尤其是凭证作用。电子文件管理问题不解决,数字时代的未来就没有历史!

数字时代借由电子文件的广泛使用给人类文明的保存与延续提出了严峻的挑战,并期待着档案管理工作和我们档案工作者迎接挑战、交出答卷。面对电子文件,我们熟悉的文档特点变化了,旧有的管理手段无措了,传统的管理方法失效了,习惯的服务模式落后了……时代的挑战使我们档案工作者困惑、彷徨、思考、探索。本书作者赵屹博士是数字时代面对电子文件管理的思考者、研究者、探索者和前行者之一。她迎难而上、御潮而行,基于个人多年研究基础之上写出了这部回应时代的学术著作。

本书立足于数字时代背景,以电子文件为研究对象,对文件与档案管理对象的变化进行深入的思考,对我国文件与档案管理工作的变革和发展进行有益的探索,对新时代文件与档案管理的发展和方向进行专深的研究,对个人提出的观点和策略进行精辟的论述。全书有四个独特而鲜明的特点:

一是洞新求变的思维理念。全书把脉新时代,在文件和档案管理工作的发展中洞察新机遇和新变化,结合一些实例重塑数字时代文件与档案管理的思维、流程和理念,追问新的模式和方法,洞见文件与档案管理未来的新发展。

二是别出机杼的创新精神。全书在内容上研究深入,前沿性强,不仅分析和阐述了很多新思想、新技术、新模式等,而且在研究和阐述的过程中作者提出了诸多独创性观点。例如当今的数字时代是"纸器时代"向无纸时代的过渡时代,司法界所译的"电子记录"应为电子文件,国家整体文件与档案管理流程应为"保存即归档"模式,未来文件与档案管理的机构应是文档一体化的新型机构,电子文件管理系统的开发模式应是流程优化、标准引导、整体设计的等等。

三是整体递进的逻辑关系。全书以新的时代产生新的对象从而引发新的问题为切入点,从新的思想、新的技术、新的模式、新的策略、新的流程、新的系统、新的体制、新的服务等全新的角度,深入地、系统地、全面地论述了数字时代的文件与档案管理问题,并研究和阐述解决问题的思想、策略与实践。在整体论述上逻辑严密、层层递进。

四是流畅易读的论述语言。此书是基于作者的梦想基础上完成的,仅仅因为作者想写、喜欢写而作。全书洋溢着浓浓的自在、自得、自省的氛围,语言生动,读起来轻松流畅。例如书中提出问题部分尽量通过实例进行说明,选取的实例与研究内容紧密结合。在标题上,用冒号对概括性的标题进行深入说明,将契合用意且涵义丰富的诗句引入标题之中等,让人有耳目一新的感觉。

赵屹是中国人民大学信息资源管理学院 2003 届的博士毕业生,是档案管理领域的教育工作者,也是文件与档案管理领域的研究者。她在文件与档案管理领域潜心研究多年,具有复合型的知识结构、扎实的理论功底、较全面的研究视角以及对时代变化的敏锐的感知能力。这本书综合了其多年的研究成果,为文件与档案管理领域的理论大厦贡献了砖瓦,为文件与档案管理领域的百花园增添了盎然的春意。从书中,我看到作者在时代浪潮中御风冲浪、奋勇前行的身影,也看到她在专业领域执著追求的研究精神。这是一本面向理论与实践的,追求探索与开拓的,具有创意与新意的专业学术著作。

在数字时代,我们文件与档案工作以及文件与档案工作者在保持传统的同时要发扬创新,如同本书的作者一般顺应时代的变化有所作为。摆脱传统的工作方式和工作环境给文件与档案管理带来的羁绊,探索适合电子文件特点和规律的现代化管理方式、服务方式乃至专业教育方式,引领各行各业文件与档案管理的发展,成为时代浪潮中的弄潮儿,与这个时代共荣共生。

谈点阅读该书的感受,是为序。

张斌

2013 年 5 月 16 日

目 录

1 新的时代

1.1 "纸器时代"：即将翻过的一页

网络中流传着这样一则小故事①：新60世纪90年代，尸体复活技术已经十分成熟，考古成为地球上最热门的工作。年轻的考古学家们在南极挖出了一具尸体，经鉴定此人死于20世纪90年代，该时期是旧人类阶段。

科学家们用尸体复活技术让这个人"醒"了过来，并问他："在你生活的时代里，人们都在忙什么？"

"挣钱。"

"'钱'是什么？"

"一种特殊的纸。"

"除了挣钱呢？"

"混文凭。"

"什么是'文凭'？"

"一种特殊的纸。"

---

① 见郑渊洁《复活的木乃伊》，《童话大王》1997年第12期。据郑渊洁博客(http://blog.sina.com.cn/s/blog_473abae60100fa8o.html)记载，该作品被"疯狂抄袭"，此处引用的是一个被改编的版本。

"人们最基本的生活还需要什么?"

"身份证。"

"什么是'身份证'?"

"一种特殊的纸。"

"还有呢?"

"结婚证、驾驶证、工作证、职称证书……"

"这都是什么?"

"都是些特殊的纸。"

于是,考古学家们将这古尸生活的时期称为"纸器时代"。他们作了一篇题目为"新人类诞生史"的论文,主要论点是说:纸器时代是旧人类生活的末期,尔后由于纸的消失,导致了旧人类的消亡。之后,才出现了他们新人类。

这一则小故事,许多人读出了新意。有人认为它讽刺了当今社会证件泛滥的现象。而作为一名文档工作者,笔者被这则小故事中的"纸器时代"这个称谓所震撼,觉得它揭示了纸张在人类生活中的重要性,同时也被故事中的寓言所震撼,"纸器时代"将会如同"石器时代"等旧时代一样成为人类历史翻过的一页。

造纸术是中国的四大发明之一,是人类文明史上杰出的发明创造。据考证,我国在距今两千多年前的西汉时已经开始了纸的制作。公元105年,蔡伦所造的纸已经能满足书写的要求,纸张开始广泛应用,并逐渐成为占绝对统治地位的信息承载媒介而沿用近两千年。

然而近年来,数字信息及其承载媒介的迅猛发展,开始动摇纸质媒介的统治地位。数字信息是以0和1两位数字编码来表达和传输的信息,具有易交换、高容量、高稳定和高清晰等特点。随着微电子技术、信息传输技术、多媒体技术、数据库技术、数字压缩技术、语音识别技术、自动翻译技术、虚拟现实技术等信息技术的综合发展,计算机二进制记录方式已经普遍化,数字信息铺天盖地地涌入我们的社会,改变了我们的生产方式、工作方式和学习方式。

数字信息以磁介质、光介质、半导体介质等形式的电子信息存储介质进行存储。磁介质如磁带、磁盘,磁盘包括硬盘、移动硬盘、软盘;光介质如光盘、蓝光光盘;半导体介质如 U 盘、SD 卡、CF 卡、MMC 卡、记忆棒等各类存储卡和非易失性存储器等。

数字信息通过网络进行传播。网络是计算机技术与通信技术结合的产物,它把分布在不同地理区域的、功能独立的多台计算机与专门的外部设备用通信线路连成一个规模大、功能强的网络系统,从而使众多的计算机可以方便地互相传递信息,共享硬件、软件、数据信息等资源。网络的发展速度迅猛惊人,非狂飙无以喻之。它从最初只连接了四台计算机站的阿帕网(ARPAnet),发展成为带宽、高速、综合性、广域型的数字式电信网络。通过网中设网、网际互联覆盖了全球范围,形成数字信息赖以生存的网络环境。因特网(Internet)在全球的迅速扩展,标志着网络环境的形成。网络的作用不可估量。网络是工具,是一种史无前例的交流工具;网络是媒体,是跨国界、跨文化、跨语言的全新媒体;网络是信息源,是庞大的、实用的、可共享的信息源。

数字信息依赖各种电子设备转换成人所能接收的表现形式后才能进行阅读。这些电子设备不仅包括电子计算机,还包括各种新型的智能终端,如电子书、电子纸、手机、iPad、MP4、PSP 等。相对传统的纸质阅读,人们把以数字媒介为信息载体的阅读方式和途径称为数字阅读。随着数字技术、智能终端等层出不穷,数字阅读也演变为不同的类型,例如电子阅读、网络阅读、手机阅读、移动阅读、在线阅读、云阅读、轻阅读、微阅读、绿色阅读等[①]。这些概念的内涵大致相同,只是在媒介介质、阅读方式、阅读支持技术等不同层面稍有差异。

数字信息的存储方式、传播方式、阅读方式等各方面均发生了革命性的变化,这些变化给作为传统信息媒介的纸张带来了巨大的冲击。

1992 年下半年,英国牛津大学出版社出版的共 20 卷、总重 62 千克、字

---

① 见王佑镁《Web2.0 时代阅读方式的传承与转变》,《中国信息界》2011 年第 11 期。

数达 6 亿的巨型《牛津英语辞典》第 2 版被存入巴掌大的计算机光盘上在美国上市。美国总统克林顿于 1994 年 6 月宣布普通百姓可通过电子信箱与白宫通信,此后白宫每天收到电子信函接近 1000 封。发达国家的经贸活动实现了"无纸贸易",即以电子数据交换技术(electronic data interchange,EDI)代替传统的纸制单据往来。1992 年底,英国伦敦图书馆将它收藏的所有图书目录输入了计算机。1994 年 3 月 9 日电子报纸问世,欧洲首家提供"读报"服务的系统进入用户家庭。个人计算机可接收最新出版的英国《卫报》,并通过语言合成器"读"给盲人。①

中国自 1994 年加入因特网,数字信息开始大范围地传播。但在 1999 年之前,网络对于大多数中国人还是个陌生事物,上网的人数相当有限。之后随着网络文学和网络游戏的异军突起,网络成为全社会的关注热点,开始了大步前进。

1999 年我国开展了"政府上网工程",各级政府开始在因特网上建立网站,电子政务开始启动。截至 2002 年年底,各级政府网站总数已达 6000 个以上,80%以上的省部级政府和 70%以上的地市级政府上网②。电子政务改变了我国信息化建设过程中在硬件与软件上投资比例严重失调的状况,丰富了网络上的中文信息,营造了有利于我国信息业发展的"生态环境"。

2000 年,在悉尼奥运会赛事报道中,中国男子体操队克服巨大困难勇夺男团金牌,新华网在比赛结束四秒后发出快讯。这样的报道速度,令纸质媒体难以望其项背。

2002 年年初,深圳市党政机关电子公文交换系统正式开通③;2005 年 4 月起,成都市政府及办公厅通过市政府办公资源网传输"红头红章"文件,不再下发纸质公文和接收下级单位上报的纸质请示性公文。无纸化办公开始席卷全国。

---

① 见《"无纸"时代即将到来》,《山西档案》1994 年第 1 期。

② 信息来源:电子政务忌重"电"轻"政",http://tech.sina.com.cn/i/c/2002-12-18/0936156441.shtml,检索时间 2013 年 5 月 6 日。

③ 见彭光芒《对电子公文的思考》,《秘书》2001 年第 4 期。

2003 年 11 月 26 日,《华盛顿观察》周刊发表文章指出,美国报业正在进入电子阅读时代。许多美国媒体在保持原有纸质印刷版的同时,纷纷推出了电子版,越来越多的读者开始接受电子版报刊。美国报刊电子版多实行收费订阅的方式,例如《华尔街日报》的网络版不仅收费,而且也已经开始将电子版的订户纳入总发行量的统计范畴。报刊电子版的收费低于邮订价格,如电子版《华盛顿邮报》每月的售价是 9.95 美元,全年订价 120 美元,而纸质版的全年订价是 180 美元。电子版报刊的获取方式也日益多元化,在很多报亭和一种类似于自动取款机的设备上都可以即时下载打印。例如插入信用卡支付 4.75 美元就可以在华盛顿读到最新的《印度时报》,更不用说美国本土的各大报纸了。①

2003 年 12 月 11 日,我国的《齐鲁晚报》推出 WAP 版报纸供手机用户观看,传统的纸质媒体开始尝试数字化发行方式,以期扩大读者群,壮大影响力。②

国家广电总局把 2004 年定为我国广播电视的数字化年和产业化年,并制订了有线电视数字化的时间表,以便大大提升广播电视媒体的竞争力和影响力。广播电视数字化将使我国 4 亿台电视机成为一个集公共传播、信息服务、文化娱乐、交流互动于一体的多媒体信息终端。

2005 年是中国数字媒体发展的关键一年,这一年数字媒体的广告营业额突破 30 亿,国内外的各种风险投资纷纷进入数字媒体领域,为其进一步扩张提供资金。

2009 年 11 月 26 日,占据英国图书市场 5％份额的英国第三大连锁书店鲍德斯集团宣布破产。2006 年时鲍德斯拥有 40 多家门店,年赢利 2000 万人民币,销售额达 22.3 亿元人民币。而 2009 年,鲍德斯的销售额只有 1.5 亿元人民币。有人称鲍德斯是首家在网络冲击下破产的零售书店,全

---

① 信息来源:数字化革命对纸质媒体变革的意义在哪里,http://info. broadcast. hc360. com/HTML/001/001/025/50397. htm,检索日期 2013 年 5 月 6 日。

② 同上。

国公共广播电台(NPR)发表文章质疑"书店体验"还能持续多久,有些人认为与图书有关的行业从业者将黯然退出市场。[1]

2009 年圣诞节,作为全球销量最大的网上书店,美国亚马逊公司的电子书销量首度超过实体书。[2]

2011 年,俄罗斯印刷广告时代结束,网络广告收入首次超过报刊。根据俄罗斯传媒机构协会的数据,广告商对印刷出版物的兴趣在下降,报刊广告收入增长速度最缓慢,只有 6%,就绝对指数而言首次落后于互联网。在数字与传统相互竞争的时代,很多出版商都转向了数字领域,数字出版物逐渐成为盈利的根本。数字杂志发行量在 2011 年下半年激增了一倍多,从 2010 年的 146 万同比增长到 329 万。很多出版商推出 iPad 或者其他平板的数字杂志,并承认从新闻报刊上抢走了 30%到 45%的用户。虽然相较于还处于主导地位的传统发行数字发行还只是一小部分,但是整个市场已经呈现出了向数字发展的趋势。[3]

2011 年年末,当当网电子书平台"数字书刊"频道率先上线,首期上线 5 万种电子书。其电子书平台将实现与 PC、智能手机、iPad、阅读器的无缝对接,以便用户购买电子书后可在多个平台阅读。当当网还同步推出了数字期刊以及视频等多媒体产品,种类繁多。同年,京东商城与 200 多家出版社及网站签订合作协议,合作对象不乏人民文学出版社、机械工业出版社等主流出版社,首期上线的图书品种超过 8 万种,包括电子书、数字期刊和多媒体电子书。电子书市场一举摆脱了此前存在的"有市无货"或"有货无市"的尴尬,开启新的阅读时代。2012 年当当网第一季度实现超过 500 部畅销书的电子书与其纸质版同步发售。业界普遍认为,2012 年是数字图书领域争夺战的元年。

---

① 信息来源:英连锁书店巨头鲍德斯倒闭是否实体店即将失落,http://www.admaimai.com/News/Detail/2/17004.htm,检索日期 2013 年 5 月 6 日。

② 见芮益芳《无纸化阅读时代,你且慢来》,http://cips.chinapublish.com.cn/sz/yd/tj/201011/t20101103_79903.html。

③ 见《俄印刷广告时代结束网络广告收入超报刊》,《中国印刷》2012 年第 4 期。

2012 年 3 月 14 日,大英百科全书出版公司宣布已经出版了 244 年的、以无可置疑的权威性著称的《大英百科全书》(*Encyclopedia Britannica*)停止出版印刷版本。这个消息或多或少地给人们带来了文化心理上的冲击。公司总裁乔治·考兹坦言:"这是进入新时代的重要一步。很多人都将对此感到伤心和怀念。但是,我们现在有了一个更好的工具。我们的网站将会一如既往的更新,这是一个更加广阔并且多媒体的平台。"

目前,网络同人们日常生活的联系日益密切,83％的网民上网的目的是获取信息,网络已经成为公众获得信息的重要渠道。① 到图书馆阅读的读者已不足过去的 30％。② 美国独立民调机构 Pew Research Center 的一份调研报告显示,越来越多人喜欢在移动设备上阅读,大约四分之一的美国人定期从移动设备上获取信息。不仅如此,很多移动设备用户会在手机或者平板电脑上阅读更多的内容或者访问新的网站。③ 中国新闻出版研究院组织的"第十次全国国民阅读调查"成果显示,2012 年我国 18 至 70 岁的公民对数字阅读方式——网络在线阅读、手机阅读、电子阅读器阅读、光盘阅读、PDA/MP4/MP5 阅读——的接触率为 40.3％,比 2011 年上升 1.7 个百分点。在接触过数字化阅读方式的公民中,90.6％表示阅读过电子书后就不会再购买同类纸质版。④

数字信息存储方便、传播快捷、阅读简单,它集文本、图形、图像、照片、动画、声音、影像、超链接等多种形式于一体,具体、生动、全方位地展示主题,便于阅读者更加深入细致地了解所需信息的内容及其特征。以上事例

---

① 见中国互联网信息中心《中国互联网络发展状况统计报告》,http://www. cnnic. net. cn/develst/report. shtml,检索日期 2007 年 1 月 1 日。

② 见王会、田士威、乔相军《数字媒体与纸质媒体博弈的原则、策略及意义》,《河北大学学报(哲学社会科学版)》2007 年第 6 期。

③ 见 Suiling《从纯纸质阅读到电子阅读时代》,http://media. cocoachina. com/from-tabloids-to-tablets-commercial-opportunities-on-apple％ E2％ 80％ 99s-newsstand/,检索日期 2012 年 9 月 8 日。

④ 见《微时代的阅读变化电子书与纸质书分庭抗礼》,http://www. caigou. com. cn/News/Detail/131450. shtml,检索日期 2013 年 4 月 27 日。

与数字表明,当前数字信息已经全方位地对传统纸质媒介发起了冲击并正在改变我们这个时代的信息生态。

在人类文明的进化史中,甲骨、金石、简牍、缣帛、泥板、纸草、蜡板、棕榈叶、羊皮纸都曾作为文字与文明的媒介,又都一一被取代。在过去的几十年里,人们看到黑胶碟被 CD、VCD 取代,但是很快,通过网络下载歌曲的MP3 又被人们挂到脖子上。后来,MP3、MP4 等便携式多媒体播放器不仅用于传播音乐,还可以传播许多有声读物,甚至可听的报纸。现代技术的发展早已大大地超出了我们一般人的想象力。种种迹象似乎在向我们昭示:纸器时代即将成为人类历史翻过的一页。

1.2 无纸时代:未来的数字文明

在前文纸器时代的小故事里,考古学家们作了一篇题目为"新人类诞生史"的论文。其实,这篇论文不仅阐明由于纸的消失而导致了旧人类的消亡,还对他们新人类做出了描述。什么是新人类? 新人类生活在无纸时代,人体植入数字终端,可以随时随地获取和发送数字信息!

短短的一句话,为我们描述了未来的数字文明,所有的社会记忆存于数字信息之中。其实,我们每一个人都或多或少地对无纸时代的数字文明有过幻想。在电影《阿凡达》中,出现了可以悬浮在空中翻页的彩色三维立体书。很难说人类是不是也能很快享受到这样的新技术服务。[①]

2011 年 7 月,广东省自十一届人大常委会第二十七次会议起正式实行会议文件电子化系统,纸质文件不再是人手一份而改为按需索取,以充分利用信息技术和信息网络的手段,提升常委会会议审议质量和效率,减少会议文件资料的印发,建设节约型机关。从某种意义上说,这标志着会议系统已经走进无纸时代。经常被抽调做常委会会议简报员的机关工作人员小林评

---

① 　见李军《走进无纸化时代》,《人民之声》2011 年第 8 期。

价说:"真是太爽了! 不用带上好几斤重的资料,记录审议发言时省略了用笔速录再抄正的过程,而且,对于发言中提到的法规草案和报告中的一些内容,同步跟进起来很容易,简单地用'拷贝''粘贴'的方式记录下来就行了,对于我们这些熟悉键盘多过纸笔的'80后'来说,当然省事多了。"①

时代巨轮的飞速运转、新兴科技的无穷诞生已经让现代人应接不暇。无纸化会议、无纸化办公、无纸化教学、无纸化报关、电子转账等早已施施然地出现在我们的生活中,储存量大、体积重量小、检索快速方便、信息易于更新、网上传播及时的电子出版物已经成为重要的大众传播媒体,光纤、通信卫星往来运载着海量的信息,一根头发丝粗细的光纤可以同时传输几十万路电话或上千路电视,通信卫星把信息覆盖到世界任何一个角落……无纸时代已经初露端倪。

网上曾经流行一个有趣的视频:男主人拿着 iPad 坐在桌旁阅读,特写镜头前 iPad 出色的网页浏览效果、简约而不简单的外观设计充分体现了时尚与科技的完美结合。但是,男主人的惬意阅读很快被一个不速之客打断——一只嗡嗡作响飞来飞去的苍蝇。此时,故事的结局和亮点出现了,被苍蝇搅得心烦意乱的男主人下意识地拿起手中的 iPad 朝桌上的苍蝇奋力拍去。一声巨响,在一旁写作业的儿子、正在忙碌的女儿和妻子全都惊呆了。当男主人不知所措地抖落摔烂了的屏幕碎片时,画外音调侃道:"iPad 全面性压倒传统报纸——除了一件事。"苹果公司这款广告的含义表达了他们的一种自信和决心,那就是:除了拍苍蝇,我们无所不能!②

专家预测,按照目前的发展模式,到 2018 年全球电子书的销售量将完全超越纸质印刷书。微软创始人比尔·盖茨断言纸书迟早有一天会消亡。③ 2008 年 SUN 微电子公司的网上大师级人物雅各布·尼尔森在其一篇专栏文章《传统媒体的终结》里说到:"在未来的五到十年间,大多数现行

---

① 见李军《走进无纸化时代》,《人民之声》2011 年第 8 期。
② 见芮益芳《无纸化阅读时代,你且慢来》,《中国传媒科技》2010 年第 10 期。
③ 同上。

的媒体样式将寿终正寝。它们将被以综合为特征的网络媒体所取代。"① 数字化的先行者尼古拉斯·尼葛洛庞帝(Nicholas Negroponte)也曾指出:"当传统媒体广播、电视、报纸在大力宣传因特网时,他们不知道他们在培养自己的掘墓人。"②

数字信息呈现出存储大容量化,传递网络化、高速化、双向化、多媒体化,处理自动化、实时化、智能化的发展趋势,其传播在互动性、及时性、自由性上具有无可比拟的优势。以比特形式构建的数字网络已经形成了一个类似于科幻世界的虚拟社会,成为面向芸芸众生的崭新的社会形态。国际电信联盟于 2013 年 2 月公布的最新数据指出,全球互联网用户将在 2013 年底达到 27 亿人,相当于全球人口的 39%。③ 数字信息强大的整合力量将使其在未来无处不在,最终将引领人类社会告别纸器时代而步入无纸时代。

1.3　数字时代:今天的过渡阶段

回首过去,纸器时代与我们渐行渐远;展望未来,无纸时代遥遥在向我们招手。那么,今天,我们所处的时代究竟是纸器时代还是无纸时代呢? 其实,尽管纸质媒介在数字媒介的巨大冲击下已显出颓势,但它不会很快地退出历史舞台,在今后相当长一段时期内,将是纸质媒介与数字媒介共存共生。因而,我们今天正处于纸器时代向无纸时代的过渡期,这是传统媒介与数字媒介相互交叉、相互融合、相互促进的时代。这个时代是变革的时代,数字技术促使社会发生着深刻的变革。数字化与网络化扑面而来,在更深、更广的层面上渗透到我们的工作、学习和生活中。社会政治、经济、军事、科

---

① 见《新媒体的崛起与传统媒体的终结》,http://blog.sina.com.cn/s/blog_5995f0c40100aotk.html,检索日期 2013 年 5 月 13 日。

② [美]尼古拉斯·尼葛洛庞帝《数字化生存》,海南出版社 1996 年版,第 127 页。

③ 见国际电联《到 2013 年底全球近 40% 人口使用互联网》,http://www.admaimai.com/news/ad201302282-ad98678.html,检索日期 2013 年 2 月 28 日。

技、文化领域的工作模式逐步变革，电子商务、电子政务、电子军务不断深化，信息系统无所不在，网络日益包罗万象。数字与网络更新了人们的观念，改变了人们的思维方式、行为方式、生活方式，引起社会结构和价值观的深刻变化。

这样的时代，新意频现、精彩纷呈。人们基于不同的认识从不同的角度描述不同的特征，赋予这个时代很多的称谓：信息时代、电子时代、网络时代（还被细分为互联网时代、Web2.0 时代、移动互联网时代、物联网时代）、计算机时代、比特时代、e 时代、知识经济时代、后 PC 时代、数字世界、数字社会……无论如何定义今天这个时代的名称，其根本含义是等同的，"数字"与"网络"是这个时代最重要的两个主题词。而在这两个主题词的关系当中，如果不是数字技术的发展，覆盖全球的因特网是不可能实现的。鉴于所有机器语言都是用数字代表的，这个时代所有的一切都建立在数字信息的基础上，所以本书更倾向于将其称为数字时代。

"数字"又称"数码"（香港地区常用）、"数位"（台湾地区常用），源于英文的"digital"一词。Digital 原为手指、脚趾（digit）这一名词的形容词形式，并具有代表 0、1 等"数值"或"离散值"的含意。在以"数字"一词所修饰的时代里，源于计算机领域、信息领域的数字技术向人类生活各个领域全面推进，包括通信领域、大众传播领域在内的传播技术手段以数字制式全面替代传统模拟制式。

模拟（analog）是指相似物或类似物，具有"连续的数值"的含意。在存储和传输方式上，模拟把信息作为"连续值"处理，而数字把信息作为"数值"处理。从模拟到数字的变化源于电子计算机的出现。1946 年，世界上第一台通用数字电子计算机 ENIAC 诞生。计算机从根本上改变了传统信息的记录方式，引发了记录方式的革命。它所处理的信息与传统纸质文件信息的记录方式、载体形式完全不同。计算机采用不连续的 0 或是 1 来表示一个连续变化物理量的数字信号来记录信息。无论是数值、文字数据还是图像、声音、影像都只用两个数字符号 0 和 1 表示，即所有数据在计算机中存储都要先转化为二进制数据。1981 年，美国国际商业机器公司 IBM 推出第一台个人计算机(portable computer,PC)后,为计算机在各行各业的普及使用打开大门,大大提高了人类处理、存储信息的能力。随着计算机网络的出现,又大大提高和扩展了人类交流信息的能力。网络以前所未有的规模将信息利用者、信息资源和信息系统联系起来,提供一系列的信息链接、组织、检索机制和文件传递、服务形式。信息的传递与交流消除了时间与空间的限制,得以在更高的程度上实现社会共享。

1995年,美国麻省理工学院媒体实验室主任尼古拉斯·尼葛洛庞帝的著作《数字化生存》预言了数字时代的到来。他指出:如果说物质时代世界的基本粒子是"原子"的话,那么构成信息时代新世界的基本粒子就是"比特(binary digit,bit)"。比特作为信息的DNA正迅速取代原子而成为人类社会的基本要素。书中一句"计算不再只和计算机有关,它将决定我们的生存"作为数字时代的预言传遍了全球。

那么,数字时代究竟是何时悄然来临的呢?研究人员发现数字时代"开始"于2002年,这是第一年数字媒介上的信息多于模拟媒介上的。2000年有75%的信息以模拟格式存储,例如录像带和书籍。到2007年,替换已接近完成,有94%的信息以数字格式存储。[1]

而今,整个社会都处在数字化的进程中,"数字"一词成为新鲜而时髦的限定词,数字档案馆、数字图书馆、数字博物馆、数字摄影、数字电影、数字电视、数码港、数字城市等等,不一而足。数字媒介上的信息呈现出"井喷"状态。现如今世界上的信息量到底有多大?有研究表明,2007年全球数据存储总量达295EB[2](EB称艾字节,有18位数),相当于4040亿张CD,2011年达到1.8ZB(ZB称泽字节,有21位数),差不多对应全世界每个人一块100多GB的硬盘。这种增长还在加速,预计2015年将近8ZB。[3]

---

[1]　见USC研究《全球数据存储总量达295EB》,http://soft. zdnet. com. cn/storage/2011/0214/2004675. shtml,检索日期2013年5月8日。

[2]　同上。

[3]　见《大数据解决方案背后——开放架构才是未来》,http://www. csdn. net/article/2011 - 12 - 15/309168,检索日期2013年5月8日。

信息数量增长的同时,信息传递的速度也在急速增加。2012 年 5 月,美国发布的《数字政府:构建 21 世纪平台》,为数字信息的速度作了这样的注解:"2011 年 8 月 23 日,当 5.9 级地震袭击弗吉尼亚的里士满地区时,纽约市居民在他们体验到震感前 30 秒就从 Twitter 上获悉了此次地震的消息。"这就是数字信息的速度,它体现了数字时代的效率。

在数字时代,数字信息的传递离不开网络。当我们在网络空间里用数字自如地模拟和创造时,人类拥有了自己的第二生存空间。网络成为驱动人类社会发展的核心动力。托夫勒在《力量的转移》一书中指出:"未来生产和生活方式的核心是网络,谁控制了网络,谁控制了网上资源,谁就是未来的主人。"

2 新的对象

数字时代来临,各行各业、各个领域都发生了重大的变化,文件与档案管理领域也不例外。文件与档案管理的对象从传统的纸张、胶片、录音带、录像带所承载的模拟信息逐步转换成数字信息。

2.1 乱花迷人眼:数字文件与档案的名称

数字信息是对以用计算机二进制 0 和 1 所表示的信息的统称,当前,数字信息还有其他众多的名称,这些名称就如西湖边争奇斗艳的百花一般令人眼花缭乱,无从分辨。归纳起来,大致有这样一些主要名称。

2.1.1 电子文件(Electronic Documents/Electronic Records)

该名称广泛应用于文件与档案管理领域,是指在数字设备及环境中生成,以数码形式存储于磁带、磁盘、光盘等载体,依赖计算机等数字设备阅读、处理,并可在通信网络上传送的文件。①

---

① 见《电子文件归档与管理规范》,GB/T18894－2002。

2.1.2　电子记录(Electronic Record)

该名称主要应用于我国司法领域,源于对加拿大 1998 年颁布的《统一电子证据法》(*Uniform Electronic Evidence Act*)的翻译,是指通过计算机系统或其他类似手段记录或存储的,通过人为或计算机系统或其他类似工具阅读或接受的数据演示、打印或其他输出。[①]

在英国、美国、加拿大等普通法系国家,其证据制度一般包含诸多证据规则用以对各类证据的证据能力加以限制。其中一个最重要的规则是最佳证据规则,它规定只有原始文件才能被司法机关采纳。传统的"原件"是指信息首次固定其上的媒介物。这条规则在数字时代受到挑战,数字信息很难确定首次固定的媒介物。加拿大《统一电子证据法》首次突破了最佳证据规则对"原件"的要求,直接以"电子记录"和"电子记录系统(electronic records system)"来界定电子证据,新创设"系统完整性(integrity of electronic records system)"标准来解决有关最佳证据的问题,规定鉴证时只需验证电子记录系统的完整性与可靠性即可。《统一电子证据法》对"原件"的突破首开先河,因而在世界法律界具有重要意义。在我国法律学者对其研究和翻译过程中,将其译为"电子记录"。事实上,笔者认为将其译为"电子文件"更为准确。例如 2000 年修订的《加拿大证据法》(*Canada Evidence Act*)全面吸纳了《统一电子证据法》的主要内容,同时在措词上将 electronic record 和 electronic records system 更改为 electronic document 和 electronic documents system,而后者更适合译为"电子文件"和"电子文件系统"。

2.1.3　电子证据(Electronic Evidences)

该名称广泛应用于司法领域,是以电子形式存在的、借助信息技术或信

---

① 见高富平译《加拿大统一电子证据法》,http://www.lawit.org/lawdata/legal3/200602/6313.html,检索日期 2013 年 5 月 10 日。

息设备形成的用作证据使用的一切数据及其派生物。① 目前关于电子证据的概念尚未统一，名称上还有"计算机证据""电子数据证据""数据电文证据""电子文件证据""网络证据"及"网上证据"等，内涵上存在电子材料说、电子物品说、网上证据说、计算机证据说、独立证据说、诉讼证据说等多种阐述。

2.1.4　电子数据(Electronic Data)

该名称主要应用于法律界，是指基于计算机应用、通信和现代管理技术等电子化技术手段形成包括文字、图形符号、数字、字母等的客观资料。2012年修正的《中华人民共和国刑事诉讼法》和《中华人民共和国民事诉讼法》，都将电子数据列入证据种类当中。

2.1.5　电子数据交换(Electronic Data Interchange,EDI)

该名称主要应用于电子商务领域，是指按照国际公认的同一规定的一套通用标准格式，将贸易、运输、保险、银行、海关等行业标准的经济信息，通过计算机通信网络传输，在贸易伙伴的电子计算机系统之间进行数据交换和自动处理，并完成以贸易为中心的全部业务过程。在这类业务过程中，有效地减少直到最终消除贸易过程中的纸面单证，因而 EDI 也被俗称为"无纸交易"。交易过程中的订单、预测、订单变更、订单确认、发货通知、发货票、对账单、发票等均是无纸化的电子数据。

2.1.6　数据电文(Data Message)

该名称始见于2004年8月颁布的《中华人民共和国电子签名法》(以下

---

① 　见蒋平、杨莉莉《电子证据》，清华大学出版社2007年版，第18页。

简称《电子签名法》），是指以电子、光学、磁或者类似手段生成、发送、接收或者储存的信息。该名称是《电子签名法》最根本的概念，涵盖范围极其广泛：电子数据交换、电子邮件、电报、电传或者传真乃至手机短信等概念统统可以纳入其中。

2.1.7　数字资源，数字信息资源（Digital Resources, Digital Information Resources）

该名称主要应用于图书馆界、信息学界，是指所有以数字形式把文字、图像、声音、动画等多种形式的信息，存储在光、磁等非纸介质的载体中，并通过网络通信、计算机或终端等方式再现出来的资源。按内容的表现形式可分为数据库、电子期刊、电子图书、电子报纸等，按传播的范围可分为网络信息资源和单机信息资源，按性质和功能可分为一次数字信息资源、二次数字信息资源和三次数字信息资源。[①]

2.1.8　数字遗产（Digital Heritage）

该名称有广义和狭义两种含义。广义的数字遗产始见于联合国教科文组织发布的《数字遗产保护章程》，是指特有的人类知识及表达方式，包含文化、教育、科学、管理信息，以及技术、法律、医学等其他以数字形式生成的信息，或从现有的类似的模式转换成数字形式的信息。信息是"数字生成"，只有数字形式，没有其他形式。那些生命周期短，需要有目的地制作、维护和管理以达到保存目的的文本、数据库、静止及动画影像、声音、照片、软件、网页等形式的数字材料中有许多都有长期的、重大的价值而

---

　　① 见肖希明《数字信息资源建设与服务研究》，武汉大学出版社 2008 年版，第 2－9 页。

成为一种遗产,无论是为当代人还是后代人,都应将其予以保护。① 狭义的数字遗产指被继承人死亡时遗留的个人所有的网络权益和财产,可大致分成精神和物质两个层面,包括被继承人的游戏装备、虚拟货币、账号密码、文件视频等。

2.1.9　数据(Data)

该名称普遍应用于计算机领域,是指所有能输入到计算机并被计算机程序处理的具有一定意义的数字、字母、文字、符号和模拟量等的通称。

2.1.10　机读文件(Machine-readable File)

该名称是早期对计算机所记录和存储信息的称呼,广泛应用于各个领域,是指存放于计算机中,具有唯一文件名的一组相关信息的集合。现在这个名称已经很少使用了。

2.1.11　电子公文(Electronic Official Documents)

该名称应属数字文件与档案中的一个具体类别,是指国家机构及其他社会组织在公务活动中为行使职权、实施管理而在数字设备及环境中生成,以数码形式存储于磁带、磁盘、光盘等载体,依赖计算机等数字设备阅读、处理,并可在通信网络上传送的具有法定效用和规范体式的文件。②

---

① 见《数字遗产保护章程》,http://www.saac.gov.cn/news/2012-01/05/content_13540.htm,检索日期 2013 年 5 月 9 日。
② 见国家行业标准《电子公文文档一体化业务流程管理规范(征求意见稿)》,http://www.fsarc.gov.cn/flfg/daywgf/200704/P020080518275981712400.doc,检索日期 2008 年 12 月 20 日。

2.1.12　电子邮件(E-mail)

该名称应属数字文件与档案中的一个具体类别,是指通过互联网进行书写、发送和接收的信件,目的是达成发信人和收信人之间的信息交互。在我国,有些办公自动化系统中的文件与档案是通过电子邮件系统传输的。除此之外,涉及公务但以电子邮件形式存在的文件与档案的管理尚未真正进入正式的文档管理体系当中。在国外,电子邮件已经成为相当重要的一类文件与档案,并且已经纳入国家正式文档管理体系当中。

此外,还有数字文件(digital file)、虚拟文件(virtual file)、数字化信息(digitized information)等名称。在众多名称中,如何表述作为文件与档案管理对象的数字信息呢? 其实通过上述分析答案已经昭然若揭,在文件与档案管理领域,更多地使用"电子文件"这个名称。

2.2　庐山真面目:认识电子文件

不论是在世界范围内还是在我国,对于作为文件与档案领域管理对象的电子文件都进行了一些限定和说明,这些限定和说明有助于我们认清电子文件的庐山真面目。限定和说明的要点包括如下五个方面。

2.2.1　以二进制代码记录和表示

这是电子文件与以往所有其他形式文件的基本区别,也是电子文件信息与其他数字信息的共同点。[①]

① 见冯惠玲《电子文件管理教程》,中国人民大学出版社 2001 年版,第 1 页。

2.2.2　文件的一种类型①

电子文件应该具有文件的各种属性，特别是要有特定的用途和效力。这是电子文件与其他数字信息的基本区别，也是电子文件与其他形式文件的共同点。

国际档案理事会电子文件委员会 1996 年制定的《电子文件管理指南》对数字时代的"文件"进行了阐释："文件是由机构或个人在其活动的开始、进行和结束过程中所产生或接收的记录信息，该记录信息由足以为其活动提供凭证的内容、背景和结构而构成，而不管记录的形式或载体如何。"内容（content）、背景（context）和结构（structure）是构成文件不可或缺的三种要素。内容是指文件中所包含的表达作者意图的信息；背景是指能够证明文件形成过程和文件之间相互关系的信息，例如发文者、签署人、文件生成日期、收件者等；结构是指文件内容信息的组织表达方式，例如文字的段落安排，电子文件所使用的代码、格式，以及载体、附件等方面的信息。关于文件是内容、背景与结构的统一体的观点，对于理解和管理电子文件是十分重要的。

在文档管理过程中，必须著录大量电子文件的背景信息。美国电子文件研究专家戴维·比尔曼认为："未经恰当著录过的电子文件即使保存下来，也不会有证据作用。"

2.2.3　外延非常丰富

从表现形式上看，电子文件包括文本文件、数据文件、图形文件、图像文件、影像文件、声音文件、命令文件。② 我国 2009 年颁布的《电子文件管理

---

① 见冯惠玲《电子文件管理教程》，中国人民大学出版社 2001 年版，第 2 页。
② 同上，第 2 - 4 页。

暂行办法》指出电子文件是"文字、图表、图像、音频、视频等不同形式的信息记录"。

从文件的功能看,电子文件可分为主文件、支持性文件、辅助性文件、工具性文件。①

以列举法列举,电子文件包括数字影像、地理空间数据、网页文件、数据库文件、电子邮件、电子公文……不一而足。

2.2.4 具有独特的特点

相对于"稳定的、永久的、静态的、不活跃的、固定的和严格的"纸质文件,电子文件是"不稳定的、非永久的、动态的、活跃的、交互式的、流动的和可变的"②,它易于被修改并且总是处于不断的变化当中。从存在方式上看,电子文件表现为 0、1 两个二进制数字;从保存方式上看,电子文件依赖电子介质;从感知方式上看,电子文件依赖电子设备;从传播方式上看,电子文件可以快速而广泛地传输。有研究者从整体上将电子文件的特点概括为信息的非人工识读性、系统依赖性、信息与特定载体之间的可分离性、信息的易变性、信息存储的高密度性、多种信息媒体的集成性、信息的可操作性;③从信息共享的角度看,电子文件具有高度的共享性、类型的多样性、检索的便利性、信息的时效性、信息的不安全性。④ 电子文件的这些特点改变了传统观念中对文件与档案的理解,也改变了对文件与档案的形式、特征、特性的认识。

---

① 见冯惠玲《电子文件管理教程》,中国人民大学出版社 2001 年版,第 2 - 4 页。
② 见冯惠玲《认识电子文件》,《档案学通讯》1998 年第 1 期。
③ 同①,第 7 - 9 页。
④ 见肖希明等《数字信息资源建设与服务研究》,武汉大学出版社 2008 年版,第 10 - 11 页。

2.2.5 与电子档案的关系

说到电子文件,还必须明确一个关系,就是电子文件与电子档案的关系。

在理论研究界,对于两者关系的认识有两种观点。一是认为电子文件是文件与档案领域共同的管理对象,它在文件与档案管理阶段名称不变,即在档案管理阶段仍将管理对象称为电子文件,字面上不再称电子档案。除非为了特别指明是归档后的电子文件,偶尔称为"电子档案"或"具有档案性质的电子文件"。这是因为:在电子环境中,文件和档案的界限不像纸质文件与档案那样清楚,索性全部称为电子文件;电子文件是否具有"档案"的法律地位还不是非常明确。① 二是延续传统的文件与档案观念,认为文件与档案领域的电子化管理对象分别是电子文件和电子档案,电子档案就是"归档电子文件"。该观点支持者认为,从社会档案价值承担、档案学专业的责任承诺和文件价值形态的转变出发,需要将那些具有长期或永久保存价值的、经过归档而实行档案化管理的电子文件称为"电子档案"。②

笔者是前一观点的拥护者,并认为该观点的理解符合电子文件管理的前端控制思想和大文件观,有利于实现电子文件的全程管理、文档一体化和文件连续体(参见第4章"新的思想")。但同时也认识到,在我国的档案实践工作中,这一观点面临难以落实、难以落地的"囧"境。

我国当前的电子文件管理依旧沿袭传统的文档分治的管理体制,文件管理与档案管理是两套分别运行的系统(参见第3章第3.1节"体制束缚"),虽然档案界一直在呼吁将文件与档案管理体制改为一体化的管理体制,但在目前的实际工作中需要确定文件与档案工作在电子文件管理上的

---

① 见冯惠玲《档案学概论》,中国人民大学出版社2001年版,第34页。
② 见金波《电子文件管理学》,上海大学出版社2007年版,第39-40页。

分界线。迫于体制的压力和要求,国家档案局于 2012 年通过一系列措施明确了电子文件与电子档案的区别。

国家档案局在 2012 年 6 月制定了《电子档案管理基本术语(征求意见稿)》,将电子文件定义为:"国家机构、社会组织或个人在履行其法定职责或处理事务过程中,通过计算机等电子设备形成、办理、传输和存储的各种形式的信息记录。"将电子档案定义为:"具有参考和利用价值并归档保存的电子文件。电子档案由内容、结构和背景组成。"这个标准中的电子文件与电子档案的整体涵义与国际上普遍认知的电子文件涵义并无差别,但将"电子档案"这个词以标准的形式确定下来。

2012 年 8 月,国家电子文件管理部际联席会议第二次会议(部际联席会内容参见第 6 章第 9 节"《电子文件管理暂行办法》:国家战略的初启")和国家档案局局务会议审议通过《电子档案移交与接收办法》。该办法所称电子档案"是指机关、团体、企事业单位和其他组织在处理公务过程中形成的对国家和社会具有保存价值并归档保存的电子文件"。该定义指出电子档案是由具有保存价值的电子文件经过归档环节转化而来。如同传统档案与文件的关系一般,该办法再次强调了人为动作"归档"在电子文件管理中的作用,即没有经过归档的电子文件就不能纳入档案管理的范围了。

国家档案局以法规标准的形式明确了电子档案的概念,仿佛使得电子文件全程管理的实现变得遥不可及了。

2.3　举杯邀明月:电子文件的元数据

2.3.1　含义:数据的数据

数字时代要完成对海量数字信息的管理,尤其是对网络信息资源的管理,信息管理者急需解决信息资源无序化问题,对信息进行有效组织。信息组织是采用一定的方式,将某一方面的大量的、分散的、杂乱的信息经过整序、优化,形成一个便于有效利用的系统的过程。在这个过程中,人们引入元数据概念来解决数据描述的问题。

元数据(metadata)是关于数据的数据(data about data),用于记录数据的产生、数据的定义以及数据之间关系的种种属性,包括数据描述、数据结构等。

鉴于元数据的定义读起来太过抽象,有研究者形象地对元数据进行了解释:

在契诃夫的小说《套中人》中这样描写一个叫做瓦莲卡的女子:"(她)年纪已经不轻,三十岁上下,个子高挑,身材匀称,黑黑的眉毛,红红的脸蛋——一句话,不是姑娘,而是果冻,她那样活跃,吵吵嚷嚷,不停地哼着小俄罗斯的抒情歌曲,高声大笑,动不动就发出一连串响亮的笑声:哈,哈,哈!"

这段话揭示了瓦莲卡的四类信息:年龄(三十岁上下)、身高(个子高挑)、相貌(身材匀称、黑黑的眉毛、红红的脸蛋)、性格(活跃、吵吵嚷嚷、不停地哼着小曲、高声大笑)。有了这些信息,人们就可以大致想象出瓦莲卡是个什么样的人。推而广之,只要提供这四类信息,就可以推测出其他人的样子。用于描述这些信息属性的"年龄""身高""相貌""性格"就是元数据,它们是用来描述具体信息(数据)的数据。[1]

假设我们用计算机的数据库系统来管理类似上例中的人员信息,那么需要将每个人的信息输入数据库。在输入之前,我们必须先告诉计算机,关于每一个人员我们需要采集哪些数据。我们"告诉"计算机要采集每一个人的姓名、性别、年龄、身高、相貌、性格。如表 2-1 所示,这个"告诉"的动作是由定义数据库的数据结构实现的。

---

[1] 见阮一峰《元数据》, http://www.ruanyifeng.com/blog/2007/03/metadata.html,检索日期 2013 年 6 月 7 日。

表 2 - 1 定义人员基本情况数据库的结构

人员基本情况表		
字段名	类型	长度
编号	整数型	8
姓名	字符型	30
性别	字符型	2
年龄	字符型	40
身高	字符型	50
相貌	字符型	200
性格	字符型	200

当定义好数据结构后,我们就可以在名为"人员基本情况表"的数据库中输入数据了。每一个人在数据库中成为一条记录。如表 2 - 2 所示,我们输入了 3 个人的基本情况,成为该库中的 3 条记录。

表 2 - 2 人员基本情况数据库中的 3 条记录

编号	姓名	性别	年龄	身　　高	相　　貌	性　　　格
1	瓦莲卡	女	30 岁上下	个子高挑	身材匀称,黑黑的眉毛,红红的脸蛋	活跃,吵吵嚷嚷,不停地哼着小曲,高声大笑
2	李白	男	62 岁	身高六尺六	头大目深,眸子炯然,哆如饿虎	豪放,好任侠,喜纵横,嗜酒成性,不会刻意逢迎、不事权贵
3	武大郎①	男	30 多岁	比一米的竹竿高那么一丁点	体型偏胖,有点像长在秋天里的冬瓜	从来不打女人
……						

这样,人员基本情况就被计算机管理起来了,可以进行检索和统计等操作。例如想统计年龄在"30"左右的人员,计算机就会显示结果有 2 条,即

---

① 见《最具特色的武大郎个人简历》,http://www. kaixin001. com/repaste/50395290_711409321. html,检索日期 2013 年 6 月 7 日。

"瓦莲卡"和"武大郎";若有大龄剩女想悄悄地利用该库寻找恋爱对象,她以"不打女人"为性格条件,那么武大郎就会成为符合条件的候选人之一,当然武大郎的身高、相貌也会作为检索结果展现给该女士供其参考。在这个计算机管理人员信息的过程中,"姓名"是元数据,"瓦莲卡""李白"和"武大郎"是数据,"性格"是元数据,"活跃""豪放"和"不打女人"是数据……可见,元数据是用于描述数据的抽象信息,数据是具体信息。所以,元数据是对数据最根本的描述,是数据的本质,也可以称其为描述数据的数据(date that describe data)。

2.3.2 作用:电子文件管理系统的"血液"

元数据最早出现和应用于计算机信息技术领域,在数字时代广泛发展并应用到众多专业领域。事实上,在社会生活中,元数据无所不在。有一类事物,就可以定义一套元数据。例如文献领域适用于网络资源与文献资料的 DC(Dublin Core,都柏林核心元数据),电子政务领域适用于政府信息的 GILS(government information locator service,政府信息定位服务),档案领域适用于档案与手稿的 EAD(encoded archival description,置标档案描述)等都是各专业领域为描述本领域的对象而制定的元数据体系。其中 EAD是用于描述档案与手稿的形式与内容的规范,以便它们作为网络信息可以在任何计算机平台上进行检索、显示与交换。

在电子文件管理中,有必要引入元数据概念来描述电子文件的定义、属性、结构、关系等数据属性,揭示电子文件的形成、内容、排版、格式及系统环境等,以便有效地记录电子文件的内容、背景和结构,方便对电子文件的标识、鉴别、描述、管理和长久利用。

元数据在电子文件管理中的作用可以概括为以下五个方面:一是全面描述电子文件;二是保障电子文件的真实性,电子文件在整个生命周期内,是在网络环境中动态流动的,元数据用于记录电子文件生命周期中所有重要的变迁,所经历的任务、部门、人员、操作等,依据这些记录可以再现电子文件流程;三是维护电子文件的完整性,电子文件的有些结构、背景与其内容相对独立,元数据以规范格式来描述电子文件的内容、结构以及背景,建立三者间的有机联系;四是有助于电子文件的长期可读,元数据可以对计算机系统进行说明;五是提高电子文件的可理解性,元数据集有助于利用者了解电子文件的内容、创建原因、流转过程、利用条件、内在关系与外在联系等。

目前,国际文件管理领域达成共识,元数据是实现对电子文件进行科学、有效、动态、集成管理的关键与基础,其重要程度被国外学者喻为是电子文件管理系统中的"血液(blood)"①。

2.3.3 关系:电子文件、元数据、背景信息"成三人"

在当前的电子文件研究和管理中,对于元数据的概念、作用、使用还有一些模糊和误解存在。例如有研究者给出的电子文件管理中的元数据定义为"由电子文件系统自动记录的关于文件形成时间、地点、人员、活动、文件系统、结构等方面的具体数据"。笔者认为,该定义存在较大偏差。首先,该定义的属概念是完全错误的。元数据是抽象数据,而非具体数据,它是对具体数据的抽象,所以才是数据的数据。其次,元数据不是电子文件管理系统(参见第11章"新的系统")自动记录的,而是人为定义的。元数据是预先制定的标准、方案、体系或规则。电子文件管理系统自动记录的是数据。例如一份电子文件是由"瓦莲卡"创建的,由"李白"修改的,由"武大郎"签发的。那么电子文件管理系统记录下的"瓦莲卡""李白"和"武大郎"是数据,而"创建者""修改者""签发者"才是元数据。元数据是预先制定好的方案,电子文件管理系统在开发时,依据预先制定好的元数据方案去记录相应的数据。假如在预先制定的方案中只有"创建者"和"签发者"而没有"修改者",那么即使一份电子文件是由"瓦莲卡"创建、"李白"修改、"武大郎"签发的,电子

---

① 见徐维《元数据:电子文件管理的关键所在》,《山西档案》2000年第4期。

文件管理系统也只会记录下"瓦莲卡"和"武大郎",而不会去记录"李白"。因为李白是"修改者",元数据体系没有要求记录修改者,则依据该元数据体系开发的电子文件管理系统就不会捕获(参见第 11 章第 2.3 节"具有捕获功能")并记录修改者的信息。

还有研究者提出,在电子文件管理过程中要捕获元数据。同理,元数据是预先制定的标准、方案、体系或规则,在电子文件管理过程中,是根据元数据标准去"捕获"和"自动记录"数据而不是捕获元数据。那些被"捕获"和"自动记录"的数据多数是背景信息数据。

由此,引出电子文件、元数据、背景信息三者的关系问题。笔者认为三者的关系可以用一句著名的诗句来形容,如图 2-1 所示①,那就是"举杯邀明月,对影成三人"。

图 2-1 电子文件与元数据、背景信息关系形象化示意图

---

① 图中李白的形象来自新华网,下载于中国江苏网 http://cul. jschina. com. cn/system/2012/08/18/014199383. shtml.

　　图 2-1 中的李白暗应电子文件。电子文件若想永久保存,必须引入相应的记录机制,即把元数据"邀"到电子文件管理中。为此,需要制定电子文件管理的元数据标准。元数据标准就恍如图 2-1 中的月亮一样挂在那里。而背景信息是描述电子文件形成与维护背景的具体信息,它如同电子文件的影子一般与其形影不离,成为电子文件的重要组成部分。[①] 背景信息一般包括电子文件的发送信息、办理信息、归档信息、技术信息等等。在图中,月亮决定了影子的方向和长短,类似地,元数据标准决定电子文件背景信息的内容和数量,即电子文件管理中需要捕获和记录哪些信息,才能确保电子文件的真实性、可靠性、完整性与可用性。电子文件管理系统必须依据元数据标准捕获和记录详细的背景信息,这种捕获和记录有自动生成、自动捕获、手工录入等不同方式。

2.3.4　使用:标准制定、系统引用、管理维护

　　可见,若要在电子文件管理中引入和使用元数据,必须制定相应的元数据标准。世界各国对此都很重视,纷纷研究与制定各自国家的电子文件管理元数据标准。澳大利亚 1999 年发布世界上第一个专门解决文件长期管理问题的国家级元数据标准《联邦政府机关文件保管元数据标准》并于 2008 年进行了修订,英国公共文件局 2002 年发布《电子文件管理系统需求——元数据标准》,加拿大国家图书与档案馆 2006 年发布《文件管理元数据标准》等[②]。此外,还有前文提到的 EAD,国际档案理事会于 1993 年制定、2000 修订的《国际档案著录标准(总则)》,国际标准化组织 2006 年颁布的《信息与文献——文件管理流程——文件元数据——原则》和《信息与文

---

　　① 这个比喻还是有些偏差的,人离了影子照样活得完完整整、快快乐乐,电子文件离了背景信息就不完整了。姑且应景,打个比方以帮助理解而已。

　　② 见刘越男、梁凯、顾伟《电子文件管理系统实施过程中元数据方案的设计》,《档案学研究》2012 年第 2 期。

献——文件管理流程——文件元数据——概念及实施》①等。我国已经发布档案行业标准《文书类电子文件元数据方案》②和核电行业标准《核电电子文件元数据标准》③,以方便行业对电子文件的理解、管理、交换和利用。目前国家行业标准《电子文件元数据标准》在公示和征求意见。另外,我国有许多研究项目也在研究更具体的专业领域的元数据方案。例如2010年7月结项的国家哲学和社会科学基金档案学项目"电子政务环境下电子文件流程分析与设计"对电子公文的元数据进行了分析和设计,设计了98个基本元素并对这些元素从序号、元素名称、来源、数据说明、数据类型、性质、数据捕获时机、数据捕获方法、对应关系等九个方面进行描述。④

　　电子文件管理中元数据的具体应用一般通过电子文件管理系统实现。电子文件管理系统引用元数据,一般是在系统的设计阶段将元数据标准预设在电子文件管理系统中,而后元数据标准自始至终伴随每一份电子文件的整个生命周期。在电子文件的全程管理过程中,电子文件管理系统依据预设的元数据标准全面地、持续地实现对电子文件各种相关数据信息即背景信息的捕获。电子文件管理系统的实际操作要求元数据标准必须坚持可行性的设计原则,力求做到易于理解、易于使用、有效地控制元数据的数量,从而使元数据设计具有实用价值。元数据的数量过多,会加大电子文件处理的工作量,占用更多的存储空间,导致更复杂的管理。所以,元数据的设计只要能够满足揭示电子文件的主要特征,记录电子文件的主要流程,满足电子文件管理需要即可。

---

　　①　International Organization for Standardization. Information and Documentation-Records management processes-Meta data for records-Part1: Principles, ISO23081 - 1, 2006. Part2: Conceptual and implementation issues, ISO/TS23081 - 2,2007.

　　②　见中华人民共和国行业标准《文书类电子文件元数据方案》,DA/T46 - 2009, 2009。

　　③　见中华人民共和国行业标准《核电电子文件元数据标准》,EJ/T1224 - 2008, 2008。

　　④　见赵屹《电子政务环境下电子公文流程分析与设计》,军事科学出版社2009年版,第147 - 159页。

　　元数据的使用还需要管理维护。在电子文件管理中使用元数据,对元数据的管理维护包括两个方面:一是元数据的实现,二是元数据的封装。

　　元数据是最基本的理论模型,在电子文件管理系统引用时还需要具体加以实现。实现是指用一种计算机可以识别的形式来表示元数据,以便计算机程序能够对元数据进行处理。目前元数据一般都以 XML(extensible markup language,可扩展置标语言)作为编码标准(参见第 5 章第 4 节"XML 技术:仓储技术之一"),以 XML Schema 的方式实现,可以说 XML Schema 就是元数据。用 XML 描述元数据的优点参见第 5 章第 4.2 节中的"文档行业信息标准化的工具"。

　　封装是指将电子文件及其元数据按指定结构打包的过程[①]。封装建立起元数据与电子文件的关联,它将元数据与电子文件绑定成一个完整对象,即形成一个整体封装包来进行保存和保护。这样的封装包是一个由电子文件及其元数据组成的自我包含、自我描述和自我证明的实体。元数据与电子文件的关联至关重要。失去二者间的关联,元数据将变得毫无意义,而电子文件的价值也将大打折扣。封装便于对电子文件及其元数据同时进行管理。封装是一种先进的电子文件保管理念,是确保电子文件长久保存和具有凭证价值的核心方法之一。2009 年,我国颁布《基于 XML 的电子文件封装规范》用于规范电子文件的封装。它规定了基于 XML 的电子文件封装格式和要求,为电子文件提供统一的封装格式,保证电子文件及其元数据的完整合一性,以利于电子文件长期保存和交换。关于封装的详细内容参见第 8 章第 2.5 节"封装"。

2.4　江春入旧年:新型电子文件归档对象

　　在当前的数字时代,许多传统文件归档问题尚未理清,一些新型的电子

---

① 见国家档案局《基于 XML 的电子文件封装规范 DA/T48 - 2009》,2009。

文件已经一浪接一浪地涌现并且带来了新的归档需求,产生新型的归档对象。正如旧年尚未过去,江上已流露春意,这些新型的归档对象必将给文件与档案管理工作带来新的景象。以下是四类可能成为新的归档对象的电子文件。

2.4.1　政府网站文件

政府网站文件是指政府机关在处理行政事务和业务活动过程中,通过网站形成的具有原始记录性的电子文件,包括网页文件、后台数据库文件、网站程序文件、网站上发布的多媒体文件与文本文件等。

在数字时代,"无纸办公"大行其道,电子政务广泛普及,网站已经成为政府公开信息的主要渠道和开展工作的重要平台。由此政府网站在信息发布过程中直接形成大量具有原始记录性的网站文件,这些文件能够真实地反映政府机关工作活动的轨迹,证明政府机关的活动,是社会记忆的重要组成部分,对于政府机关和整个社会来说都具有重要价值。同时,网站文件的存在又是脆弱易逝的,与传统文件相比,它们具有更新快、寿命短的显著特征。有研究者做过统计,政府网络信息资源的平均寿命仅为四个月[①]。我国政府机关的网站文件尚未被本单位或档案机构纳入归档保存范围,这些文件处于自生自灭的状态,大量有价值的政府信息随其消亡而消逝无踪。政府网站文件的归档保存成为数字时代不可忽视的重要问题。

许多国家在政府网站文件归档保存方面进行了尝试和探索。

1996 年,美国建立了一个非营利的数字资源归档网站 Archive-It Web Archiving Services for Libraries and Archives,该网站将数量庞大的公共网站文件归档,归档范围计有 1840 个网站,超过 200 亿个网页,超过 85 万个

---

① Cho, Garcia-Molina. Web-based Government Information: Capture, Curation, Preservation, http://www. cdlib. org/programs/Web_based_archiving_mellon_Final_corrected. pdf,检索日期 2005 年 3 月 16 日。

网页有 40 种语言,有超过 300TB 的多媒体档案。这些归档的网站文件供各级图书馆、研究人员、历史学家、政府机构、博物馆等随时访问和永久使用。[①]

1996 年,由澳大利亚国家档案馆、澳大利亚图书信息服务委员会、澳大利亚国家保存办公室、澳大利亚国家胶片录音档案馆共同启动 PANDORA 项目(preserving and accessing networked documentary resources of Australia,澳大利亚网络文件资源保存与利用),以保证一些经过鉴定选择的网站文件可长期读取。该项目还建立了 PANDORA 档案馆。

1996 年,葡萄牙国家科学计算基金会(Foundation for National Scientific Computing,FCCN)启动葡萄牙网页档案馆(Portuguese Web Archive)用于保存葡萄牙重要网站的文件,至今保存的网页文件超过 10 亿页,许多已经失效的网页得以继续浏览并可以进行全文检索。[②]

2002 年,日本国会图书馆启动 WARP 项目(web arching project,网页归档项目),将国家行政机构、地方政府、市、镇、村、公共利益公司等的重要网站文件归档保存。

2003 年,英国国家档案馆启动英国政府网页档案馆(UK Government Web Archive),全面归档 250 个政府和公共部门机构的网站文件,每年 3 次对包括中央层面的政府部门、办事处和非政府公共机构的网站进行归档,也收集一些历史手稿委员会和私人网站的信息。信息内容涉及国家历史、商业、文化、健康、社会福利、教育等。英国国家档案馆将保障政府网站连续服务的功能看作是本馆正常业务内容之一,在政府网站网页不再可用的情况下,将其自动重新定向到本馆存档的网页。2004 年,大英图书馆启动英国网页档案馆(UK Web Archive)保存英国具有重大意义的网站的历史网页,所存网站信息涉及国家文艺、商业、教育、政治、医疗、科学、社会文化等。

---

① Archive-It,http://www.archive-it.org/,检索日期 2013 年 6 月 8 日。

② Portuguese Web Archive,http://arquivo.pt/? l=en,检索日期 2013 年 6 月 8 日。

2005 年，韩国国家图书馆启动 OASIS 项目（online archiving & searching internet sources，网络资源在线归档与搜索）。该项目根据明确的规定按照规范的系统流程对网站文件进行选择性的收集，经过对网站文件的评价、知识产权处理、编目、审核等几个步骤之后，对其进行长久保存。

在上述实例中，许多项目归档保存的不仅限于政府网站文件，还包括众多网站上对国家和社会比较重要的各方面的信息。执行网站文件归档保存的不仅是档案机构，更有图书馆、文件机构、各类文化组织。

鉴于国外网站文件归档保存的实践，一些研究者对我国的网站文件保存做出了设想和期待。例如有研究者认为整个社会网站文件的保存由网站创建者短期保存，图书馆、档案馆等传统保存机构长期保存，多方参与辅助保存，保存实践的领导者由国家图书馆和其他主要图书馆担任，组织模式是集中与分散并存，以合作为中心。① 有研究者对我国政府网站文件归档保存提出制定统一的国家标准及规范、完善相关的法律法规、建立多种形式的合作机制、建立一个可持续的资金支持体系的建议。② 政府网站文件由谁归档，如何鉴定，由谁保管，如何保存都是数字时代的新命题，在其中文件与档案工作承担什么角色、发挥什么作用是数字时代每一个文件与档案工作者都应思考的问题。

2.4.2　社会媒体文件

社会媒体文件是使用社会媒体工具生成的计算机文件。社会媒体工具是人们彼此之间用来分享意见、见解、经验和观点的工具和平台。它能够以多种不同的形式来呈现，包括文本、图像、音乐和视频等。当今常用

---

① 见赵俊玲、卢振波《网络信息保存的责任体系分析》，《大学图书馆学报》2009 年第 2 期。

② 见权丽桃《政府网络信息资源归档保存研究》，《图书馆理论与实践》2011 年第 7 期。

的社会媒体包括博客、Wikis、社交网站、即时通讯、社会书签、媒体共享、合作编辑的网站等。所有的 Web2.0 应用(参见第 12 章第 2 节"Web2.0:新的服务方式")都是社会媒体。社会媒体使人们利用网络进行合作、参与、贡献和再利用信息。同电子邮件在公务中的应用一样(参见第 6 章第2 节"案例:美国一场删除电子邮件的官司"),在社会媒体工具中生成的包含政务信息和公务信息的社会媒体文件归档问题也摆在文件与档案工作的面前。

2010 年,澳大利亚国家档案馆发布报告《社会媒体:另一种类型的联邦文件》。报告指出:澳大利亚政府机关越来越多地使用社会媒体工具进行通信和互动,有价值的文件可能由社会媒体工具生成,这些文件需要被获取和维护。政府机关有责任确保有效地形成和保管准确的、可利用的政府事务文件,以支持机构的工作,并且确保机构在法律框架内对他们的行为负责。① 可见,社会媒体文件的归档问题也被提上了议事日程。

澳大利亚国家档案馆认为,社会媒体文件与其他文件一样从属于相同的事务和法律要求,要确保准确和权威的信息原始拷贝被获取并作为文件而保存。为此需要判断社会媒体文件与机构事务的关联性,确定哪些社会媒体文件应当遵从机构文件管理政策进行获取,明确个人形成者对于社会媒体文件产生的责任。这些问题同样也是数字时代的新命题。

2.4.3 程序文件

程序文件是指描述和存储计算机源程序和可执行程序的计算机文件,它是伴随计算机技术产生的文件类型。对于文件与档案管理来说,程序文件可以分为两类:一是从市场上购买的支持软件,不同的支持软件具有不同的功能和作用,支持和运行不同类型的电子文件;二是自行组织开发的科研成果软件。这些科研成果软件为了特定的目的开发,执行特定的功能,完成

---

① 见丁枫《美、英、澳档案界动态》,《中国档案》2010 年第 1 期。

特定的任务。

这些程序文件也存在归档保存的问题。对于第一类支持软件来说,其归档目的是作为所支持的电子文件的背景信息和运行环境。此类程序文件的价值具有依附性,其价值并非来自于它自身的内容,而是取决于它所支持的文件。如果原文件不再需要它的支持,它便失去了继续保存的必要。此类程序文件的鉴定依附于其所支持文件的鉴定。对于第二类属于科研成果的软件来说,应该划入科技档案的归档范围,按照科研档案的鉴定标准判断其价值。

2.4.4 微观文件

《电子文件管理教程》一书中提出了一个"微观文件"的概念。所谓的微观文件,是指记载内容范围较小或时间较短的文件,如机关、企业的月报、季报和某些具体记录、各种统计材料的基础数据等。一方面,微观文件细致、准确地记载了原始数据,在管理、科研等方面越来越为人们所重视;另一方面,电子文件信息存储的高密度降低了存储费用。因此可以根据情况适当放宽电子"微观文件"的归档范围。①

上述四类文件只是数字时代众多类型的电子文件当中的少数代表,更多类型的电子文件还在前赴后继地产生着、应用着、传递着、消逝着……数字时代的电子文件使得文件与档案工作目不暇接、应接不暇。

2000 年,美国国会通过法案建立"国家数字信息基础设施和保存计划"(national digital information infrastructure and preservation program, NDIIPP),由国会图书馆担任领导,与商业部、白宫科学技术政策办公室、美国国家档案与文件署、国家医学图书馆、国家农业图书馆、国家标准与技术研究所、研究图书馆组织、在线计算机图书馆中心、图书情报资源委员会合作实施全国数字信息长期保存的任务。该计划还鼓励广大民营机

---

① 见冯惠玲《电子文件管理教程》,中国人民大学出版社 2001 年版,第 44 页。

构参与。NDIIPP 试图保存电子图书、电子期刊、数字音乐、数字电视、数字录像、网站六种媒体类型的信息。在我国目前还没有这样范围涉及全国的电子文件保存计划和行动,在未来,今天许多有价值的电子文件将再也寻不到踪迹。

3 新的问题

数字时代,计算机及网络技术的发展日新月异、一日千里,其应用也愈加普遍,深入到社会实践的各个领域,例如生物工程、船舶工程、地质勘探、海洋工程、气象气候、地震预报、城市建设、核爆模拟、石油物探、航空航天、材料工程、环境科学、电子商务、电子政务等,由此产生了数量庞大的电子文件。

在人类文明发展的历史长河中,从最初的"结绳记事"到各种类型与载体的传统档案,没有什么如同电子文件那样给文件与档案管理带来如此深刻的震撼与变革。电子文件的形成、办理、流转、归档、整理、利用及存储、传输、保管等方法均与传统的文件、档案所用的方法不同。那些沿袭多年的、传统的业务流程和管理理论不能完全适用于电子文件管理,甚至可以说束手无策。电子文件给文件与档案管理带来的变化,引发许多的新问题。

3.1 法律地位问题:关于"原始性" 与"原件"的困惑

档案的本质属性是原始记录性,这是档案区别于图书、情报、资料等其他文献的独有特性。"档案的凭证价值,是档案不同于和优于其他各种资料的最基本的特点。"① 电子文件同纸质文件一样是社会组织、机构和个人在社会活动和业务活动中产生的历史记录、核心信息资源以及主要法律证据。然而，由于电子文件的虚拟性、可变性等特点，使得电子文件在转化为档案时关于原始性的认定遇到了认识上、管理上、技术上的麻烦。

传统档案多数是在社会活动中直接形成的，很多档案往往只有一份。以往对档案原始性的判定就看它是不是"原件"。但是，这种方法不能适用于电子文件了，因为电子文件突破了传统的"原件"概念。电子文件往往不再只有一份，对于两份内容略有差别的电子文件很难判定哪一个是"原件"。由此，引发了电子文件究竟是不是原始记录、能否转化为档案、是否具有凭证价值、能否成为法律证据的困惑。电子文件的凭证价值和法律效力难以确定，电子文件全面行使"历史记录"和"社会记忆"的功能受阻。

电子文件在法律意义上能否作为证据，如何认定电子文件的原始性以使其具有凭证价值和法律效力是近年来世界各国政府、法律界、文档管理界以及联合国教科文组织、国际标准化组织、国际档案理事会、国际文件联合会等国际组织注目的焦点之一。1996 年，加拿大军方就出兵索马里事件在法庭上作证时出示了很多数字信息。仲裁委员会鉴定其中一个数据库文件运行记录时发现许多异常情况，由此得出不能排除被篡改的可能的结论，判定军方出示的数字信息不具备真实性。委员会认为没有标准操作程序、没有完整有效的安全制度、没有系统审计的数字记录不可靠，不能用于调查也不能供未来研究人员使用。

确定电子文件的法律地位，确保数字时代的社会记忆真实、有效，是整个社会无法回避、必须解决的重要问题，也是数字时代记忆的保管者——文件与档案管理者不可推卸的责任之一。

2001 年，国际标准化组织 ISO15489② 标准提出电子文件管理的目标

---

① 见冯惠玲、张辑哲《档案学概论》，中国人民大学出版社 2001 年版，第 39 页。

② International Organization for Standardization. Information and Documentation-Records Management-Part1：General, ISO15489 - 1, 2001. Part2：Guidelines, ISO15489 - 2,2001.

要求得到了世界范围内的普遍认同,自此电子文件的原始性被具体解释为真实性、可靠性、完整性和可用性。真实性是指文件与其用意相符,文件的形成和发送与其既定的形成者和发送者相吻合,文件的形成或发送与其既定的时间一致;可靠性是指文件的内容可信,可以充分、准确地反映其所证明的事务活动或事实,在后续的事务或活动过程中可以以其为依据;完整性是指文件是齐全的,并且未加改动;可用性是指文件可以查找、检索、呈现或理解。

2010 年,联合国教科文组织向全世界发布了《档案共同宣言》。该宣言强调指出:档案是行政管理、文化与思维活动的唯一可靠证据,档案全面地记录了人类活动的各个领域,档案的生成形式多种多样,包括纸质、电子、声像及其他类型。要以正确的方式管理和保护档案,以保证其真实性、可靠性、完整性和可用性。

目前,我国在电子文件原始性认定方面还没有普遍适用的方法,也没有足以依凭的真正完善的法律。2004 年 8 月颁布的《电子签名法》对于电子文件管理具有相当重要的意义。(参见第 6 章第 8 节"《电子签名法》:首部真正意义上的信息化法律")

由于原始性认定存在问题,我国在电子文件管理初期只得确定了双套制的保管策略,即归档后电子文件与纸质文件二者共存,同一份文件的电子版本和纸质版本共同处于存储和可利用状态,但其中电子版本主要发挥参考价值,而由纸质版本来实现凭证价值。双套制是有效的策略但并不严谨,其实行又衍生出许多新的问题。

3.2　长期保管问题:记忆黑洞与数字考古

近几年,在义乌国际花市书画古玩城百年古籍已经增值百倍,那些清代、民国的线装书至今还可以清晰地阅读。可是,假设你有一份文件十几年前存储在 5 英寸软盘上,今天你还能阅读它吗?科技发展的步伐实在太快,给文件与档案管理带来许多应对不及的问题。存储电子文件的数字媒介大大缩小了文件与档案载体的体积,却也大大缩短了电子文件的保存寿命。科技带给文件与档案管理的不仅是方便,同时还有危机。当前有许多档案馆用光盘存储了大量电子文件,可曾想过那些存储格式在几年之后就会被淘汰,光盘驱动器即将停产吗?那些被我们认为具有长久保存价值珍而重之地保存起来的电子文件,当其读写软件已经过时、所依赖的硬件已经被淘汰,它还有价值吗?

前文第2章第4节"江春入旧年:新型电子文件归档对象"中提到,目前的电子文件类型多样,许多新型电子文件应该归档保存,但由于我国没有相应的保存计划和行动,许多电子文件将再也寻不到踪迹。

有鉴于此,如何让数字时代的社会记忆留存到未来,即如何对电子文件进行长期保管成为文件与档案工作面对的重要问题,也是一个时代的难题。长期保管问题包含两个方面的内容。一是载体保管问题。电子文件载体寿命短、技术淘汰快。20世纪60至80年代所用的穿孔卡片已经过时;笔者在20世纪90年代初上大学时使用的5英寸、3.5英寸软盘已经被淘汰;磁带、磁盘一类的磁性介质,最长的寿命是20至30年;硬盘的寿命也是有限的,一旦出现坏道或者损坏,就什么都没有了;光盘一类的介质相对稳定一些,一般认为其寿命可达30至50年,许多光盘厂家说自己生产的光盘可达100年。有研究者对市场上常见三个品牌的 CD-ROM 光盘做了高温高湿加速老化预测寿命试验,三个品牌预期寿命分别是114年、34年、11年[①]。且不管光盘寿命有多久,其重要生产商索尼公司于2012年11月宣布停止生产计算机光盘驱动器。虽然市场上出现了用波长较短的蓝色激光读写的、存储量更大、存取速度更快的蓝光光盘,但光盘的竞争力仍远远低于 U 盘等移动存储设备。那么,现在普遍使用的 U 盘、移动硬盘是否有一天也会被淘汰?现代高科技更新换代的频率很高。根据摩尔定律,微处理器的

①　见唐跃进《CD-R 光盘耐久性与光盘档案保护研究》,中国人民大学 2003 年博士论文。

速度每 18 个月翻一番;根据吉尔德定律,大约从 2000 年开始的 25 年内,主干网的宽带每 6 个月增加 1 倍。随着微处理器和主干网宽带的不断升级换代,相关器件也需要不断升级换代,U 盘和移动硬盘发生新变化在所难免。[①] 2009 年,在日本东京有研究人员展示了一种新型存储系统的原型"数字罗塞塔石碑(DRS)",可以在一千多年的时间里安全保存大量数据。数字时代,各种载体你方唱罢我登场,各领风骚数几年,给文件与档案的长期保管带来了前所未有的不稳定问题。二是信息保护问题。对于纸质文件而言,做好载体保护就基本实现了信息保护。电子文件则不然,对载体的保护只是最基本的保护,还要采取多种技术手段和措施对文件实施信息保护。就算载体能保存千年,载体上的信息读不出来又有什么用呢? 英国数字保存联盟认为数字保存技术面临的最大问题不是存储介质的损坏,而是软件和硬件的过时。欧盟有科学家指出:爱因斯坦的纸质笔记今天我们仍能看到,但斯蒂芬·霍金的数字笔记在 70 年后我们很有可能看不到[②]。除非有人特别留意,否则所有的电子文件将在几十年内丢失。

人类文明的传承是有延续性和继承性的,我国 3200 年前商代甲骨文中关于日食的记载导致了现代天体运动规律的发现,1975 年苏联金星探测器所拍摄的、当时几乎被扔进垃圾箱的低质量照片在 28 年之后依旧向人们揭示了金星表面的奥秘。[③] 可几十年后再也读不出的电子文件还能把人类的文明传承下去吗? 电子文件长期保管问题解决不好,将造成人类的文明断代和社会的记忆黑洞。

1989 年德国统一,许多民主德国的档案移交到德国国家档案馆。从那时起,一小队德国档案学家开始尝试重构民主德国的数字记录。他们将从被破坏的、片断的、古老的数据源中恢复信息的过程称为数字考古学,称自

---

① 见赵建国《数字时代如何保存现代文明》,http://www.gmw.cn/content/2009-01/05/content_875792.html,检索日期 2012 年 10 月 8 日。

② 资料来源:百度百科"瑞士诺克斯地堡",http://baike.baidu.com/view/3660290.html,检索日期 2013 年 5 月 16 日。

③ 见张智雄《如何长期保存数字资源》,《中国教育网络》2006 年第 4 期。

已为数字考古学家。数字考古学家主要面对三个问题:一是从存储介质上读数据。那些介质有穿孔卡片、磁盘和磁带,大部分介质状况极差,有些只能读一次。二是信息格式的读取。那些数据以苏联的格式存储,其他计算机不支持该格式。数据格式没有记录,原来保存这些数据的计算中心被关闭或私有化了。尽管数字考古学家得到了一些苏联计算机,仍有 30% 左右的数据无法读出。三是压缩和加密算法的破解。很多数据通过没有说明的方法压缩或加密过,解释这些数据非常困难。① 一个例子可以显示数字考古的成果:在所接收的民主德国国家安全部档案中有 9998 盘计算机磁带和 883 块老式硬盘。数字考古学家分析后认定只有 1486 盘磁带和 124 块硬盘还可抢救。十年后,数字考古学家只识别出 369 盘计算机磁带的内容。② 这个例子向全世界昭示了电子文件长期保管有多么困难。

2004 年,联合国教科文组织向全世界发布了《保护数字遗产宪章》。该宪章指出:无论何种形式遗产的消逝都是全人类遗产的损失。如果不着手解决目前所面临的有关威胁,数字遗产将会迅速丢失而且不可避免。所有地区、国家和社区的数字遗产都应得到保存和加以利用,作为国家遗产保护政策的一项主要内容,档案立法和档案馆都应包括数字遗产。

目前,电子文件长期保管问题在我国还没有在全社会范围内引起应有的重视。许多应归档的电子文件由于没有归档而消逝无踪。2007 年有研究者调查了中央机关及其直属企事业机构发现,42.2% 的电子文件没有以任何方式留存,74.4% 的机构没有采取任何措施留存数据库、电子邮件、多媒体文件、网页文件等电子文件。③ 归档的电子文件也面临种种遗失的风险。2010 年有研究者对全国 46 个省级和副省级档案馆的电子文件归档情况进行调查,有 26 个已经接收电子文件。其中有 14 个(53.8%)遭遇过文件信息不完整的现象,12 个(46.2%)遭遇过文件不可读的现象,6 个

① [美]William Y. Arms《数字图书馆概论》,施伯乐等译,电子工业出版社 2001年版。

② 见穆林《前东德国家安全部档案的抢救和整理》,《中国档案》2005 年第 2 期。

③ 见张宁《我国电子文件管理现状调查与思考》,《档案学通讯》2008 年第 6 期。

(23.1%)曾查找不到文件,5 个(19.2%)曾遭遇文件内容不可信的现象,2 个(7.7%)曾丢失过文件。①

德国数字考古学家的领导迈克尔·韦特恩格尔(Michael Wettengel)曾总结道:"计算机是用于处理信息的,它不适用于长期保存信息。"然而数字时代的文件与档案管理需要把不适合长期保存的数字信息长期保存下去。如果不将电子文件从一开始就持续地保存下去,它们必将面临丢失的危险。

国外有学者指出:我们正处于一个"数字黑暗岁月",因此我们需要寻找数字时代的"修道士"对我们这个时代的历史和文化遗产进行保存。② 这里用"修道士"比喻那些信仰坚定并身体力行的人,担当数字时代历史和文化遗产保存的"修道士",文件与档案工作者责无旁贷。

3.3 归档管理问题:体制束缚、策略掣肘与规则失范

有长久保存价值的电子文件办理完毕后,必须进行归档保存才能长久地发挥作用。然而,目前我国电子文件归档的形势不容乐观。其问题突出表现在以下三个方面。

3.3.1 体制束缚

体制是指一个国家以什么方式管理国家的全部文件与档案以及文件与档案工作,以及用什么手段协调各机构之间的关系。我国的文件档案管理

---

① 见刘越男、杨程婕、熊瑶、张喜波《我国省级、副省级档案馆电子文件移交进馆及管理情况调查分析》,《档案学通讯》2011 年第 4 期。

② Terry Kuny. The Digital Dark Ages? Challengesin the Preservation of Electronic Information,International Preservation News,1998(17).

体制是文档分治,档案管理高度集中统一,文件管理由办公厅(室)和秘书机构兼管。

新中国成立以后,我国行政机关的文件、档案工作就一直是分别管理的。由于文件是行政办事系统中与生俱来的工作要素,与行政系统的运行浑然一体,从而使文件管理以行政事务为中心形成了现行文件周期,与档案管理划分出了一个相对分明的领域。文件管理与档案管理以归档为分水岭,在两种体制下分别运行,文件管理是前端,档案管理是后端。

在档案管理方面,我国从中央到地方都建立了档案事业管理机关,在各级人民政府领导下,统一地、分级和分专业地掌管全国、本地区、本系统的档案事务,档案管理体制高度集中、自成体系。

而文件管理,从中央到地方还没有专门的业务指导机构,一般由办公厅(室)和秘书机构兼管,缺乏统一的、经常性的组织领导。在《国家行政机关公文处理办法》和《中国共产党各级领导机关文件处理条例》中仅明确了"各级行政机关的办公厅(室)是公文处理的管理机构",没有明确规定文件工作的检查监督机构。文件工作的质量,档案行政管理机构不能直接监管。文件工作中的各种不规范现象为后续的档案工作造成许多困难。

有人戏称文档分治的体制为"铁路警察,各管一段"。它在手工管理阶段具有合理性,但在数字时代弊端日显。电子文件使得文件与档案间的界限模糊了,两者基于网络联为一体。文档分治的两段管理方式割断了文件与档案管理工作的内在联系,开始束缚电子文件管理水平的提高。在这种体制下,前端文件管理部门没有长期保存电子文件的意识和行为,而后端档案管理部门收集不到电子文件。后端档案机构进行的数字档案馆和电子文件中心建设的实践探索很难影响前端。文件管理和档案管理信息化成果互不兼容,业务工作上脱节和重复、衔接协同不够,文件业务系统很少具有档案管理功能,导致电子文件归档质量存在先天性缺陷,难以以完整的凭证方式进行归档,给电子文件的有效管理和长期保存带来困难。

上海某区政府机关某部门关于公文处理同时有五套系统在运转,其中三套属办公自动化系统用于公文处理,两套属档案管理系统用于管理归档后的公文。该部门人员感觉电子文件带给他们的是麻烦和负担。① 这是文档分治体制下的典型案例。由于文档分治,我国文件管理系统与档案管理系统是分别开发、各自表达的。前端办公自动化技术比较成熟,应用也比较普遍。但绝大多数系统在考虑管理功能时往往把档案管理需求排斥在外,很少涉及甚至根本没有涉及档案管理。在软件设计实施过程中没有档案人员直接参与,电子文件归档所必要的背景信息、解释数据、软硬件环境说明都不能提供,保证真实、可靠、完整、可用的功能需求无法实现。这些办公自动化系统对于电子文件的归档和长期保管与利用,还没有给予密切的关注、足够的重视和充分的考虑,其推广应用受到很大局限。另一方面,后端档案管理信息系统经过多年研究和发展软件功能也比较成熟,但它们在后端自成体系,与前端的文件管理脱节,过于拘泥档案专业要求而忽视文档一体化管理的衔接与整合,所需信息无法从前端带入。有人调查了十多家单位的办公自动化系统发现②,电子文件早已经大量产生,但电子文件归档与管理却没有纳入这些系统之中。档案室沿用传统方法管理与电子文件对应的纸质公文,用档案管理软件进行目录检索。许多单位的档案管理信息系统从办公自动化系统整体设计中脱离,另外选用专业档案管理软件,文件、档案两个信息资源库要靠接口程序来转换。例如国家档案局推广的世纪科怡档案管理软件与很多单位使用的办公自动化管理系统互不兼容,给工作带来不便。

文档分治造成电子文件管理与服务效率低下。从实际运作结果来看,档案管理信息系统对于电子文件前端运转无法监控、电子文件运转痕迹信息无法归档;电子文件数据库资源重复建设,工作成本增加;电子文件转化为档案的接收、整理与著录工作的时间差造成服务滞后。许多单位采用的办公自动化系统多是本单位或上级主管部门设计或购买的软件,主要为政

---

① 案例源于谈胜祥在上海首届"3+1"档案论坛会议上的发言报告,时间是 2007年 12 月 28 日。

② 见浙江省档案局电子公文归档调查组《信息化浪潮中的电子公文归档——浙江省省直机关电子公文归档情况的调查与思考》,《浙江档案》2005 年第 2 期。

务活动服务,办理结束的电子文件就停留在办公网络中。而档案管理信息系统是档案行政管理部门为使档案管理实现标准化、规范化和资源共享而推广的软件。由于二者来源不同、设计单位不同、选用的平台和标准各不相同,系统间互联互通不畅、信息共享程度低、数据无法交换,办公自动化系统中的电子文件无法归档。

体制的障碍使得没有人从全局上、宏观上、整体上研究电子文件归档和长期保存的方法、政策并进行相应的实践,严重限制了我国电子文件管理的发展,这种局面必须改变。

3.3.2　策略掣肘

在我国双套制的归档策略下,电子文件归档普遍未被给予足够的重视。因为有纸质文件发挥凭证作用,电子文件的归档显得可有可无。2010 年有研究者对全国 46 个省级和副省级档案馆的电子文件归档情况进行调查,有26 个已经接收电子文件。其中只有 3 家是从上个世纪开始接收,其余 23家启动接收的时间都在 2002 年之后。截至 2010 年 6 月,21 家综合档案馆开展了常规性接收工作,占所有调查对象的 45.7%,占所有已经接收电子文件单位的 80.8%。接收的文件份数少则 151 件,多则 711 万余件,多数在几千到几万份之间。接收电子文件的数据容量少则 1GB(称吉字节,10^9B),多则 2000GB,多数在几十到几百 GB。① 这些数据表明我国归档电子文件的数量还相当少。

双套归档造成的另一个问题是浪费与重复。典型的例子是近些年来许多档案馆所做的信息资源建设工作,其着眼点与重点多是放在馆藏档案的数字化上,而很少顾及电子文件的收集归档。形成的局面是电子文件形成机构随意删除电子文件,档案馆(室)却又重复对文件进行数字化,而这些被

---

① 见刘越男、杨程婕、熊瑶、张喜波《我国省级、副省级档案馆电子文件移交进馆及管理情况调查分析》,《档案学通讯》2011 年第 4 期。

数字化的文件在形成之初是电子文件。在双套制的策略下,许多无纸化文件为了最终归档而强行"克隆"一套纸质的移交给档案部门,档案部门忽略了对电子文件的收集又对"克隆"的纸质文件再次数字化,造成了恶性循环和浪费。

3.3.3 规则失范

规则失范是指缺少电子文件适用的归档规则和科学方法,难以保证归档电子文件的真实、可靠、完整与可用。在我国的电子文件归档实践中,多数依旧沿循传统文档管理模式,严重滞后于时代发展、科技进步和社会需求。电子文件归档要么沿用纸质文件的定期集中移交,要么通过系统自动转存,一般只是简单地拷贝给档案馆,而后档案馆用硬盘或光盘简单地存储。由于缺乏实践提出问题和检验理论,电子文件管理研究流于泛泛,难以深入解决归档问题。所归档的电子文件系统异构,格式各异,数据结构五花八门,没有人探索并提出好的方法统一接收并对电子文件进行整理和提供利用。例如天津市各委办局自行开发的办公自动化系统占七成,统一外购的占三成,系统产生的电子文件格式多达 20 余种,数据无法共享。很多系统归档功能相当弱,造成机关档案室难以接收和管理其中的电子文件。①

规则失范还造成其他电子文件管理问题。如文档机构间的交接时机、方法问题。例如,某市政府的电子文件以往都是通过该市的信息中心交换并保存,由于不具备长久保存功能,信息中心认为将这些电子文件保存十年已经是最高期限了。现在,许多电子文件已经达到了十年的期限,要想长久保存就要移交给档案馆。为此档案馆必须重复购置相应的硬件和软件,但对于没有相应资金支持的档案馆而言这几乎是不可能完成的任务。

规则失范的源头在于当前电子文件归档多数还是各机构根据自身实际需求出发而进行的自发性活动,缺乏国家主持的、顶层设计的、真正能解决

① 见汤荣宏《电子公文归档和移交数据结构研究》,《中国档案》2007 年第 4 期。

电子文件单套归档问题的应用性研究。当前的电子文件研究项目间缺乏统筹规划、相互合作和资源共享,研究成果没有广泛地推广和应用。

3.4 安全问题:相伴相生、如影随形

宏观上从整个社会产生电子文件起、微观上从一份个体的电子文件形成起,安全问题就相伴相生、如影随形。信息污染、信息干扰、信息过剩、信息失控、信息失窃、信息丢失、病毒侵犯、人为破坏……种种不安全因素使得安全问题成为一个永恒的话题,也成为电子文件管理中不可忽略的问题。电子文件的安全保管非常困难。数字信息的不稳定性是举世公认的,其信息与原始载体的可分离性、系统依赖性、易更改、易复制、易传输的特性等使得以往许多行之有效的安全控制手段变得无能为力,给电子文件的安全存储与保管带来很大威胁。

电子文件的安全问题是一个全面性的问题,内容相当广泛,主要内容包括:

3.4.1 信息安全

即电子文件的价值不受到破坏,信息的真实性、完整性不因无意删除、有意篡改等原因而遭受毁坏。由于电子文件的各种编码、协议、文件格式、压缩方法、加密方法、内容显示方法、计算运行方法等技术、软件乃至硬件迅速更迭,使得电子文件信息的协议、格式、元数据变得不可识别或不可处理,从而影响信息安全。

3.4.2 安全保密

即电子文件的在准许利用的范围内和准许利用的程度上使用,机密性

不受破坏,不被非授权者使用,文件内容不被泄密。我国许多形成和使用单位对电子文件没有采取任何防护措施,一些机密性的电子文件通过电子邮件、网络、移动硬盘轻易泄密。Search Security 网站曾经对 358 家企业进行过一项关于信息安全的调查,结果显示,企业机密泄露 30％至 40％是由电子文件泄露造成的,在《财富》排名前一千家的公司,每次电子文件泄露造成的损失约为 400 万元美金。①

3.4.3　载体安全

即存放电子文件的磁盘、磁带、光盘等存储介质不丢失、不被破坏、不被非法访问并持续可读。存储介质的评价取决于三个指标:存储成本、存取速度和安全可靠性。目前人们对于电子文件存储介质关注的重点普遍在于设备是否廉价、访问速度是不是很高,只有档案界更关注其安全可靠性。但是档案工作者无法参与到存储介质的生产当中去以提高其寿命和安全性。

3.4.4　管理系统安全

即电子文件赖以生存和被读取的系统例如办公自动化系统、信息管理系统、电子文件管理系统等安全运转并且在运转过程中维护电子文件的安全性。

3.4.5　网络安全

即电子文件赖以生存和流转的网络系统正常运行,电子文件不被入

---

①　资料来源:百度百科"电子文档安全",http://baike. baidu. com/view/1887823. html,检索日期 2013 年 5 月 17 日。

侵、攻击和破坏。网络在安全方面的脆弱性可以说是它的先天不足,程序缺陷、计算机病毒、网上窃听与篡改、黑客攻击都会威胁网络中电子文件的安全。

3.4.6　物理安全

它包括两个方面:一是环境安全,即电子文件的设备及存储介质所处环境安全,保证设备与存储介质能够正常运行,采取措施最小化潜在的、物理威胁的风险给设备及存储介质造成毁灭性的破坏;二是设备安全,即物理设备选型、装配符合相应的工业标准,对设备进行适当安置,按照既定的服务时间间隔和规范对设备进行维护,避免设备出现损坏、失窃、丢失等现象,不会由于断电故障等导致设备损坏及电子文件丢失。

3.4.7　安全管理

即以制度为基础通过完善的安全管理机制、信任管理机制、授权控制机制、严密的责任机制、有效的监督机制约束电子文件生命周期中涉及的人员的行为,并通过人的主观能动性采取行之有效的防范措施保障电子文件安全,防止人员操作失误、故意损害以及有意无意地泄密。"堡垒最容易从内部攻破",统计数字表明,信息安全事件中 60％至 70％起因于内部。从技术上来讲,内部人员更易获取信息,因为他们易于辨识电子文件存储地,不需要拥有黑客般精深的计算机知识就可以轻易获取想要的电子文件。相对于内部人员,黑客从外部窃取电子文件反而会困难些。他们首先要突破防火墙等重重关卡,辨别出哪些是想要的信息。美国联邦调查局 FBI 和犯罪现场鉴证科 CSI 对 484 家公司进行过网络安全专项调查,结果显示:超过 85％的安全威胁来自单位内部,其中有 16％来自内部未授权的存取,14％来自专利信息被窃,12％来自内部人员的欺骗,相比较只有 5％的安全威胁是来自黑客的攻击。在金额上,内部人员泄密的损失是黑客所造成损失的

16 倍、病毒所造成损失的 12 倍。① 这组数据充分说明了安全管理的重要性。

3.4.8 安全销毁

即按规定执行对电子文件的销毁,不能随意删除。电子文件销毁应以电子文件保管期限表为基本依据,并须符合严格的审批程序,通过保留相关背景信息等方式记录文件的销毁情况,生成销毁报告。

安全问题是电子文件管理中不可忽略的问题,同时也是社会方方面面都涉及的问题,是一个社会性、世界性的难题。该问题的解决需要全社会从法律、经济、管理、技术多方面入手。法律专业人士研究保障电子文件安全的立法问题,网络技术人员考虑如何建立网络安全体系,信息技术人员主要研究如何用技术手段保障信息安全……在文件与档案管理中涉及的安全问题,主要是根据相关法律规定采取相应技术手段和管理措施提高电子文件自身的安全性和电子文件使用的安全性。

3.5 问题的研究和解决:新世纪的一场革命

在上述四大问题中,法律地位问题和长期保管问题是电子文件管理的两大核心问题。国外发达国家电子文件管理的研究与实践从初期开始就十分贴近实际工作需要,着重解决这两个问题。相对于实践快速发展的一些国家来说,我国在这两个问题的研究上相对滞后,尚未从根本上研究和解决这两大核心问题。归档保管问题是文件与档案管理重点研究和解决的问题。本书以研究法律地位问题、长期保管问题、归档保管问题为主,适当涉

---

① 资料来源:百度百科"电子文档安全",http://baike. baidu. com/view/1887823. html,检索日期 2013 年 5 月 17 日。

及安全问题。

电子文件不再是纸质形式,而是以数字化方式存在;其流转不再是手工交换,而是通过计算机网络传送;其存储不再需要更多的物理空间,而仅仅需要几块小小的数字存储设备;文档管理不再是物化对象,而是信息。与刻在甲骨、金石上的字迹或记录在纸张上的文字不同,电子文件的生命周期要短暂得多。一份电子文件的最终命运究竟是昙花一现还是万古流传主要取决于文件与档案管理工作。如果今天我们没能找到解决问题的方法,未来的人们将花费更高的代价来研究和保存它们。

在人类文明发展的历史长河中,从最初的"结绳记事"到电子文件出现之前的各类型载体的档案,没有什么像电子文件那样给文件与档案管理带来深刻的震撼与变革。解决电子文件管理所面临的问题,不仅仅是档案界的任务,也不仅仅限于文件与档案管理的范围,而是需要社会总动员。因为它涉及技术支持、业务模式、组织形式、管理体制乃至国家法制,需要依靠新思想、新技术、新法规、新模式、新策略、新流程、新体制、新系统来解决,并需要从多方面采取综合性措施进行。前国际档案理事会主席王刚曾说:"电子文件的产生、形成、归档及其传递、存贮、保存管理均与传统的纸质档案所用技术、方法不同,这是文件管理的一场革命。"在国际档案理事会工作了 40 年、曾任秘书长的专家凯斯凯姆蒂也把电子文件给档案管理带来的变化称为"20 世纪的档案革命"。冯惠玲教授评论说,从 1789 年法国资产阶级革命开启了现代档案工作先河后,档案界再没有使用过"革命"这个词。可见电子文件带来的变化是何等巨大。

"革命"意味着摧毁旧制度、建立新制度;破坏旧关系,产生新关系。的确,随着电子文件的广泛使用,人们发现对其管理无法简单应对,体制的、技术的、理论的、实践的……诸多方面一直在不断地调整适应、最后不得不发生改变。文件与档案管理原有的一些基础理论被重新审视,原有的管理思想和管理原则需要进行更新和补充,原有的机构需要进行改革,原有的文件与档案管理体系也将得到充实和完善。随着这些调整和改变,出现了许多新的管理思想、新的管理模式、新的管理策略乃至新的管理机构。这些新思想等必须在围绕电子文件特性、抓住电子文件本质的基础上重新确立。这场革命的最终目的,即电子文件管理要解决的核心问题,是对具有原始性的电子文件进行长久保存。

4　新的思想

  数字时代是充满生机与变化的时代,电子文件作为这个时代新的记录方式给文件与档案管理带来了全方位的冲击。"档案事业正处于一个完全被重新塑造和重新接受的时代"①,"这个时代不仅需要技术,更需要理论、需要思想"②,前端控制思想、全程管理思想、文档一体化思想、文件连续体思想在数字时代的文件与档案管理中焕发出生命力。文件与档案管理中的"大文件"概念被重新审视。以中国人民大学冯惠玲教授为首的档案界学者呼吁国家对于电子文件管理工作要具有基本态度和总体思路,由此提出电子文件管理国家战略问题。而整个社会近两年的数据处理发展到基于海量信息基础之上,由此出现了大数据思想。这些思想对于数字时代的文件与档案管理都具有重要影响。

---

  ① [加]瓦洛《档案思想的自由贸易:加拿大对北美档案发展的看法》,节选自《第十三届国际档案大会文件报告集》,档案出版社1997年版,第26页。

  ② 见冯惠玲《电子文件时代新思维〈拥有新记忆——电子文件管理研究〉摘要之六》,《档案学通讯》1998年第6期。

4.1　前端控制思想

4.1.1　源起:加强对电子文件的档案控制

在传统的文件与档案管理实践中,实行分阶段管理、分环节控制。文件生命周期的全部目标和要求被分解到文件管理和档案管理两个相对独立的阶段,每个阶段又分解为若干环节和步骤。处于后端的档案管理接收前端文件管理阶段具有长久保存价值的文件进行保管和提供利用。然而在数字时代,后端的档案管理发现,再按照传统管理方式接收电子文件已经难以为继了,及至后端的档案管理阶段电子文件已经大量出现失踪、失控、失真、失读的现象,造成的损失不可挽回、不可修复、不可弥补。人们开始思考如何加强对电子文件的档案控制,前端控制思想渐渐浮出水面。

1992 年,第十二届国际档案大会提出:"为了迎接信息时代的挑战,必须对档案原则和方法论进行改变,包括:档案工作者的工作中心从文件的最后阶段转移到信息的整个生命周期……"[1]

1994 年,美国电子文件专家戴维·比尔曼提出,电子文件的管理必须由档案工作人员在其生命周期开始就介入。[2]

1996 年,法国档案学者 C. 诺加雷指出:"档案工作者要重新考虑他们在文件生命周期中进行干预的时机,甚至重新思考这种生命周期本身。"[3]

1997 年,国际档案理事会电子文件委员会制定的《电子文件管理指南》,将电子文件的生命周期划分为设计、形成和维护三个基本阶段,并且对

---

① 见《面对新的电子信息时代挑战的思考》,《兰台世界》1997 年第 4 期。

② [美]戴维·比尔曼《电子证据——当代机构文件管理战略》,王健译,中国人民大学出版社 2000 年版。

③ [法]C. 诺加雷《信息技术对档案和档案工作的影响》,节选自《第十三届国际档案大会文件报告集》,中国档案出版社 1997 年版,第 149 页。

档案工作者"干预的时机"进行了"重新考虑",将其确定在电子文件管理系统的设计阶段,把原来纸质文件管理系统中的许多"后控制"手段提到了最前端,主张"在文件形成前采取行动",尽可能把各个阶段的管理要求放在设计阶段予以考虑。[①]

　　1997年,中国人民大学冯惠玲教授作为该校档案学院首届博士毕业生撰写的博士论文《拥有新记忆——电子文件管理研究》中阐述了档案管理的前端控制思想。

　　1998年,荷兰电子文件专家汉斯·霍夫曼在国际档案理事会《护门神》杂志上发表文章,从智力控制角度论述了电子文件前端控制管理的必要性。

　　前端控制不仅在理论研究上逐步深入,伴随着一些具有影响的电子文件研究项目其在实践中也不断发展。1994年美国匹兹堡大学的电子文件研究项目,1995年美军国防部的电子文件管理研究项目,1997年澳大利亚维多利亚省电子文件管理项目,始于1999年由全世界30多个国家参加的国际性电子文件管理研究项目InterPARES等对于电子文件前端控制思想都有所贡献。

　　而今,前端控制已经成为现代文件与档案管理的重要思想。

4.1.2　含义:档案控制始于开端

　　前端控制是指从档案管理的要求出发,对电子文件的控制与管理提前到电子文件的设计与创建之时,即在电子文件起始端就对电子文件进行控制与管理。它强调对电子文件的档案控制起始于电子文件生命周期的开端,并贯穿于文件部门与档案部门对电子文件管理的整个过程。

---

　　① 见冯惠玲《电子文件时代新思维〈拥有新记忆——电子文件管理研究〉摘要之六》,《档案学通讯》1998年第6期。

4.1.3　内容：起始点、跨部门与连续性

前端控制思想的主要内容包括三个方面[①]：

1. 电子文件管理的起始点

电子文件管理的起始点具有双重含义：其一是指电子文件创建的起始点，即一份实际的电子文件一经形成就应立即对其实施具有档案职能的管理；其二是指对所要控制的全部电子文件而言，前端控制起始于电子文件的设计阶段，即更前于电子文件的创建阶段。要对电子文件进行前端控制必须设计符合档案管理需求的电子文件管理功能与操作流程，从这个意义上讲，电子文件前端控制起始于电子文件的设计阶段。

2. 电子文件管理的跨部门

前端控制是把原来在档案部门实施的具有档案管理职能的一系列管理行为提前到文件管理部门去实施，档案部门的职能前移。这种前移不是通过干预文件部门的工作实现的，而是通过建立和完善法规、标准去指导和帮助文件部门管理电子文件。

3. 电子文件管理的连续性

传统的文件管理与档案管理是各自独立实施的，档案管理的各项活动也是独立的，而电子文件管理强调连续性。为此，前端控制不是把传统的档案管理活动简单地前移，而是保持对电子文件的连续管理。

4.1.4　作用：真实、安全与凭证价值

前端控制的作用主要体现在三个方面：

1. 保障电子文件内容真实

电子文件管理并非如同传统档案管理一样单一地保存载体，而是以保

---

① 见张正强《电子文件管理》，解放军出版社 2004 年版，第 110 页。

障电子文件的真实性、可靠性、完整性、可用性、安全性为目标。前端控制的实施使得档案管理在电子文件设计、创建阶段就开始介入,可以从文件生命周期的全过程着眼进行通盘规划,可以对文件载体、文件格式、索引编制、数据库结构等各种技术指标进行统筹设计,可以把档案管理要求预先设定好并纳入到管理功能和管理系统之中,可以对电子文件全程进行管控,可以捕获、控制相关文件和信息,可以按需尽可能多地捕获背景信息和上下文关系,以便保证转化成档案的电子文件达到归档和作为档案保存的要求。这是从源头上保证电子文件真实完整的关键措施,避免电子文件失踪、失控、失真现象的发生。

2. 保障电子文件信息安全

电子文件在整个生命周期中不断流动,例如从起草者处流动到审核者、签发者处。在流动过程中,电子文件随时面临着出于各种原因和目的而被篡改、删除的危险。前端控制可以在设计管理系统时预先设定计算机软硬件的配置、网络和节点的规划并采取必要的控制措施保证电子文件的信息安全,可以根据预先设定的归档范围捕获电子文件,将其内容在适当时机固化下来以防篡改,可以定期备份动态文件,提前归档部分文件,监督电子文件流转过程防止安全事件发生并在发生安全事件时能够回溯事件发生的节点和原因,从而防止具有长久保存价值的电子文件流失,防止电子文件在流动中受到破坏。

3. 保障电子文件转化为具有凭证价值的档案

电子文件管理的重点由传统文件与档案管理对实体保管对象的关注,转为对文件、文件形成者及文件形成过程的有机联系及其可靠性的关注。目前,学术界和法律界大多对于电子文件成为证据的关联性表示认可,认为只要电子文件及其背景信息的形成是实时的、通过严谨的流程而收集、保存和提取的,一经形成便始终保持最初、最原始的状态,是能够客观地反映电子文件及其记录的事实的本来面貌的。也就是说,在有效系统中记录的电子文件信息具有原始性,可以成为证据。前端控制将保障电子文件真实性、可靠性、完整性、可用性、安全性的实现条件融入电子文件生命周期各个阶段的管理当中,可以在管理过程中及时捕获并不断追加"背景信息"以及在文件的恢复和解释中所必要的各种数据,可以在文件形成时就依据职能鉴定法判定保存价值,及早施加影响,把需要和可能在文件阶段实现或部分实现的档案管理功能尽量在同一阶段实现,并由档案部门对整个文件管理流程进行监督和管控,保障电子文件归档后形成的档案具有凭证价值。

4.1.5 联系:有关的理论与思想

1. 文件生命周期理论

前端控制思想并不是凭空产生的,它孕育和植根于文件生命周期理论。文件生命周期理论是西方档案学理论的重要支柱之一,其主要内容包括三个方面:一是文件从产生直至因丧失作用而被销毁或者因具有长远历史价值而被档案馆永久保存是一个不断运动的整体过程;二是由于文件价值形态的变化,文件生命周期这一完整过程可划分为若干阶段,国外最有代表性的观点是把文件生命周期划分为现行、半现行和非现行三个阶段,我国则划分为文件形成阶段、现实使用阶段、暂时保存阶段和永久保存阶段;三是文件在每一阶段内,因其特定的价值形态而与服务对象、保存场所和管理形式之间存在一种内在的对应关系。

在传统的文件与档案管理中,对文件生命周期的阶段划分比较重视,在我国通过人为规定的动作——归档确立了文件与档案的分界线。然而在电子文件管理中,更重视文件与档案之间的天然关联性,认为整个电子文件的生命周期是一个统一延续的、前后衔接的、不可分割的过程,因而文件管理与档案管理是密切联系、一脉相承的,有必要将二者整合为一个无缝系统。基于这种认识,不仅产生了前端控制思想,还产生了全程管理思想。

2. 全程管理

冯惠玲教授主编的《电子文件管理教程》一书中提出了"全程管理"的概念,强调根据电子文件的特点和管理要求,必须建立一个完整的管理体系,对电子文件从产生到永久保存或销毁的整个生命周期进行全程管理。电子文件全程管理是一种全面的管理,涵盖全部管理活动的目标体系、程序体系和技术方法体系;是一种系统的管理,各项管理内容和要求实现无缝链接、系统整合并发挥总体效应;是一种过程管理,通过过程控制实现结果控制。[①]

该书将全程管理与前端控制作为电子文件管理的两项并列的原则进行阐述。笔者认为,作为管理思想,全程管理与前端控制并无差别,只是前者是从电子文件整个生命周期这条线的角度上进行描述,而后者从档案管理这个点的角度上进行描述。如果从性质上加以区别,前端控制可以归为一种思想,而全程管理是与该思想对应的手段。

3. 文档一体化

我国的档案工作者也一直在对从文件到档案的客观运动过程进行思考。20 世纪 80 年代文件生命周期理论的引入对这种思考起到了极大的促进作用。这种促进的结果之一就是产生了文档一体化思想。1985 年 6 月,国家教育委员会与国家档案局联合印发的《关于发展和改革档案学教育的几点意见》中,第一次明确提出档案工作和档案学研究正面临着"档案与文件管理一体化"的趋势。自此,文档一体化理论研究蓬勃发展,在实践中也涌现出很多文档一体化计算机辅助管理系统。

文档一体化是指把文件管理工作和档案管理工作整合为一个系统,立足于文件、档案的形成规律,运用系统理论和计算机管理方法,将文件管理和档案管理数据化、信息化、网络化,形成一个完整的信息系统,对文件和档案进行统一控制和管理。

笔者认为,前端控制、全程管理与文档一体化都是随计算机等新技术发展催生的文档管理思想,在本质上并没有什么差别。"电子文件的大量出现及其长久保存的需要将促使多年来提倡的文件、档案一体化管理进入实质性阶段。"[②]

---

① 见冯惠玲《电子文件管理教程》,中国人民大学出版社 2001 年版,第 13 页。
② 同上。

4．文件连续体

文件连续体是指从文件形成（包括形成前的文件管理系统的设计）到文件作为档案保存和利用的管理全过程中连贯一致的管理方式。[①]

自2001年起，中国人民大学的安小米教授和张宁副教授陆续将该理论介绍给国内档案界。安小米教授从模式角度提出文件连续体模式为文件和档案的管理提供了一体化管理的思想，并介绍说该模式被认为可适用于档案学背景下的一切文件管理，包括电子和非电子的档案和文件管理。[②] 张宁副教授借助教学中的坐标系将文件的结构化过程清楚地展示出来从而构成文件连续体模型。[③]

两位研究者都将文件连续体与文件生命周期进行了比较。安小米教授从模式的角度认为文件连续体模式是比文件生命周期模式更适于电子文件的管理理念，并将二者从理论的起源、文件定义的要素、文件管理关注的焦点、文件保管的过程、档案鉴定的标准、档案鉴定的时间、文件保管者的角色、文件管理任务的完成八个方面进行了比较。通过比较揭示了文件连续体模式同生命周期模式的差异，同时也显示了文件连续体模式在管理电子文件方面具有生命周期模式不可比拟的优势。她认为用连续体以目的为导向的系统方法管理文件从根本上改变了文件保管者的角色。文件保管者不再是被动等待，在文件形成后才管理文件，而是主动超前地同其他保管者一起共同确定机构活动需要保管哪些文件，然后纳入事务活动体系进行管理。张宁副教授从理论的角度认为二者具有相同点和不同点。相同点是都以"大文件"作为概念基础，都体现了价值的变化，都体现了文件运动的连续性和整体性；不同点是二者的理论基础不同、侧重点不同、因素之间的对应关

---

① 信息来源：*Standards Australia*（澳大利亚标准 As4390，1996 年），第 4 · 22 条。

② 见安小米《文件连续体模式对电子文件最优化管理的启示》，《档案学通讯》2002 年第 3 期。

③ 见张宁《文件连续体理论之比较研究》，节选自《21 世纪的社会记忆——中国首届档案学博士论坛论文集》，中国人民大学出版社 2001 年版，第 18 页。

系不同,适用范围不同。

　　文件连续体的引进为解决电子文件管理问题提供了一种新思路。安小米教授认为它有利于实现"电子文件的最优化管理",但也有研究者认为文件连续体是一种理想化的理论,在理论上具有优越性,实际意义却是有限的。①

4.2　大 文 件 思 想

4.2.1　内容:档案也是文件

　　大文件思想认为文件是一个大概念,它既包括现行文件也包括档案,档案属于文件或者说档案是文件的一部分。② 同时,该思想牵涉一系列与文件概念密切相关的理论和实践问题,例如文件与档案的关系,档案中是否有非文件成分,文件生命周期理论的认识和应用,文档一体化管理的实践,乃至文件学与文书学、档案学的关系等。③

4.2.2　传统:文件是档案的前身

　　我国最初对文件的认识是非常狭隘的,字面上以"文书"称之,内涵上仅指机关使用的书面文字材料及有特定体式和处理程序的公文。"既包括各机关向外发出和收进的公文,也包括机关内部使用的文件。但不包括内部使用的其他书面材料,例如簿册、账本、表格之类。"④ 随着社会的发展和科学技术的进步,文书制作材料和制作手段有了新发展,产生了各种新型的文书,如影片、照片、录音带、录像带、计算机磁盘等,于是将"文书"改为"文件"

---

①　见何宝梅《对文件连续体理论的若干思考》,《北京档案》2002 年第 10 期。
②　见王茂跃《关于大文件概念的一些思考》,《档案管理》2007 年第 6 期。
③　见潘连根、刘东斌《关于"大文件"概念的辨析》,《档案管理》2008 年第 5 期。
④　见梁毓阶《文书学》,档案出版社 1985 年版,第 32 页。

以适应新的情况。① 文件不再仅仅被理解为"红头文件","企业的协议书、合同、提货单以及商品交易中的支票、发票同机关使用的通知、命令、指示等一样都是文件"是"形式不同"但"作用相同"的文件,"工作中产生的影片、照片、录音带、录像带同样起文件的作用"。此时,文件是指"组织或个人在社会活动中,为了相互联系、记载事物、处理事务、表达意志、交流情况而制作的又构成该项活动组成部分的记录材料","是人们为了在时间和空间上传递信息而制作的固定了信息的物体"。② 文件的外延扩大了。后来,文件的内涵又有所扩大,出现了广义文件与狭义文件两种理解。狭义仍是"仅指法定机关、团体、企事业单位等形成的具有完整体式和处理程序的公文"。而广义"指组织或个人为处理事务而制作的记录有信息的一切材料,是人类记录、传递和贮存信息的一种工具"。③

以上是我国的传统文件观,在这种思想认识中,文件具有现行的效用,档案是办理完毕的文件。"今天的文件是明天的档案,今天的档案是昨天的文件","文件是档案的前身,档案是文件的归宿"④。

从我国传统文件观发展出大文件思想在于两个机遇的促成。

4.2.3 雏形:文件生命周期理论的引进

第一个机遇就是 20 世纪 80 年代文件生命周期理论的引进,由此形成我国大文件思想的雏形。

文件生命周期理论以文件中心为实践基础,以文件的阶段划分为理论基础,对文件的整个生命运动过程进行全方位的研究和考察,解释和指导文件与档案管理领域的众多相关现象和工作实践。该理论关注文件管理与档

---

① 见陈兆祦《再论档案的定义——兼论文件的定义和运动周期问题》,《档案学通讯》1987 年第 2 期。

② 同上。

③ 见吴宝康、冯子直《档案学词典》,上海辞书出版社 1994 年版,第 96 页。

④ 见王茂跃《关于大文件概念的一些思考》,《档案管理》2007 年第 6 期。

案管理的联系甚于关注二者的区别。

文件生命周期理论中的文件概念与我国传统文件观的文件概念有着相当的差异。该理论认为：文件形成后的整个生命运动过程中不论其记录方式、载体类型和公私性质都可以统称其为文件，依据文件先后呈现出的不同价值类型，相应地分别称其为现行文件、半现行文件和非半现行文件。在此理论中档案是文件运动至特定阶段的产物或别名，文件包含了档案，档案属于文件，是文件的一部分。该理论中的文件概念包括我国传统文件观中文件和档案两个概念，我国传统文件观中的文件概念相当于其现行文件概念。

为了将中外文件概念区别开来，我国的档案学者将传统文件观中的文件概念称为小文件概念，将国外的文件概念称为大文件概念。① 小文件概念指现行文件，即正在使用的文件；大文件概念指在文件整个运动过程（从文件的形成到销毁或永久保存）中不论其价值形态如何的各种记录材料。② 后者被称为"文件生命周期理论的翻版或者说是中国版的文件生命周期理论"。③ 我国大文件思想初步成形，从文件运动的视角出发，在全生命运动过程中一律称为文件。④ 由此，文件概念的适用范围扩大。

4.2.4　深化：电子文件的大量产生

第二个机遇即电子文件的大量产生促使大文件思想进一步深化。

前文所述"字面上不再称电子档案"（参见第2章第2.5节"与电子档案的关系"）就是这种深化的表现。随着越来越多的文件在计算机及网络环境下生成，电子文件成为主流文件。前端控制、全程管理、文档一体化不再是可不可能、可不可以的问题而是成为必需，大文件思想自然而然地随之发展和深

---

① 见王茂跃《关于大文件概念的一些思考》，《档案管理》2007年第6期。
② 见潘连根《"大文件观"与档案学基础理论问题的研究》，《兰台世界》2001年第4期。
③ 见潘连根、刘东斌《关于"大文件"概念的辨析》，《档案管理》2008年第5期。
④ 见王茂跃《关于大文件概念的再思考》，《档案管理》2009年第1期。

化。前文第 2 章第 1.8 节所述电子文件定义是 2002 年颁布的国家标准《电子文件归档与管理规范》确定的,它以标准形式明确肯定电子文件是文件,体现了数字时代的大文件思想。冯惠玲教授主编的《电子文件管理教程》宣扬的也是数字时代的大文件思想①。这种思想也符合国际思想潮流。国际标准化组织于 2001 年颁布的世界上第一个电子文件管理标准 ISO15489 将电子文件定义为"电子形态的文件",而"文件是机构或个人在履行其法定义务或开展业务活动过程中形成、接收并维护的作为凭证和具有查考作用的信息"。

冯惠玲教授在描述档案职业的未来发展时指出:"在一体化的文件管理系统里,文件管理和档案管理有机地融为一体,两种职能在'大文件'的概念下自然、有效地结合起来,由统一的专业人员负责全程管理——称他们为'文件工作者'还是'档案工作者'已无关紧要。"②

4.2.5　争议:以档为本还是文档一体

目前,国内文档界对于大文件思想尚没有完全形成统一认识。赞同者如陈兆祦先生早在其 1986 年出版的《档案管理学》一书中就提出:"首先,要确定档案属于文件。"赞同者认为大文件思想不仅有助于促使我国的文件管理、档案管理逐步与国际接轨,也有助于国际间的学术对话交流③。反对者如任汉中教授认为:"'大文件观'构成了对档案学理论基础的毁灭性破坏,在理论和实践上都造成了消极影响。档案学研究应当回到'以档为本'、理论联系实际的正确轨道。"④ 如韩宝华教授认为"档案不是文件的一部分,而

---

① 见吴品才《大文件观:当代中国档案学的必然选择——兼与王茂跃先生商榷》,《档案管理》2008 年第 5 期。

② 见冯惠玲《拓展职能——"夹缝时代"档案职业的生存之策》,节选自《21 世纪的社会记忆——中国首届档案学博士论坛论文集》,中国人民大学出版社 2001 年版,第 108 页。

③ 见潘连根、刘东斌《关于"大文件"概念的辨析》,《档案管理》2008 年第 5 期。

④ 见任汉中《档案学研究应当回到"以档为本"的轨道——谈谈我对"大文件观"的几点认识》,《档案管理》2008 年第 5 期。

是文献的一部分。要以档案与其他文献的区别来认识档案,而不是以档案与文件的区分来认识档案"①。多数反对者仍然认为文件和档案是两种不同的事物,文件管理和档案管理分属两个不同的系统②。

影响我国接受大文件思想的决定性因素在于我国文档分治的体制。在这种体制下,实践中始终关注文件与档案间的区别甚于联系,没有达到需要大文件概念的程度,从而难以理解和形成大文件思想。有研究者指出一个有趣的事实③:赞同大文件思想的以学院派研究者居多,持有异议的以一线档案工作者居多。这种现象折射的是国外理论与我国实际的不统一。学院派坚信理论的科学性和指导性,即使理论与实际不合也仍旧试图用理论去改造我国的实际;实践派认为理论源于实践又必须指导实践,因而不愿接受与实际有距离的理论的指导。笔者赞同如下观点:理论源于实践又往往会超越实践,指导实践的开展。在纸质时代"文档一体化管理"的呼唤下,更是在数字时代电子文件管理的推动下,大文件思想应当成为当代中国文件与档案管理的必然选择。④

4.3　国家战略思想⑤

4.3.1　源起:全国的宏观思维和战略应对

电子文件管理国家战略是以冯惠玲教授为首的研究团队提出的应从国

---

① 见韩宝华《档案与文件关系新论》,《档案与建设》1995 年第 9 期。

② 见潘连根《"大文件观"与档案学基础理论问题的研究》,《兰台世界》2001 年第 4 期。

③ 见王茂跃《关于大文件概念的再思考》,《档案管理》2009 年第 1 期。

④ 见吴品才《大文件观:当代中国档案学的必然选择——兼与王茂跃先生商榷》,《档案管理》2008 年第 5 期。

⑤ 见冯惠玲、刘越男《电子文件管理国家战略》,中国人民大学出版社 2011 年版。

家层面实行对电子文件宏观管理的思想。

该研究团队发现:在世界范围内,电子文件管理的理论研究和实践正在经历一场重大的战略转型,从机构层面向国家层面、从分散管理模式向集中管理模式、从环节式分段管理向无缝式流程管理转变。信息化整体水平比较高的国家,几乎不谋而合地实现了或正在实施这种战略转型。他们以战略动议、政策引导、标准规范等形式提出体现国家意志和利益的重大举措,从而进入"以顶层设计带动总体规划,以国家战略带动全面发展"的电子文件管理新阶段。

该研究团队认为:电子文件失真失控现象严重、文件信息孤岛现象明显、电子文件管理目标不明确、变革不到位不配套、低水平重复投入等问题的根源不在方法和技术层面上,而在于国家政策引导、实践推动的力度不够。面对电子文件管理这一历史性挑战,仅有战术、方法的应对远远不够,还需要有面向全国的宏观思维和战略应对,这就是电子文件管理国家战略。

4.3.2 含义:国家的基本态度和总体思路

电子文件管理国家战略,就是从国家层面和战略视角对电子文件管理全局性、基本性、长期性问题所进行的目标定位、统筹规划和基本制度安排,是一个国家对电子文件管理工作的基本态度和总体思路,其表现是法规、政策、标准、规划、项目等体现国家意志、带有全局性的关于电子文件管理的国家行为,其实质是用战略的眼光来研究和解决电子文件的管理问题。电子文件管理国家战略具有全局思维、自上而下、多元手段、系统配套的特点。

4.3.3 发展:从理论性概念到实质性启动

2006 年 5 月,冯惠玲教授在"2006'中国信息资源管理论坛"上首次提出"电子文件管理国家战略"这一概念,认为应该"建构电子文件管理国家战略,全面提升信息资源国家控制力",得到了来自行政管理部门、基层单位和高校科研单位的与会人员的广泛赞同。

随后,该研究团队向国家档案局和中共中央办公厅提交了报告《关于全面制定和实施我国电子文件管理国家战略的若干思考》,得到时任中共中央办公厅主任王刚同志的认可和批示。

2007年,该研究团队的研究项目"我国电子文件管理国家战略的基础理论与框架体系研究"获得国家自然科学基金立项。

2007年,在项目进行过程中,该研究团队接受中国档案学会委托承担了中国科学技术协会重点课题"我国电子文件管理机制研究",从多角度分析了我国实行电子文件宏观管理的必要性和基本路径,课题研究报告得到了温家宝总理的批示。

2009年,根据温家宝总理的重要批示,中共中央办公厅、国务院办公厅制发了《电子文件管理暂行办法》,明确了电子文件管理的国家要求,创建了中央层面的协调机制,标志着我国电子文件管理国家战略从酝酿阶段迈入起步阶段。

2010年,根据《电子文件管理暂行办法》的要求,我国成立了由九个中央国家机关组成的国家电子文件管理部际联席会议,开始全面规划和推进全国电子文件管理工作,电子文件管理国家战略实质性地启动。

4.3.4　我国:总体目标、基本特点与重点任务

我国电子文件管理国家战略的总体目标分为资源、社会和管理三个层次。资源层次的目标要求确保属于国家战略资源范畴的各种电子文件的真实、可靠、完整与可用;社会层次的目标要求通过对电子文件信息资源的掌控和配置,促进社会生产和管理效率的提升,促进国家历史文化的保护与传承,维护国家和人民的根本利益与安全;管理层次的目标要求建立一套科学、有效的具有中国特色的电子文件管理体系,保证电子文件管理的可持续发展。在起步阶段,我国电子文件管理国家战略的近期目标主要有两个:确保国家核心电子文件信息资源的完整与真实,降低电子文件交换的社会成本。

我国电子文件管理国家战略的基本特点包括五个方面:统揽全国、融合发展、制度引擎、政策先行、综合治理。统揽全国是范畴特点,要求整体战略和相关措施都有面向全国的统筹性和包容性,能覆盖中央与地方、不同地区和不同行业,对全国各级各类文件、档案管理机构具有普遍的适应性和约束力。在此过程中,应以电子文件保存为重点突破领域,并加强对地方试点的支持与监管。融合发展是指导原则,要求将电子文件管理融入电子化业务管理和信息化建设之中,将电子文件管理融入文件管理整体工作之中。制度引擎是路径选择的特点,推动我国电子文件管理国家战略的根本动力来自制度创新。政策先行也是路径选择的特点,我国电子文件管理体制机制上的创新首先要以政策形式予以明确、推广。综合治理仍是路径选择的特点,电子文件管理工作要依靠政府、机关、服务商、研究机构等多主体综合采用政策、法规、标准、技术、科研、市场等多种手段整体推进。

近期我国电子文件管理国家战略制定与实施的重点任务包括:理顺电子文件管理的体制和机制,优化国家电子文件资源布局,推动一批重要政策、核心标准的制定与实施,加强电子证据法规建设,合理安排、开展一批试点攻关项目,发展电文件管理的专业教育和培训等。

4.3.5 国际:英、美、澳、加的国家战略

仅从字面上看,我国之外的国家在电子文件管理上大都未使用国家战略(national strategy)这一说法,但从内涵考察,相当一部分国家已经形成了事实上的国家战略。20 世纪 90 年代中后期以来,很多国家以动议(initiatives)、战略动议(strategic initiatives)、政策框架、管理系统等形式,不谋而合地强化了国家层面的统筹规划、政策引导、标准规范和技术攻关,形成了以国家档案馆为龙头的电子文件管理体制和规范体系,推出了一些体现国家意志和利益的重大举措。

英国将原本负责政府信息管理的不同部门整合组建国家档案馆,促使电子文件管理职能拓展;实施在线技术登记系统、信息管理评估等典型项目

推进电子文件管理;建立了以政策为特色的电子文件管理规范体系,发布了
《21世纪的档案馆》《电子政府背景下的电子文件管理政策框架》《数字文件
保管政策》等各有侧重的管理政策;提供多元化的电子文件在线服务。

美国实施了覆盖全程的"电子政府的电子文件管理动议"、以长久保存
为目标的"电子文件档案馆"、促进文件管理与业务活动集成的"联邦机构文
件管理框架"三大项目,以典型项目带动国家战略的实现;开发"电子文件管
理工具箱"等工具对文件形成机构电子文件管理进行指导,从强调后端的法
规建设到前端控制;对电子文件主管机构及电子文件管理项目开展审计以
实现管理监控。

澳大利亚同样通过"数字文件保存战略"和倡导区域合作的"澳大拉西
亚数字文件管理动议"等典型项目带动国家战略的实现;率先制定了(电子)
文件管理关键性国家标准并成为国际标准,建立覆盖电子文件整个生命周
期的管理规范体系,并将规范集成以便于利用;对联邦政府机构电子文件管
理开展专门的审计或将其纳入公共服务体系进行绩效考评。

加拿大建立了国家图书与档案馆,档案馆电子文件与其他电子信息一
并被纳入数字文化遗产管理体系,现行与半现行电子文件则被纳入政府信
息管理体系;开展了"加拿大数字信息战略""可信数字仓储""音、视频迁移
战略"等典型项目;建立了政府信息管理法律与政策体系以及国家图书与档
案馆数字政策、指南与工具体系;提出了文件与信息生命周期管理,将规划
与评估活动纳入管理体系。

4.3.6 作用:从根本上解决问题

电子文件管理国家战略通过制定和实施全局性的法规、政策、发展规
划、示范项目等方面的国家级战略安排,全面推动电子文件管理工作。从根
本上提高国家对电子文件信息资源的控制力;从根本上解决电子文件的证
据价值保障和永久保存等关键性难题;从根本上控制各机构、各地区电子文
件管理低水平重复建设,大幅度提高系统研发的效益;从根本上消除电子文

件"信息孤岛"现象；从根本上实现我国在电子文件管理领域的与国际同步、与国际接轨和国际影响力的不断提升。

4.4 大 数 据 思 想

4.4.1 含义：数量规模巨大

大数据(big data)也称海量数据、海量资料、巨量数据、巨量资料，一般是指由数量巨大、结构复杂、类型众多的数据构成的数据集合。这些集合由于数量规模巨大，无法使用目前主流软件工具在合理时间内进行撷取、管理、处理并整理使之成为积极的、有价值的信息。

全球知名咨询公司麦肯锡最早指出"大数据"时代的到来。该公司在一份研究报告中指出：数据已经渗透到每一个行业和业务职能领域，逐渐成为重要的生产因素；而人们对于海量数据的运用将预示着新一波生产率增长和消费者盈余浪潮的到来。该报告将大数据概念推向社会，引起广泛关注。2012年，美国奥巴马政府宣布投资2亿美元启动"大数据研究和发展计划"。

4.4.2 特点：Volume、Variety、Value、Velocity

大数据的特点包括四个层面：一是数据量巨大。一般达到PB(PB称拍字节，有15位数)级别才能被称为大数据。二是数据类型繁多。网络日志、视频、图片、地理信息等都包括在内。三是价值密度低。有用的数据仅是其中的小部分。四是处理速度快。业界将这四个特点归纳为四个"V"：volume(数量)、variety(品种)、value(价值)、velocity(速度)。[1]

---

[1] 信息来源：360百科"大数据——网络名词"，http://baike.so.com/doc/5374131.html#5374131-5610149-0,检索日期2013年5月14日。

4.4.3 作用:未来的石油

在数字时代,大数据具有重要作用。下述实例可以让我们加以体会。

2008 年,美国成立了一家将大数据变成可控知识的企业 Ayasdi。该公司开发了一款软件用于海量数据分析。该公司成立不久就拥有了众多大客户,如默克生物医药公司和美国军火巨头雷神。这些客户期望大数据为他们做什么呢? Ayasdi 的数据分析技术对一个累计采集 15 年、被成千科学家研究过的数据集进行分析,帮助发现了乳腺癌的 14 个变种。Ayasdi 的算法发现了某一个基因子组的病人乳腺癌的存活率比较高。如果病人的基因是在这样的子组里,可以免受化疗之苦。[①] 这只是 Ayasdi 数据分析的一个实例。Ayasdi 可以做各种各样的数据分析,挖掘出许多我们前所未知的信息。美国国防部认为 Ayasdi 的数据分析"对要在大量信息中寻找规律的国家安全调查有很大帮助",因此给予资金支持。

2013 年,美国的在线影片租赁商 Netflix 用大数据打造了最火的美剧《纸牌屋》——该片被称为美国白宫版的《甄嬛传》。这部电视剧的导演和男主角都是被"算"出来的。Netflix 在美国有接近 2700 万的订阅用户,这些人每天在 Netflix 上产生 3000 多万个网络点击行为,例如暂停、回放或者快进,并且用户每天还会给出 400 万个评分,以及 300 万次搜索请求……根据数据,点击率非常高的鬼才导演大卫·芬奇和男演员凯文·史派西,成为了主创的选择。大数据就这样注入了电视剧行业。《纸牌屋》被誉为电视剧行业通过因特网挖掘用户行为数据分析结果的第一次战略运用。[②]

"大数据使得决策越来越信赖数据和分析,而非直觉和经验。"在 2012 年达沃斯论坛上,一份名为"大数据,大影响"的报告指出:数据已成为一种

---

① 见《大数据"显影":Ayasdi 用拓扑数据分析癌症》,http://www.ctocio.com/ccnews/11043.html,检索日期 2013 年 6 月 6 日。

② 见《最火美剧〈纸牌屋〉:电视剧遇上大数据》,http://news.xinhuanet.com/tech/2013-05/02/c_124652222.html,检索日期 2013 年 6 月 6 日。

新的经济资产。《经济学人》针对全球 700 多家公司的调查也验证了这一说法:采用"数据驱动型决策"模式的公司能将其生产力提高 5% 至 6%,他们所创造的收入则大约是同行公司的 4 倍。①

鉴于大数据的作用,有人形容数据"就像货币或黄金一样",奥巴马政府将大数据定义为"未来的石油"。

4.4.4 处理:特殊的技术

大数据需要特殊的技术进行有效处理。大数据技术是从各种各样类型的数据中快速获得有价值信息的技术。大数据常与云计算联系到一起,因为实时的大数据分析必须通过云计算的并行化和分布式计算技术向数十、数百甚至数千的计算机分配工作。此外,适用于大数据的技术包括海量数据存储、可扩展的存储系统、大规模并行处理(MPP)数据库、分布式数据库、数据挖掘、分布式文件系统、图像视频智能分析、互联网等技术,信息感知技术、信息传输技术、信息安全技术也都与大数据密切相关。

大数据的处理包括数据采集、数据存取、基础架构、数据处理、统计分析、数据挖掘、模型预测和结果呈现②。数据采集是将分布的、异构数据源中的数据抽取到临时中间层后进行清洗、转换、集成,最后加载到数据仓库或数据集市中成为联机分析处理、数据挖掘的基础;数据存取涉及大规模并行处理数据库、分布式数据库、关系数据库等;基础架构包括云存储、分布式文件存储等;数据处理涉及人与计算机交互的语言,关键是要让计算机"理解"人的自然语言;统计分析是采用假设检验、差异分析、相关分析等方法对数据进行分析;数据挖掘是对数据进行分类、估计、预测、相关性分组或关联规则、聚类、描述和可视化而从中提取隐含的、人所不知的、但潜在有用的信

---

① 见易名《大数据,未来新石油》,《看天下》2013 年第 6 期。

② 信息来源:大数据时代,http://bbs. pinggu. org/bigdata/,检索日期 2013 年 5 月 14 日。

息和知识;模型预测是从大数据中挖掘出特点,通过科学地建立模型并通过模型带入新的数据而预测未来的数据;结果呈现是通过云计算、标签云、关系图等将大数据处理结果显示出来。

4.4.5　释疑:为什么是思想

本书将大数据作为一种思想阐述出于以下三点原因:

一是目前大数据这个概念涵盖的内容相当广泛,远不止大量的数据和处理大量数据的技术之类的简单概念,而是基于云计算的数据处理与应用模式,通过数据的整合共享与交叉复用形成智力资源和知识服务能力。它涵盖了人们在大数据的基础上可以做的事情,而这些事情在小规模数据的基础上是无法实现的。大数据让人们以一种前所未有的方式,通过对海量数据进行分析,获得有巨大价值的产品和服务或深刻的洞见力。这么深刻的内涵不能仅仅以"模式"或"技术"概括之,而以更加形而上的"思想"统称之。

二是大数据对于现代文件与档案管理的作用和影响尚不明朗,所以本书只能将其作为一种思想进行阐述和说明。当前云计算、移动互联网、物联网、车联网、手机、平板电脑、PC 以及遍布地球各个角落的各种各样的电子设备都成为数据承载方式,网络日志、射频识别、传感器网络、社交网络、社会数据、网页文件、互联网搜索索引、呼叫记录、军事侦察记录、医疗记录、大规模的电子商务都是大数据的来源,但其中只有部分声音文件、影像文件、网页文件、地理信息数据等能成为大数据与文件、档案管理的交集。

三是档案数据与大数据的关系如何尚没有准确定位。从价值上看,大数据价值密度低,而档案数据价值密度高,因为基本上档案数据都是具有长久保存价值的。从数量上看,档案馆(室)等文件与档案管理机构的管理对象能否达到大数据级别有待商榷。美国国家档案馆从 1971 年开始接收电子文件进馆,于 2011 年完成电子文件保管系统 ERA(electronic records archives,即电子文件档案馆,参见第 7 章第 4 节)的建设,现存有超过 103TB(TB 称太字节,有 13 位数)的电子文件,预计到 2022 年永久保存的联邦政府机构的电子文件容量达到 35 万 TB①。美国国家档案馆是目前电子文件存储量高的档案馆,按旧的、以 TB 为级别的大数据标准美国国家档案馆达到了大数据级别,但目前大数据的级别已经从 TB 级跃升到 PB 级,说其电子文件数达到大数据级就比较勉强了。而我国多数文件与档案管理机构电子文件的存储量远远达不到大数据级别。从处理上看,档案机构仅是对电子文件进行保存和提供利用,是否需要对大数据量的电子文件进行处理以从中挖掘信息和知识、如何处理和管理都是未知的问题。

虽然目前大数据的思想还没有直接作用和影响于档案工作,但作为信息管理角色的文件与档案管理机构,必须了解和理解大数据的思想,并对其在信息管理中的功能与作用保持持续的关注。

---

① 数据来源:美国国家档案与文件署网站 http://www. archives. gov。

5　新的技术

新的技术致力于解决电子文件的真实性问题,即文件与其用意相符,文件的形成和发送与其既定的形成者和发送者相吻合,文件的形成或发送与其既定的时间一致。

5.1　技术体系:保存管理、捕获、
仓储、存储管理和访问

由于电子文件具有复杂性和动态变换的特点,很难建立一个完整规范的技术体系。但是,有必要对现有的技术空间进行适当的梳理、归纳,总结出一个可供参考的技术体系。

中国科学院文献中心基于开放档案信息系统参考模型 OAIS(参见第 8 章第 2.5 节"封装")基础之上,借鉴国外主要保存系统的技术框架提出了一个数字保存的技术体系。该体系将数字保存技术分为保存管理、捕获、仓储、存储管理和访问五个功能块。①

实现保存管理功能的主要技术有:保存技术策略的选择、保存规划管

---

① 见张智雄《如何长期保存数字资源》,《中国教育网络》2006 年第 4 期。本书中的"捕获"一词在原文中为"摄入"。

理、保存工作流管理、保存媒体迁移等。

实现捕获功能的主要技术有:格式标准、格式迁移、格式规范、格式注册技术、信息封装技术、安全检测技术、完整性校验技术以及数据功能校验技术等。

实现仓储功能的主要技术有:信息模型的构建、保存元数据体系、保存标识体系、内容管理、元数据管理、索引等。

实现存储管理功能的主要技术有:如何构建大规模安全存储体系,对存储对象进行备份和恢复的技术,它包括常见的磁带存储、光盘存储、磁盘阵列存储,也包括各种类型的分布式文件系统,基于 NAS 或 SAN 模式的网络存储和基于网格的存储体系,同时也包括相应的备份和恢复系统。

实现访问功能的主要技术有:检索浏览技术、基于保存标识的定位技术、认证和授权技术与第三方的互操作技术等,用于保障仓储的数字对象能够被安全方便地访问。

从该体系可以看出,解决电子文件管理问题涉及的技术功能多样、体系庞大、规模宏伟。本书仅研究其中五个近期较为常用、与电子文件管理关系较为密切的技术,即工作流技术、数字签名技术、XML 技术、备份技术与 RSS 技术。从整体上看,工作流属于保存管理技术,数字签名属于捕获技术,XML 属于仓储技术,备份属于存储管理技术,RSS 属于访问技术。

5.2 工作流技术:保存管理技术之一

5.2.1 技术概要

工作流技术是近些年引起各界关注的一项系统技术,是提高业务过程效率的关键技术。工作流管理联盟(Workflow Management Coalition, WfMC)将其定义为:业务过程的完全或部分的自动执行,在业务过程中,文档、信息或任务根据一系列过程规则在不同的参与者之间进行传递,以达到业务的整体目标。[①]

工作流最早源于办公自动化领域,自诞生之日起,它就作为一种面向过程的系统集成技术而出现。工作流技术通过将工作分解成良好的任务、角色,按照一定的规则和过程来执行这些任务并对它们进行监控的方法,来达到提高办事效率、降低生产成本、提高管理水平的目的。

工作流基于一些基础概念进行管理,这些基础概念及其概念间的关系表达了工作流管理的基本思路和内容。图5-1显示了工作流的基础概念及其相互关系。

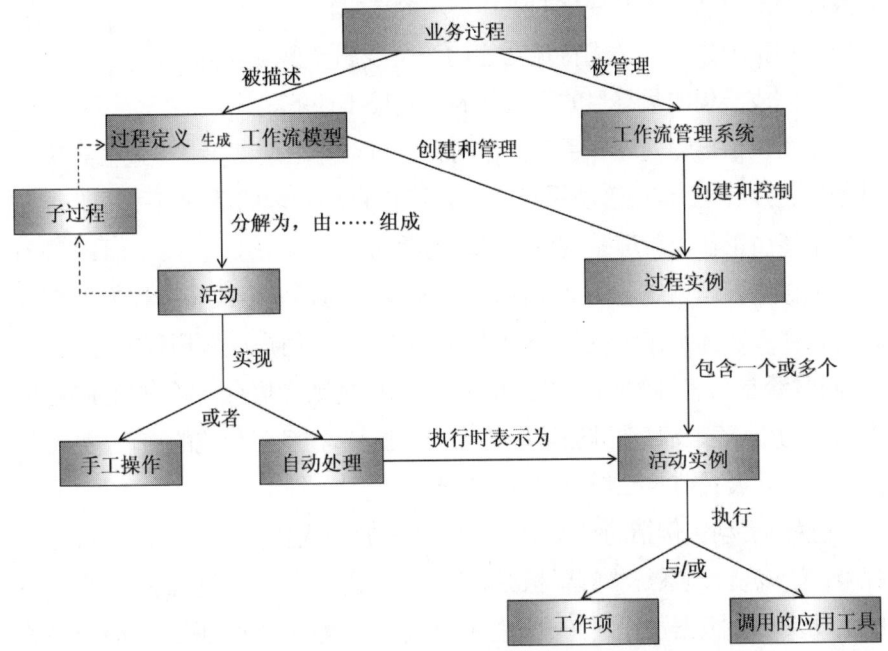

图5-1 工作流基础概念及其相互关系示意图

---

① Workflow Management Coalition. The Workflow Reference Model, Technical Report WfMCTC00-1003,1994. 原文为:"The automation of a business process, in whole or part, during which documents, information or tasks are passed from one participant to another for action, according to a set of procedural rules".

业务过程指在功能确定的组织结构中,能够实现业务目标和策略的相互连接的过程和活动集,他们之间相互协作,以达到一个共同的目标。

过程定义是对业务过程进行计算机所能识别的形式化描述,从而得到计算机化的形式表示,用以支持运行过程的自动化。过程定义的结果是生成工作流模型。过程一般被分解成一些子过程和活动。过程定义由一个或多个活动组成,就如同业务处理过程需要有多个处理步骤一样。

工作流模型描述工作流任务之间的控制流和数据流。不同的工作流模型具有不同的特点,一个好的模型具有比较强的描述能力、易于使用、易于修改以便能够适应不断变化的工作环境的要求。

活动指工作流中完成特定功能的一个逻辑步骤或实际环节,它代表了一个为完成流程的最终目的而执行的独立最小任务。

活动包括自动处理和手工操作两种。自动处理是指在业务过程的执行过程中,可以被工作流管理系统通过计算机自动处理的活动。手工操作则是指不能由工作流管理系统自动管理的活动。

工作流管理系统是一个软件系统,它通过运行一个或多个称为工作流机的软件来解释工作流模型,与工作流的参与者(用户或应用程序)进行交互,同时给参与者分配相应的资源,根据流程规则等信息,以用户的应用状态为驱动,正确、及时地推进工作流实例的执行,推动工作流的演进,实现业务逻辑的开展并监控工作流的运行状态。

过程/活动实例指的是某个工作流过程的一次执行。在实例的执行过程中,工作流管理系统将解释相应的过程定义形成的工作流模型,生成有关的活动实例并根据过程定义中的控制规则协调这些活动实例之间的顺序关系,同时根据数据流动关系的定义完成活动实例之间的数据传送。

从用户的角度来说,实例的执行实际上是由用户调用相应的应用程序对他所涉及的那个环节有关的数据进行处理,处理完之后由工作流管理系统根据相应的结果决定激活后续的那个环节并生成相应的工作项,同时通知与此有关的那些用户对此进行处理。由此依次反复进行直至整个过程的完成。

在过程实例中,参与者所要完成的活动的一项工作称之为工作项,它将由某个或某组用户负责完成。活动中一般包含一项或多项工作项。工作项由任务表保存,并由工作流机分配给用户或应用程序。

5. 2. 2 工作流技术与电子文件管理

工作流管理系统不是业务系统也不是事务处理系统,而是为业务系统运行提供一个软件支撑环境。它类似于在单个计算机上的操作系统,但其支撑的范围更大、环境更复杂,所以也有人称其为业务操作系统。它可以与其他系统有效地结合,实现符合政府、企业需求的各种业务管理系统,如公文管理系统、项目管理系统等。

工作流技术主要应用于电子文件的流程管理(参见第 9 章"新的流程")。它协调电子文件管理过程中的四大元素,即人员、资源、事件、状态,推动工作流的发生、发展、完成,对工作流实现全过程监控。在前文所述概念的基础上,工作流在电子文件流程管理中的作用就是控制电子文件的流转,根据定义好的过程模型,建立实际的电子文件流程,确定路由、角色、状态、条件。同时,支持对电子文件流程的动态修改,实现对电子文件流程的自动化控制。例如及时地收回和赋予不同人员的操作权限,如草拟人起草文件完毕即不可修改文件内容,而其上级领导获得文件的签署权或对内容的修改权;主动提示和催促办公人员实现某一阶段的处理,如发送新文件到达通知等。

工作流管理系统在电子文件流程中的应用过程是一个业务应用软件系统的集成与实施过程。在工作流管理系统的支撑下,通过集成具体的业务应用软件(即电子文件管理系统,参见第 11 章)和操作人员的界面操作,就能够良好地完成对电子文件流程运行的支持。与之相配合的电子文件管理系统不仅管理电子文件全过程的所有信息和操作,而且还应该主动推进工作流的实现。

工作流管理系统的最终目标是在业务层上提高业务处理水平,提高业务处理的柔性,以不断根据业务变化改变业务流程。基于工作流进行电子文件流程管理,可以提高流程的应变能力。工作流管理系统与电子文件管理系统结合实现电子文件流程,比普通的应用管理软件系统具有更多的优势。这些优势主要体现在以下八个方面:

1. 以流程化形式规范电子文件管理

工作流的一大特点是工作流本身即模型。工作流本身是一种反映业务过程的计算机化的表示模型,是为了在先进计算机环境支持下实现业务过程集成与业务过程自动化而建立的可由工作流管理系统执行的业务模型①。

基于工作流对电子文件流程进行管理,可以将电子文件的流动过程分成诸多更小的、可管理的任务计算单元,对每一任务具体内容进行描述,研究其所涉及的数据信息的内容和流向,对管理中的各种权利人的操作需求和处理权限进行说明。

这样做的最大意义在于使得电子文件管理变得规范:通过设定标准的工作任务环节,定义每项任务的工作内容和职责,可以在管理上规范每个电子文件管理环节的内容;通过规划电子文件处理流程,执行相互独立的活动,可以减少电子文件传递过程中不必要的中间状态,显著降低电子文件的传递时间和临时储存的时间,从而降低业务过程的整个处理时间;通过整个电子文件流通过程规则地运行,每个拥有权限的人可以查询文件所处的状态,相关参与者可以从系统中得到自己的任务表,规范了流转过程;通过可视化形式直观地控制工作流程,可以发现流程中的不合理环节,对电子文件管理过程进行优化重组,进一步规范电子文件管理业务流程。

2. 简化电子文件管理的业务实现

工作流具有分隔过程逻辑与应用逻辑的功能。过程逻辑体现业务管理的目标、功能和策略等,存在于人或完成任务的软件中。类似于数据库管理与应用软件的分隔,过程逻辑和应用逻辑分隔使得它们得以相互独立地进

---

① 见范玉顺《工作流管理技术基础》,清华大学出版社 2001 年版,第 31 - 32 页。

行修改,应用逻辑可重用于不同的过程逻辑。

基于工作流进行电子文件流程管理,可以将电子文件管理系统中有关流程控制的公共职能分离出来,即将电子文件的过程管理和应用管理分离,把电子文件管理的业务过程从传统文档管理系统的应用程序中抽取出来,利用工作流管理系统单独管理,从而实现动态地管理电子文件的业务流程。这样,大大提高了电子文件业务系统实现的效率。

3. 提高电子文件管理软件的适用性

工作流具有实现软件的原子性和自组织性的功能。原子性是指模块构件具有一定的完整性、独立性、与其他模块的联系简单规范。如同组成物质的原子一样,可以由不同的模块构件按一定的原则搭配从而构成不同的系统或更高一级的模块构件。自组织性是指所有的模块构件都相对独立,不同的单位可以根据自己的需要对模块构件进行取舍,组成本单位的管理模块。

现实中,政府机构的组织结构总是处于不断变化之中,导致电子文件管理过程不断调整变化。传统情况下,流程的调整可能意味着整个电子文件管理系统的重新设计实现。

而基于工作流进行电子文件流程管理,当电子文件管理的业务流程发生变化时,不用修改应用程序模块的具体功能,只需修改过程模型来实现系统的功能改变和添加,即通过独立的工作流管理中间件,将单纯的流程调整在下端以重新进行流程定义的简单方式解决,不必调整上端的应用程序,从而改变电子文件流程管理软件的系统功能。对于相关办公人员岗位、职权的变化,系统管理员只需将这些人的角色、任务以及相关的电子文件办理的业务流程重新调整一下,形成新逻辑结构以适应新的组织结构,系统就可在新机构下继续正常运转,而无需修改其原程序。电子文件管理软件具有了较强的生命力和较长的生命周期。

4. 实现电子文件流程的跟踪与监控

工作流还具有一项非常重要的功能——便于对流程进行跟踪与监控。工作流管理系统的监控管理工具能够对工作流的整个流动状况进行监视,并提供一系列的管理功能,实现安全性、过程控制和授权操作等方面的管理。

这项功能有利于对电子文件流程中的活动执行情况进行调度、管理和控制,完成电子文件流程的自动化执行和全程管控(参见第 11 章第 2.4 节)。这种管控包括电子文件办理人员与电子文件管理系统的管理员随时可以进入查询文件流程的程序。如管理员有权查看文件流向,明确目前文件处理已经进展到哪一阶段。更高层的管理者还有权查看任意一份电子文件的工作进程及相关人员的工作任务,了解某一文件流程耗时多少,或者哪一环节出现了滞后。

跟踪与监控功能还包括提供系统日志。利用系统日志可实现对每份电子文件的操作、跟踪、监控和催办。日志记录还可用于对于电子文件整个流转过程的运转情况进行分析,或为流程优化提供数据。

5. 实现电子文件流程自动化

工作流模型有别于一般意义上的过程模型的一个最大特点,是它可以被工作流管理系统执行,即工作流需要借助计算机软件来完成,并完全在软件系统的控制之下,利用计算机技术的支持完成过程的自动化执行。从工作流模型建立的目的来讲,就是为了由计算机来执行,实现业务过程自动化。工作流管理技术得到广泛重视的一个重要原因就在于它能够在信息技术的支持下实现基于活动组成的业务过程的自动化。

所以基于工作流实际上就是对电子文件操作管理过程的自动化,包括整个任务的调度、资源的分配、管理的规则等。基于工作流技术进行管理,借助某些计算机工具来实现电子文件流程全部或部分的自动化,以支持对电子文件流程的过程控制以及决策支持,实现电子文件管理"在适当的时间把适当的信息传给适当的人"的要求,实现电子文件处理的自动流转,使电子文件的工作流程变得清晰、透明、易于操作。

6. 实现跨部门协同的电子文件处理

工作流技术的本质即协调,通过合理地调用和分配有关的信息资源和人力资源来协调业务过程中的各个活动,以使各种业务活动在一定程度上自动进行,高效达成业务目标。

而电子文件的流程最需要进行跨部门的协同。对电子文件的管理,应该是对其整个生命周期实施全程管理。利用工作流技术构建一个跨部门业务衔接的公共协同平台,在平台上以工作流系统的模式,实现一个分布式异构环境下的协同业务系统,使得每一份电子文件的处理都是在符合一定的业务流程的前提下由多个办公部门和人员协作完成。每个人或每个部门都在一个划定的责任范围内行使一定的权利,并承担相关的责任,同时还要受到相应的约束。各个部门根据各自任务的不同,按照文件的处理流程,彼此之间进行有序的链接,形成一条流水式作业的管理流程,满足电子文件管理的要求,达到协同目的。

7. 提高电子文件管理系统的柔性

工作流具有动态地控制信息流转的功能。工作流模型是一个不断循环、不断改进的过程,在工作流执行期间,可以动态地修改流程,实现自动化控制。实施工作流管理的目的是根据实际变化不断改进业务流程。

基于工作流管理有利于实现电子文件流程的动态管理。利用工作流技术可以实现以过程管理为中心的信息集成,通过维护静态数据的手段达到进行动态需求定义的要求。例如,随时定义某类或某一份电子文件的传递过程;通过流程信息的维护(如文档的种类、属性的维护)达到定义相应的文件处理流程的功能;通过组织机构的维护达到调整系统使用人员的角色和权限的要求;通过在工作流模型加入对可预计的故障的处理策略来扩充系统的可用性。这样,可以达到对电子文件过程的实时定义和动态管理,使得基于工作流的电子文件管理系统在柔性和可扩展性上远远优于普通的管理信息系统。

8. 提高电子文件流程管理的效率

总之,基于工作流技术管理电子文件流程,可以使电子文件管理系统按照规划好的流程运行,使电子文件流程管理更加规范;能够快速方便地访问工作流程和所有相关数据,从而大大提高工作质量;通过动态地控制信息流转、并行执行相互独立的活动、减少电子文件传递过程中不必要的中间状态等方法可以显著降低电子文件的传递和临时储存的时间,避免不必要的和重复的工作,降低管理成本,提高电子文件的管理效率。

5.3 数字签名技术:捕获技术之一

5.3.1 技术概要

传统的纸质文件需要加盖公章以保证其真实性和法律效用,但在电子文件管理中,由于实现无纸化办公,除了目前沿袭传统公章机制使用的电子印章外,还需要有一种机制来保证电子文件的法律有效性和完整性。数字签名技术是解决这个问题的有效方法。

数字签名并非书面签名或印章的图像数字化,而是在网络通信环境中,为保障信息接收者正确鉴别所接收信息内容的真实性,或证明信息发送者身份的合法性,而在信息传输过程中附加的一个特殊数据块。国际标准化组织将数字签名定义为:附加在数据单元上的一些数据,或是对数据单元所作的密码变换,这种数据和变换允许数据单元的接收者用以确认数据单元来源和数据单元的完整性并保护数据,防止被人(例如接收者)进行伪造。[①] 美国联邦信息处理标准将数字签名定义为:利用一套规则和一个参数对数据计算所得的结果,用此结果能够确认签名者的身份和数据的完整性。[②]

数字签名的实现方法很多,其中公开密钥加密算法也称非对称加密算法应用最为普遍。1994 年,美国标准与技术协会公布了数字签名标准而使公开密钥加密算法广泛应用,目前数字签名技术主要都是基于这一标准。

---

① Information processing systems-Open systems interconnection-Basic reference model-Part2: Security architecture first edition, ISO7498 - 2, 1989.

② Digital Signature Standard(DSS), FIPS186 - 2(Federal Information Processing Standards Publication 186 - 2), 1994.

图5-2显示了使用数字签名传输一份电子文件的过程,这个过程包括:双方身份认证,发送方对文件进行签名,接收方验证签名。

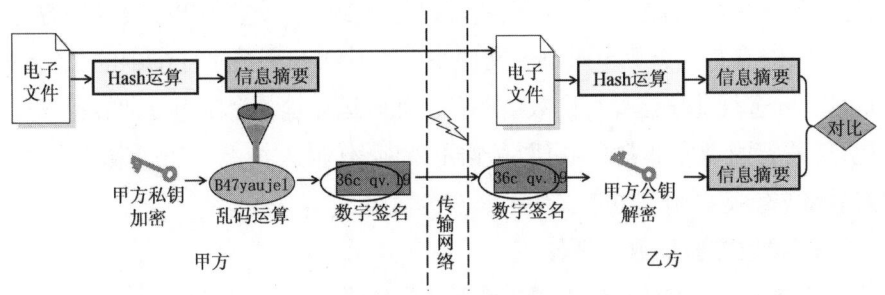

图5-2 数字签名原理图

1. 双方身份认证

要使用数字签名,文件传输双方也称通信的甲乙双方必须事先向专门的第三方认证机构 CA(Certificate Authority)申请过数字证书(Digital Certificate/Digital ID)。数字证书采用公钥密码体制,是包含公开密钥拥有者信息以及公开密钥的文件。数字证书利用一对互相匹配的密钥进行加密、解密。通信的甲乙双方通过数字证书进行身份认证。

身份认证的方式有单向认证和双向认证两种。单向认证是指甲乙双方在网上通信时,甲只需要认证乙的身份即可。这时甲需要获取乙的证书,获取的方式有两种:一种是在通信时由乙直接将证书传输给甲;另一种方式是由甲向 CA 的目录服务器查询索取。甲获得乙的证书后,首先用 CA 的根证书公钥验证该证书的签名是否是 CA 签发的有效证书,然后检查证书的有效期及检查该证书是否已被作废而进入黑名单。双向认证是甲乙双方在网上通信时,双方均需验证对方的身份。其认证过程与单向认证过程相同。

2. 发送方对文件进行签名

身份认证后,甲方对电子文件进行数字签名,过程为:首先对电子文件信息进行 Hash 运算(译为哈希运算,也称杂凑运算),得到一个信息摘要,这个摘要为一个128 或 160 位的散列值。为节省签名所需运算时间,对较为简短的信息摘要进行签名,而不对原电子文件进行签名。因为 Hash 运算具备"单向不可逆"的特性,仅能由电子文件推算出信息摘要,而无法由信息摘要反向推算出电子文件的内容。因此只要信息摘要与电子文件内容完全相关,对其签名就等于对电子文件签名。其次利用数字证书中的私钥对信息摘要进行乱码运算得到数字签名。乱码运算是一个相当复杂的运算过程,其破解困难度非常高,只要私钥不外泄,任何人将无法伪造数字签名。最后将数字签名附在电子文件上一同传输。

3. 接收方验证数字签名

乙方收到甲方传输的电子文件及数字签名后进行签名验证,过程为:首先对电子文件经 Hash 运算得到信息摘要。其次利用与签名者私钥配对的公钥将数字签名进行乱码运算还原为原来的信息摘要。公钥与私钥具有配对关系,经某私钥签名的文件,只能由其配对的公钥才能正确完成验证。认证机构证明公钥的拥有者,并将公钥置于数字证书中公开,供交易对方进行身份认证用。最后比对两个信息摘要,若两者相同即表示电子文件及数字签名正确无误。若128 或 160 位的散列值有 1 位对不上,则表示电子文件被更改过或是数字签名不正确。

5.3.2 数字签名技术与电子文件管理

数字签名从技术上解决了电子文件的签名认证问题。数字签名是一条不能伪造的信息,表示一个具名人写了或同意附带该签名的电子文件。利用数字签名,信息接收者能在网上轻松验证发文者的身份和签名。数字签名的作用体现在认证功能、防伪造功能、保证数据的完整性和不可抵赖性功能。认证功能是指通过发文方的数字签名可确认发文者的确切身份;防伪造功能是指签名后的内容将会做加密处理,使文件内容无法被窃取;保证数据的完整性功能是指签名后的内容无法被篡改,否则数字签名验证将无法通过;保证数据的不可抵赖性功能是指发文方的数字签名是唯一的,不可能产生冒用的问题,因此,一旦签名并发送后,就代表发文方已认可文件的内容。可见,数字签名既可用以认证电子文件来源,还能验证出电子文件在传输过程中有无变动。

目前,数字签名已经在办公自动化系统中大量使用。国内的部分数字签名产品还支持电子文件内嵌公章功能,在进行数字签名后,将在电子文件中生成相应的公章图形样式的电子印章,在对电子文件进行打印时同时打印出公章。

数字签名技术是电子签名技术的一种,是应用最普遍、技术最成熟、可操作性最强的一种电子签名方法,目前很多场合所说的电子签名实际上就是指数字签名。因此,2004年8月颁布的《电子签名法》确保了数字签名的法律效力。

《电子签名法》对电子文件管理的影响范围和作用程度究竟如何,可以从"能"与"不能"两个方面阐述:"能"的方面是指《电子签名法》对电子文件的管理能起到有效作用;"不能"的方面是指《电子签名法》尚不能解决电子文件管理的根本问题。

1. "能"的方面之一:确认了电子文件的法律效力

《电子签名法》颁布之前,我国关于计算机生成信息的证明效力问题在法律上一直缺乏能够覆盖所有的全局性规定。在人们的惯性思维中,此类信息易于被篡改,难以起到有力的证明作用,因此一直被当作证明力较弱甚至没有单独证明力的一类文件,也未被认可为传统法律意义上的"书面形式"。

《电子签名法》具有的特别重大意义就在于它明确界定了数据电文的概念、确定了数据电文的法律效力。"数据电文是指以电子、光学、磁或者类似手段生成、发送、接收或者储存的信息。"其涵盖范围极其广泛,在排除了"涉及人身关系、涉及不动产权益转让、涉及特定公用事业服务、法律、行政法规规定的不适用电子文书的其他情形"四种特殊情况的前提下,电子数据交换、电子邮件、电报、电传或者传真乃至手机短信等概念统统可以纳入其中,电子文件概念同样被包含其中。《电子签名法》全面认可了民事活动中产生的各类电子签名、包括电子文件在内的数据电文具有法律效力。

《电子签名法》扫清了电子商务、电子政务运行过程中的法律障碍,确立了《电子签名法》作为一项法律制度在网络时代的重要地位,电子文件应有的法律地位得到了认可。这有利于我国电子文件管理逐步摆脱"双套制"的掣肘,实现真正的"无纸办公"。

2. "能"的方面之二:明确了电子文件的保管要求

《电子签名法》以法律形式明确了满足何种条件的电子文件是合法、有效的电子文件。其条件包括四个方面:一是可读性,即"能够有形地表现所载内容,并可供随时调查取用的数据电文,视为符合法律、法规要求的书面形式";二是完整性,即满足了"能够可靠地保证自最终形成时起,内容保持完整、未被更改"的电子文件就是完整的,并且在其上"增加背书以及数据交换、储存和显示过程中发生的形式变化不影响数据电文的完整性",完整的电子文件在法律上可以作为原件使用,不必如同双套制那样,电子文件仅仅作为纸质证据的附件处理;三是真实性,即满足了"能够可靠地保证自最终形成时起,内容保持完整、未被更改"以及"格式与其生成、发送或者接收时的格式相同,或者格式不相同但是能够准确表现原来生成、发送或者接收的内容"等条件的电子文件在法律上可以确保其合法性;四是可靠性,即保存的电子文件必须"能够识别数据电文的发件人、收件人以及发送、接收的时间"。

3. "能"的方面之三:确认形成者和传输者的身份

电子文件从生成到归档而在网络中流转的过程中,其形成者或传输者的身份问题至关重要。《电子签名法》颁布实施后,有利于很好地解决电子文件流转过程中的涉及者的身份确认问题。

首先,该法明确了电子签名所需要的技术和法理条件。当一份电子文件上的电子签名符合"属于电子签名人专有"、签署时"仅由电子签名人控制"、签署后"对电子签名的任何改动能够被发现"、签署后"对数据电文内容和形式的任何改动能够被发现"等条件就是可靠的电子签名。其次,该法明确了电子文件传输过程中收、发文双方和第三方认证机构的权利、义务和行为规范。

电子文件形成者或传输者身份的确认,使得电子文件的网络流转得到安全保障(参见第 9 章第 3.2 节"文件传输"),网络的功能和作用得以充分运用于政务、商业、科研、生活等诸多方面,从而使"虚拟空间"真正与现实世界接轨。

4. "不能"的方面之一:仅适用于传输过程

电子文件的生命周期是一个复杂又漫长的过程,对其真实性、可靠性、完整性、可用性、安全性的要求贯穿始终。在这个过程中,《电子签名法》的作用仅仅在于保证了电子文件的传输有效性和安全性,它无法解决电子文件整个生命周期的真实性、可靠性、完整性问题。

5. "不能"的方面之二:不具备可操作性

《电子签名法》只明确了电子文件真实完整应该达到的保管要求,没有提出保证实施的措施。该法的制定借鉴了联合国《电子签名示范法》采用的"技术中立"原则,这样做的目的是为以后新技术的发展留有余地,但是不利之处是不具备可操作性。所以,仅仅依据该法规定去确认一份电子文件是否是真实、完整和不可抵赖还有争议的空间。例如在某个法律纠纷中对于一份与生成时格式不同的电子文件,如何确定它是否"准确表现原来生成的内容"?

《电子签名法》实施之后,其在电子文件管理中的具体应用牵扯到档案管理标准、安全技术标准、软硬件技术标准、认证机构等各个方面,配套的实施细则、管理办法、操作程序、管理规则必须出台,才能使它在电子文件管理领域进入实际应用和操作阶段。

6. "不能"的方面之三:增加了电子文件的档案管理难度

实行《电子签名法》之后,电子文件管理将逐步摆脱双套制的掣肘,电子文件可以作为书面形式的原件归档保存。但是,不是摆脱了双套制就可以减轻档案管理工作的负担,《电子签名法》的实施在很大程度上同样增加了电子文件的档案管理难度,这体现在以下五个方面:一是对于档案管理来说,在保存电子文件的同时可能要保存电子签名,而且可能要保存多个电子签名;二是可能需要保存第三方认证机构的信息,例如电子认证许可证号、认证服务提供者名称、联系地址、联系电话、证书持有者名称、证书序列号、证书有效期等;三是在保管电子文件的过程中,不仅要保证电子文件本身的真实性、完整性,还要保证所有电子签名的真实性、完整性;四是在电子文件管理过程中,在不断地刷新、迁移电子文件时必须保证电子签名与电子文件有效捆绑在一起;五是在存取电子文件的同时,还要将带有电子签名的数据包原封不动地存取显示。可见,电子签名如何在档案管理中妥善保存、安全备份、授权查阅又将成为档案管理的难点问题。

5.4 XML 技术:仓储技术之一

5.4.1 技术概要

XML(extensible markup language,可扩展置标语言)是由 W3C 组织于 1998 年 2 月发布的一种面向 Web 的新型置标语言标准。其开发的初衷是作为互联网络上交换数据的标准,用于在网站上储存与传输信息。由于具有可扩展性、结构化、易于理解的特点,XML 发展的速度令人惊讶。XML 应用迅速渗透到各个领域,全球对 XML 的学习全面展开,各方技术主流竞相与之靠拢……有人预见,将来所使用的字处理器、电子表格软件和数据库都能够以纯文本的 XML 格式相互读取数据,而不需要经过格式转化的过程。XML 成为网络未来发展的主流语言,成为数字时代的"世界语"。

以下是模拟传统档案著录工作,依据《中国文献编目规则》中的电子资源著录法①,对一份电子文件进行的模拟著录:

---

① 见国家图书馆《中国文献编目规则》修订组《中国文献编目规则(第二版)》,北京图书馆出版社 2005 年版,第一部分著录法,第十三章电子资源。

J08093　　　　　　　　　　　　　　　　　　　　　　　　　　　　　　　00112

1—23—2—11　1—E—23—2—11—12　　　　　　　　　　　　　　　　84.5

　　各省、市、自治区关于 1993 年林业情况的报告.—正本.—文本文件(1 个文件:95000 字节).—秘密;永久.—1993.12.5.—只读光盘:1 张:12cm.—系统要求:IBM PC 兼容机;640RAM;MS—DOS;WPS V2.1;CD ROM 驱动器.—本地文件名:ATT;未加密.

　　各省报告了营造农田林网,建成林、丰产林和经济林,木材采伐,木材加工和综合利用情况.

　　造林　育林　木材采伐

下面将这份电子文件以 XML 语言加以描述:

＜电子文件＞
　　＜分类号＞J08093＜/分类号＞
　　＜档案馆代号＞00112＜/档案馆代号＞
　　＜档号＞1—23—2—11＜/档号＞
　　＜电子文档号＞1—E—23—2—11—12＜/电子文档号＞
　　＜缩微号＞84.5＜/缩微号＞
　　＜正题名＞各省、市、自治区关于 1993 年林业情况的报告＜/正题名＞
　　＜稿本＞正本＜/稿本＞
　　＜文件类型　文件数量＝"1"　文件长度＝"95000 字节"＞文本文件＜/文件类型＞
　　＜密级＞秘密＜/密级＞
　　＜保管期限＞永久＜/保管期限＞
　　＜形成时间＞1993.12.5＜/形成时间＞
　　＜载体类型＞只读光盘＜/载体类型＞
　　＜载体数量及单位＞1 张＜/载体数量及单位＞
　　＜载体尺寸＞12cm＜/载体尺寸＞
　　＜系统要求＞IBM PC 兼容机;640RAM;MS—DOS;WPS V2.1;CD ROM 驱动器＜/系统要求＞
　　＜本地文件名＞ATT＜/本地文件名＞
　　＜文件加密＞未加密＜/文件加密＞
　　＜提要＞各省报告了营造农田林网,建成林、丰产林和经济林,木材采伐,木材加工和综合利用情况.＜/提要＞
　　＜主题词＞造林　育林　木材采伐＜/主题词＞
＜/电子文件＞

在这段描述中,尖括号"<>"括起来的部分是 XML 的标签(Tag,也称标记),它们使用代表一定含义的文字或数字表示。可扩展性是 XML 语言的一大特性,它允许不同的使用者自定义标签,从而使 XML 具有了世界通用性。所以上例标签可以直接使用中文,但这些标签的含义要预先通过 DTD[①] 或 schema[②] 进行定义。开始标签<XXX>与结束标签</XXX>之间是元素,<电子文件>是根元素,其他都是子元素,上例可以视为一个 XML 文件的片断。

从该例可以看出,XML 除了对存储的信息置予 XML 标签外什么都不做,即 XML 只存放信息而不处理信息。XML 标签用于加深对电子文件的理解。例如在传统的档案著录中,一串字符"1—E—23—2—11—12"代表什么,只有受过档案专业训练的人员才知道,而在 XML 文档中,通过添加标签构成"<电子文档号>1—E—23—2—11—12</电子文档号>"可以轻易揭示该串字符的信息内容是电子文档号。计算机或利用者可以轻松地对信息内容进行识别。所以,XML 最根本的作用是描述数据,说明"数据是什么"。

在数字时代,XML 作为最普通、最普遍、最普及的信息组织与数据操作的工具无处不在。"如果开发者有足够的预见性,那么将来的应用程序都应该使用 XML 的形式来存储数据。"[③]

5.4.2　XML 技术在文件与档案管理中的应用

数字时代 XML 在文件与档案管理中的应用可以概括为以下四个方面。

1. 文档行业信息标准化的工具

(1) 规范文件与档案行业专用语言

XML 是一种元语言(meta-language),具有无限延伸的可扩展性,允许

---

① Document type definition,文档类型定义,用于定义 XML 数据的格式,从语法上保证 XML 数据描述符合格式定义。

② XML Schema,译为 XML 模式,作用同 DTD 并有取代 DTD 的趋势。

③ 信息来源:小夭"XML 指南",http://www.bbs.org.cn。

任何机构、组织或者个人创建自己的词汇集。很多行业都利用 XML 建立或规范本行业的词汇，例如数学领域的 MathML，移动通信领域的 WML，电子书的 OEB，电子商务的 cXML 等。

用 XML 定义和规范文件与档案行业专用语言的过程，就是编写 XML 的底层结构 DTD 或 Schema 的过程。在这个过程中，文件与档案领域所使用的词汇及其结构都会描述出来，实现中国文件与档案管理置标准化。例如国家标准《基于 XML 的电子公文格式规范》基于 XML 定义了电子公文的公文体、显现、办理、交换、归档和安全规范，统一了电子公文的结构和命名，满足现阶段电子公文交换的应用需求。

还可以使用 XML 对档案、电子文件、电子档案信息检索工具等管理对象及其管理过程进行结构化描述，通过元素名称、数据类型、文档组成结构、处理方法等要素揭示其内容、形式等各部分结构，并可以完整地表达层次间的相互联系。

使用 XML 规范行业专用语言的意义在于：一是统一文件与档案管理对象（例如档案、电子文件、电子档案信息检索工具）的结构、管理过程和命名，实现不同机构之间对它们的无缝交换和处理，实现文档管理的电子化、自动化、标准化；二是用 XML 描述这些管理对象可以不经转化直接在网络中发布，并可在任何计算机平台上显示、检索、交换；三是基于管理对象通过 XML 进行的自描述，可以进行各类管理系统——例如办公自动化系统、档案信息管理系统、电子文件管理系统等的建模和应用软件开发。

（2）描述文件与档案行业元数据

元数据是关于信息资源的形式（格式）、主要内容、存放位置等信息的集合和摘要，是对信息进行组织和处理的基础。元数据在文件与档案领域的应用目的有两个方面：一是对文件与档案进行著录描述，对信息的内容、载体、位置、获取方式、制作过程、处理过程、利用方法等进行详细、全面的描述，以支持电子文件的管理，从而支撑和维护电子文件的原始记录性；二是支持档案资源保护与长期存取，对档案资源的格式信息、制作信息、保护条件、迁移方式、保存责任等进行详细描述,从而支撑和维护电子文件的长期可读性。

XML 是目前主流的、描述元数据的、底层的和最广泛应用的技术。基于 XML 的元数据标准可有效应用于文件与档案管理领域的一个实例是前文提到的 EAD(参见第 2 章第 3.2 节"作用:电子文件管理系统的'血液'")。

用 XML 描述元数据有以下优点:一是具有等级结构,层次清晰,既可以很好地表达档案的物理结构,还能充分表达档案内容及其逻辑结构;二是可以克服传统著录中字段的长度限制,详细标识各个元素内容;三是计算机可以通过识别 XML 标签理解元素的意义,从而将元素作为检索途径;四是文件与档案数据可以不经转化直接在互联网络上发布,实现档案资源共享。

2. 文档信息存储的工具

存储信息是 XML 的根本功能。使用 XML 存储信息的优点有四个方面:一是存储中性化。XML 文件独立于计算机软硬件之外,可以通过各种技术进行阅读、处理等操作。当软硬件升级或未来有更先进的技术时,不用迁移就可以应用新技术对文件进行管理、检索、传递和利用。二是规范易读。XML 是规范化文件,可以提供较好的可读性和可维护性,益于文件的长远使用。易读是指 XML 使用的是人的语言而非计算机语言,符合人的阅读习惯,人与计算机程序均可使用。三是结构清晰。XML 文件是结构化的,具有类似树状的层次结构,可以清晰自然地反映对象之间的嵌套和所属关系。用它保存一个档案馆甚至若干档案馆的所有著录信息,能充分反映档案馆—全宗—类别—子类—案卷—文件的著录级别与层次关系,与全宗实体管理结构完全吻合。四是存储内容与显示分离。XML 文件仅用于存储数据,如何显示数据则由 XSL(extensible stylesheet language,可扩展样式表语言)或样式表 CSS(cascading style sheet,层叠样式表)决定。如果需要改动信息的显示方式,只要改动样式表文件就够了。

这些优点有利于信息的长期存储,在文件与档案管理中可以将其应用在以下四个方面:

(1) 电子文件保值

XML 文件具有良好的保值特性,即过了较长一段时期仍能有相应的工具打开和阅读,并且易于转换成未来所需的其他格式。"XML 的保值性和自描述性使它成为保存历史档案,如政府文件、公文、科学研究报告等的最佳选择。"① 它为解决电子文件的保存问题及长期可读问题提供了思路与工具。

美国 ERA(electronic records archives,电子文件档案馆,参见第 7 章第 4 节)项目将电子文件的内容、背景信息、结构信息和外形特征提取出来,嵌入到既定的模型中。该模型采用 XML 描述和说明,将元数据与电子文件封装在一起,转化为独立于任何特定技术之外的中性格式以便长久保存。

我国颁布的国家标准《电子文件归档与管理规范》规定:"文字型电子文件以 XML、RTF、TXT 为通用格式。"② XML 作为标准的存储数据形式和长期保存的通用格式,已在天津泰达档案馆系统中得到应用。③

(2) 保存档案网站数据

设计档案网站时,可以将网站数据从 HTML 文件中分离出来。这种分离有两种情况:一是网站设计使用 HTML 格式,网站数据存放在 XML 文件中;二是网站设计使用 HTML 格式,网站数据存放在数据库中,以 XML 作为数据库到网页的中间格式。

这样制作档案网站的优点在于:一是有效管控网页内容及其显示方式。通过使用 XSL 样式表,可以方便地将 XML 文件转换成需要的 HTML 页面。XML 数据还可以以"数据岛"④的形式存储在 HTML 页面中。二是方

① 信息来源:XML 论坛"XML 初学进阶",http://bbs.xml.net.cn。
② 见国家标准《电子文件归档与管理规范 GB/T18894 - 2002》6.1.4。
③ 见孙建华《XML 在数字化档案馆中的应用》,《中国信息导报》2004 年第 10 期。
④ 数据岛指存在于 HTML 页面中的 XML 代码,通过数据岛可以将 XML 集成在 HTML 页面中。

便页面维护。确保数据改动时不需要改动 HTML 文件。例如,当一个档案网站升级后想改变几百、几千个 XML 文件在浏览器输出时的显示样式,这时只需改动一个样式表文件就足够了。三是有效组织和利用网页的档案信息内容。采用 XML 保存网站数据可以有效区分数据与元数据,支持信息嵌套结构,实现对网页档案信息内容的全文检索。

(3)将 XML 作为数据库保存档案信息

可以将 XML 作为包含了若干信息的微型数据库保存档案信息。不同于必须配备相应管理系统才能读取的数据库,XML 作为数据库的表现形式是特殊的,它以文本文件形式存在,包含大量配置信息,内容非常直观,称为原生数据库。

XML 文件本身可以看成数据区,DTD 或 Schema 可以看成数据库模式设计,XSL 或 CSS 以多种不同的方式显示数据,XML DOM①、JAVA DOM、SAX② 等可以看成数据库处理工具,对 XML 数据进行存取、查询、排序、过滤等处理。由于 XML 是统一的标准,它不会像数据库系统那样因为数据库的不同而造成数据传递的困难。XML 作为数据库在存储小信息量、特别是结构特殊的数据格式时具有一定的优势,但它不便存储大量信息,相对于传统数据库来说安全性不高。

(4)备份当前档案信息

目前我国档案机构应用的多数管理信息系统都是数据库系统。可以将数据库记录导入 XML 文件,以及把 XML 文件中的数据导入到另一个完全不同的数据库。档案机构可以购买或编制程序定期将数据库记录导入 XML 文件,将 XML 文件作为备份保存。这样就拥有了一个独立于应用的信息存储,档案信息避免遭受二进值废弃③,可以长期保值。

---

① Document object model,译为文档对象模型,标准化编程接口,它是一组对象的集合,通过操纵这些对象,程序员能操纵 XML 数据。

② The simple API for XML,译为 XML 简单应用程序接口,提供了对 XML 文档顺序访问的模式,比 DOM 接口更底层。

③ 二进值废弃是指没有方便的方法可以访问原旧有系统上的数据。

3. 文档数据交换与共享的工具

数据交换是 XML 的主要应用之一,由于 XML 是结构化数据而成为电子交换的标准平台,使用 XML 最初和最终的目的正是为了信息交换标准化。在文件与档案管理中可以使用 XML 作为数据交换与共享的工具。

(1) 在不同系统之间交换数据

国内多数文件、档案信息管理系统的数据都是置于数据库中管理的,由于缺乏标准,系统的开发环境、开发工具、数据库系统的选用各不相同,数据结构相对固定,开放性差,系统之间交换数据十分不便。使用 XML 将使系统间数据交换变得容易。

采用 XML 作为交换格式标准可以达到不同数据库互通的目标。以XML 为中心,大大减少交换数据的复杂性,各方交换次数大大下降,不同数据源易于结合并实现统一管理和检索。有许多数据库厂商支持 XML,XML 将是数据交换时的标准方式。

(2) 在不同机构与过程之间交换数据

电子文件的生命周期涉及不同的处理机构、处理过程和处理步骤,文件需要转呈和分发到很多单位,文件之中的数据内容和结构不尽相同。各单位的文件管理系统在所基平台、构建方式、系统结构、应用范围、数据资源等方面存在一定差异,彼此之间很难实现信息共享。例如,政府部门大都有自己的电子办公系统,文档格式千差万别:有的以结构化形式存储在数据库中,有的以 Word 等文本格式存储在文件中,有的采用特定的红头文件制作软件,前端文件格式的繁复和不断变化使得后端档案工作应对不暇,电子文件管理数据需要在多个系统中重复录入,影响工作效率。

XML 能提供完整的解决方案建立统一的交换平台,包括数据采集、数据传递、数据结构与数据呈现等等,以便为文件联合审批与协同办公、电子文件全程管理提供支撑。XML 提供了一个四海通行的方法传送自我描述的数据,是将文件和结构化数据一起移动的最佳机制。只要数据交换中各参与方采用统一的词表和格式生成 XML 文件,就可以实现数据的动态交换。可以紧密联系文件整个生命周期,让各部门之间维持更密切、更有效率的关系。

例如哈尔滨市人民政府行政服务中心涉及 43 家委办局,各自的操作系统、软件系统、数据库系统都不相同。该行政服务中心开展电子政务后,欲为社会提供统一的服务接口,信息要能够在各委办局共享和交换。该行政服务中心采用 XML 作为数据交换平台解决了这个问题。[①] 2005 年,国家标准《基于 XML 的电子公文规范》开始陆续出台,该标准制定了一套党政机关跨平台、跨部门交换电子公文的标准格式,以满足公文信息互联互通的需要。

(3) 在更高的层面上共享数据

XML 作为不同类型信息资源之间的标准转化格式,可以方便地传送自我描述的数据和获取他人不同结构的数据,方便人们更好地整合和共享不同的档案信息资源。

例如,在广义数字档案馆建设中,针对底层所有狭义数字档案馆的数据可以基于 XML 开发动态应用,实现动态数据交换、动态信息发布等,从数据库中取出数据,将 XML 数据同应用程序集成,动态产生 XML 文档,从而在全部或部分意义上实现档案信息资源的顶层聚集,达到更大范围的信息共享。

这些共享信息可以实现同一内容,多种呈现。具有良好的可维护性和可重用性。可以进行过滤和再利用,即代理程序对所获得的信息进行编辑、增删以适应不同用户的需要。例如,在电子文件管理过程中,将制作完毕的电子文件及元数据封装进 XML 文件。再如,在不同处理过程中,针对不同责任人及其具有的不同权限,利用 XML 文件的编辑功能,通过过滤器滤掉部分信息,使得有的利用者只能查看文件标题而不能看文件内容,检索后有些人只能看元数据信息而不能利用原文,还可屏蔽某些文件处理信息等。

---

① 见段健滨、程广运《基于 XML 的数据交换技术在电子政务中的应用》,《信息技术》2006 年第 7 期。

只需几个小程序,同一个 XML 文件便可变成多个文件传送给不同的利用者。

4. 方便文档信息检索的工具

在 XML 文件中检索文件与档案信息可以简单高效地进行。XML 标签涵义丰富,可以明确提示所标注的内容,标注出文档结构和目的,从而缩小检索范围。检索程序不需要遍历整个 XML 文件,只需准确定位相关标签就能达成检索任务。有人形容 XML 标签为检索工具赋予了智慧。XML 可以区分数据和元数据,增强全文检索功能。

XML 方便检索的特性最主要的应用就是网络档案信息检索。网络档案信息散见于各档案机构网站。当利用者需要某方面的档案信息时他必须去访问一个又一个的档案网站(前提是他知道有这些网站),利用各网站提供的不同系统进行检索。假如这些档案网站使用 XML 存储信息并使用规范的档案行业专用语言来标记档案形式与内容,那么就可以保证网络档案信息处理与交换的一致性,为网络利用者提供统一的检索方法或途径,或可利用网络搜索引擎进行检索。那些使用档案行业专用语言(如题名、责任者、稿本、文种、密级、保管期限等)标记了 XML 标签的信息,只要与检索条件相匹配就会被检索出来。这种检索与 XML 标记有关,与信息源无关,利用者检索的信息既可以是档案网站上的信息,也可能是其他网站上的档案信息。对于利用者来说,其一个检索针对的是若干档案机构乃至非档案机构,极大地提高了网络档案信息的检全率和检索的方便性。

数字时代的 XML 正处在如火如荼的发展中,但它在文件与档案管理中的应用还有很长的一段路要走。一是 XML 自身发展尚不完善,比如在不同类型的文档转换过程中会产生大量 XML 文档,对于这些文档如何进行有效管理并提供检索服务等问题亟待研究和解决;二是文件与档案界对 XML 的认识、认知和认同不足,比如能否定义出档案管理中共同的 DTD 等。但是,作为数字时代结构化、标准化的文件模式,XML 对于电子文件的存储、组织、管理与交换来说是值得充分关注与利用的,它在文件与档案管理中的应用前景是乐观的。

5.5　备份技术：存储管理技术之一

5.5.1　技术概要

1. 备份的含义与作用

备份(backup)是指为了防止人为因素或意外原因导致数据丢失而将数据通过一定的方法从主计算机系统的存储设备中复制到其他存储设备的过程。当主计算机系统的数据丢失或被破坏时,可以利用复制的数据进行恢复从而保持数据的完整与业务的正常进行。[①] 备份及恢复技术是信息安全领域重要的核心技术,可以在电子文件意外损毁或丢失时将损失降到最低点。

备份的作用只有发生意外时才能体会到。2001 年美国的"9·11"事件让全世界认识到备份的重要性。世贸中心大楼里的摩根士丹利公司由于拥有远程容灾备份系统在事故后的第二天就恢复了正常运作,而其他大公司的重要电子文件"灰飞烟灭",其价值比倒下的大楼高得多。2008 年我国的"5·12"汶川地震让全中国认识到实施备份的紧迫性。许多档案的损毁和丢失使得抗震救灾和灾后恢复重建工作变得更艰难,因为有关供水、排水、燃气等基础设施的抢修恢复、危房的鉴定评估以及房屋的维修加固等工作需要大量城建档案作依据。

2. 备份技术综述

备份技术已经成为计算机领域相对独立的分支,其软硬件不断发展,方法不断推陈出新。从最初的简单拷贝到磁盘镜像、磁盘双工,又发展到快照拷贝、远程复制、多级存储、异构平台数据共享、多点集群、远程容灾、灾难恢复等。

---

①　见田浩求、袁渊、周瑞《数据备份系统分析及其软件设计》,《软件导刊》2008 年第 10 期。

当前主流的备份技术可以分为数据备份和磁轨备份两种。数据备份是直接复制重要数据到存储设备里，或者将数据转换为镜像保存在存储设备中。许多专业备份软件如 Veritas、爱数都属此类，光盘和移动硬盘也属此类。其优点是方便易用，缺点是安全性低、易出错。磁轨备份是指直接对磁盘的磁轨进行扫描，记录下磁轨的变化。其优点是非常精确，因为是直接记录磁轨的变化，所以出错率几乎为 0。NAS 专业存储设备就是采用这种备份技术。

备份技术还可分为硬件级备份和软件级备份。硬件级备份是指用多余的硬件来保证系统的连续运行，如硬盘双工、磁盘阵列、双机容错等。这种方法无法防止逻辑上的错误，如人为操作、病毒、数据错误等。软件级的备份是指将数据保存到其他介质上。当系统出错时，可以将系统恢复到备份时的状态。这种方法可以完全防止逻辑错误。理想的备份系统是在软件备份的基础上加上硬件备份。

3. 存储介质的选用

备份首先要选用适当的存储介质。理想的存储介质是能够以较低的代价存储大量数据，同时支持快速存储和读取信息，并且经久耐用。目前，国外大规模数字图书馆多采用多级存储设备，其中典型的存储有三层：磁盘、光盘和磁带。档案界可以借鉴这种存储模式。

磁盘是计算机系统中标准的存储介质。它在存储成本方面能够满足档案机构的要求。磁盘追求存取的高速度，适合一次读取大量数据的要求。磁盘的弱点是数据易丢失，在安全可靠性方面达不到档案保管要求。磁盘阵列在一定程度上提高了磁盘的可靠性。它将若干个硬磁盘机按一定的要求组成一个快速、超大容量的存储系统，数据分布存储在各个磁盘上，用并行存取来提高存取速度，再加上采用冗余纠错技术提高可靠性。磁盘阵列基于磁盘但速度和可靠性高于磁盘。在多级存储设备中磁盘主要用于在线存储，保证电子文件信息可以在几分之一秒内读取。

光盘的特点是可以降低存储成本，为存储大规模数据提供了廉价的方案。光盘安全可靠性相对稳定，寿命也比较长。光盘的弱点是存取速度，使用光盘时必须先将其从光盘舱中移到读取头处,这个过程比较缓慢。在多级存储设备中光盘用于离线存储大规模数据。将多台光盘机组合在一起还可以构成光盘库、光盘塔和光盘阵列,能在一定程度上克服读取速度问题。

磁带最大的特点是经济、可靠。磁带的弱点是读取速度慢,对保存环境要求较高,占用空间较大。在多级存储设备中磁带也用于离线存储,使用自动设备装载。有观点认为随着磁盘阵列的广泛应用,磁带会逐渐减少乃至消失。但是,在多级存储设备中,考虑到存储应用的多样性、存储成本、信息的安全性和保密性等因素,磁带在备份中的作用越来越重要。它可以在无人操作下自动进行备份,甚至可以在工作状态下自动为数据库建立备份。磁带会继续为电子文件的存储提供必不可少的安全保护功能。

现有的存储介质在电子文件备份方面各有优势和不足,在建设电子文件存储和备份系统的时候不应只考虑某个单一的技术,而应从整体需求出发,既要满足成本和存取速度的要求,又要确保电子文件的安全性。有些应用架构了集中式的多级存储网络,由存储设备和网络设备组成,多台服务器通过局域网与磁盘阵列、磁带库等存储设备相连,基于客户/服务器方式为电子文件的网络存储提供解决方案。多级存储设备使得电子文件存储的层次结构变得清晰,建立了经济有效的存储构架,各种存储设备和技术可以互补,最有效地实现电子文件存储的高可靠性和高可用性。

4. 备份网络

备份可以分为"热备份"和"冷备份"两种方式。"热备份"是指在线备份,即通过网络把电子文件从一地传输到另一地点备份保存;"冷备份"是指先在本地把电子文件下载到存储介质上,再将介质送到另一地点备份保存。

实现"热备份"要用到网络存储技术。网络存储技术提供网络信息的存取和共享服务,具有大存储容量、高数据传输率以及高可用性等特征。网络存储结构大致可分为三种:直连式存储(direct attached storage, DAS)、网络附加存储(network attached storage, NAS)和网络区域存储(storage area network, SAN)。

DAS 是通过 SCSI 接口或光纤通道将存储设备直接连接到服务器上的方

式。DAS是计算机系统中最常用的数据存储方法。它依赖于服务器,不带有任何存储操作系统,输入/输出请求直接发送到存储设备。当服务器在地理上比较分散或网络传输速率不高时采用 DAS 是比较好的解决方案。其优点是实施简单、投入成本少、见效快。但是,它不具备共享性,扩容十分困难,因而用于备份、恢复、容灾等方面会有较大问题。目前它正逐步被 NAS 所取代。

NAS 也称"网络存储器"或"网络磁盘阵列",是将存储设备通过标准的网络拓扑结构(例如以太网)连接到一群计算机上,提供数据和文件服务。由于这些存储设备都分配有 IP 地址,所以客户机通过充当数据网关的服务器可以对其进行存取访问。NAS 是与网络直接连接的磁盘阵列,它基于局域网,按照 TCP/IP 协议进行通信,以文件输入/输出方式进行数据传输,在局域网环境下可以实现异构平台之间的数据级共享,是一种专业的网络存储及备份设备。NAS 的优点是具有较好的可扩展性、可访问性、安装简单、使用灵活、易于管理,可应用于对数据容量有较大需求的应用。它可以实现集中管理和备份;实现定时、定盘备份;由于 NAS 无地域限制,可以进行异地备份;NAS 具有高可用性群集,部分 NAS 自带简易中文操作管理系统及高度智能化的备份软件,有利于大大提升备份的效率。NAS 的不足是不适合对访问速度要求高的应用。

SAN 是指存储设备相互连接且与一台服务器或一个服务器群相连的网络。它是一种通过光纤集线器、光纤路由器、光纤交换机等连接设备将磁盘阵列、磁带等存储设备与相关服务器连接起来的高速专用子网。其中的服务器用作 SAN 的接入点。在有些配置中,SAN 也与网络相连。SAN 提供一个专用的、高可靠性的基于光通道的存储网络,使得管理及集中控制更加简化,同时使远距离存储变得更加容易。SAN 的优点是:可实现大容量存储设备数据共享;可实现高速计算机与高速存储设备的高速互联;可实现灵活的存储设备配置要求;可实现数据快速备份;提高了数据的可靠性和安全性。同时,通过光纤可以将备份设备的物理连接延伸至几公里甚至几十公里,使异地备份成为可能。

在上述网络存储技术中,SAN 是最具发展潜力的存储技术方案,NAS

是目前增长最快的一种存储技术。两者各有利弊,尚未分出高下,但它们都属于网络备份的范畴,在分布式网络环境下通过专业的存储管理软件对网络信息备份进行集中管理,实现自动化备份、数据分级存储以及灾难恢复等。两者均提供集中化的数据存储,都允许在众多的主机间共享存储,都允许从应用服务器上分离存储,都能保证数据的可用性和完整性。NAS 可以经济地解决存储容量不足的问题,但如果备份电子文件需要大量的 NAS 设备,或是网络带宽需求超过千兆,一般应考虑最高端的存储解决方案 SAN。

5.5.2　备份技术与电子文件管理

电子文件依赖于计算机和网络,面对众多安全隐患。任何操作失误、硬件损毁、病毒破坏、系统故障、停电断电、人为破坏、自然灾难等都可能造成电子文件的损毁和丢失。档案作为真实的历史记录,是珍贵的、不可再生的国家信息资源,电子文件同样如此。这些损毁和丢失的电子文件会给档案事业造成无法估量的损失,甚至有可能导致国家和社会丢失了过去、断送了未来。为了保障电子文件的安全和完整,备份至关重要。此外,在电子文件保管中实行备份制度,还可以将其中一套封存起来作为原始依据,维护其"档案"的资格。

5.5.3　电子文件备份策略

电子文件备份策略是指为了达到电子文件恢复和重建目标所确定的备份步骤和行为。通过确定电子文件备份的时间、时机、技术、介质和场外存放方式保证达到恢复时间指标①和恢复点指标②。通俗地说,电子文件备份

---

①　Recover time object,RTO,是指当灾难发生后,容灾系统需要多长时间能够恢复数据信息,它是衡量电子文件在灾难发生后多长时间能重新开始使用的指标。

②　Recover point object,RPO,是指灾难发生后,容灾系统能把数据恢复到灾难发生前的哪一个时间点的数据,它是衡量在灾难发生后会丢失多少电子文件的指标。

策略就是确定电子文件何时以何种方式备份到何种存储介质,保存于何地,以及信息受损后如何恢复。

电子文件备份策略主要包括如下七方面的内容:

1. 备份周期

可分为"实时备份"与"定期备份"两类。前者是在电子文件写入本地存储介质的同时通过高速数据通信线路热备份到异地;后者是按月、周、天、小时等一定的时间间隔对某一时间段的电子文件进行备份。一般来说,对于静态电子文件可采用定期备份,对于管理系统(如办公自动化系统、管理信息系统、电子文件管理系统)中的动态信息可以采用实时备份的方式。

2. 备份模式

电子文件备份模式可以分为集成备份和数据备份。集成备份是对整个管理系统进行备份,包括电子文件和管理程序。其优点是对信息进行了全面的保护,恢复数据的过程简单快速,备份的效果是最好的。缺点是非常耗时并占用较大的容量空间。而数据备份是仅对作为数据的电子文件进行备份。

3. 备份内容

电子文件备份内容包括三种形式:一是完全备份,即对某一范围内所有的电子文件进行备份。备份系统机械性地备份全部指定信息。其优点是只需要一份备份数据就可以完成数据的恢复,不足之处是如果备份的信息量大则占用大量的 CPU 和输入/输出通道。二是增量备份,即只备份上一次备份后增加或修改过的数据。备份系统会先检验上次备份之后电子文件是否更动过,如果没有更动过则此次不需要备份。其优点是速度快,没有重复的备份数据。缺点是恢复数据必须根据备份文件逐个恢复。先恢复最近一次的完全备份,然后恢复一个又一个的增量备份,把所有存有增量备份的介质都查找一遍,直到找全为止。三是差量备份,即对上一次完全备份后增加或修改过的数据进行备份。差量备份是"累积"的,即电子文件只要自上次完全备份后曾被更新过,那么接下来每次做差异备份时,这些信息都会被备份,直到下一次完全备份为止。差异备份避免了前两种备份策略的缺陷,它备份的电子文件都是自上次完全备份之后曾被更改变动过的。如果要恢复全部信息,那么只要先恢复完全备份,再恢复最后一次的差异备份即可。

上述三种备份情况并非各自孤立的,而要结合使用,增量备份、差量备份必须在完全备份的基础上进行。例如有的单位采取的是每周进行一次完全备份,同时每天进行一次增量备份或差量备份。在电子文件的备份中,选择完全备份结合差量备份的方式相对合理。此外,还可以按需备份,即根据临时需要有选择地对电子文件进行备份。

4. 存储介质

结合实际情况和设备特点选择磁带机、磁盘阵列、光盘、硬盘、软盘等存储介质进行电子文件的备份。我国国家标准《电子文件归档与管理规范》中规定,档案信息存储介质按优先顺序依次为只读光盘、一次写光盘、磁带、可擦写光盘、硬磁盘等。备份存储设备发展很快,光盘、硬盘的容量、读取速度都在大幅度提高。涉及技术发展很快的内容应该避免做硬性规定。例如,虽然有许多新型存储介质,但适合用于电子文件备份的存储介质是磁带。虽然它是离线存储,但较为稳定且可靠性较高,目前其存储容量变大,体积越来越小,单位容量成本较低。再如,HP 公司的新技术磁带机具有单键灾难恢复功能,用户只需按一个键就能完成系统和数据恢复的所有工作。

5. 备份套数

确定电子文件需要备份多少套。国家行业标准《电子文件归档与电子档案管理规范》规定:"把带有归档标识的电子文件集中,拷贝至耐久性的载体上,一式三套,一套封存保存,一套供查阅使用,第三套异地保存。"

6. 备份地点

确定电子文件备份是本地备份还是异地备份。异地备份是利用地理上的分离来保证系统和数据对灾难性事件的抵御能力。异地备份方案根据需要实现的恢复程度可分成三个等级:一是介质异地存储,即将备份有电子文件及其应用程序的存储介质送到异地进行保存。当信息遭受破坏时,本地档案机构重新搭建系统并通过异地的存储介质恢复电子文件。二是通过网络实现异地电子文件热备份。当信息遭受破坏时,备份的电子文件很容易在另一套硬件系统中得到恢复。三是本地与异地的互备份。处于异地的两个档案机构可以实现互相备份,两个地点的电子文件实时地进行复制。当信息遭受破坏时,恢复时间可以降低到分钟级。银行、证券、电信等行业的关键业务数据一般采用这种备份策略。

7. 灾难恢复

备份不仅是保存电子文件,最终目的是在原有信息遭到损毁时能够得到有效的恢复。灾难恢复措施关系到系统、软件与数据在经历灾难后能否迅速、准确地恢复,在整个备份策略中占有相当重要的地位。灾难恢复操作通常可以分为三类:一是全盘恢复,又称系统恢复,一般应用在服务器发生意外灾难导致数据全部丢失、系统崩溃或是有计划的系统升级、系统重组等情况下。二是个别文件恢复。它较之全盘恢复更为常见,是利用网络备份系统恢复个别受损的计算机文件。具体操作时,只需浏览备份数据库或目录,找到该文件并对其使用恢复功能,软件即自动驱动存储设备加载相应的存储介质,然后恢复指定文件。三是重定向恢复。它是将备份的文件恢复到另一个不同的位置或系统上去,可以针对整个系统恢复也可以对个别文件恢复。

电子文件备份策略除了上述七方面内容外,还包括确定使用冷备份还是热备份;是人工备份还是设计一个程序定期自动备份;备份介质的存放有何要求,是否采取防窃、防磁、防火措施等。"寸有所长,尺有所短",文件与档案机构要结合实际情况,综合衡量上述每一方面内容对备份速度、费用、数据量、可维护性的影响,制定出适当的电子文件备份策略。

5.5.4　电子文件备份的执行与实现

1. 制度保证

根据电子文件备份策略制定相应的安全工作制度和备份工作制度是电子文件备份执行与实现的根本保证。通过制度制定实现备份工作的规范实行,人员行为的安全管理,电子文件安全的防治结合。

备份工作在技术上是可实现的,目前关键的问题出在人为制度上,即文件与档案机构是否有计划地执行备份工作。备份制度必须列入文件与档案管理制度体系当中。许多商业公司的电子文件能够保持较长时间的原因在于有一批人被雇佣来专门负责电子文件的安全问题并定期进行备份和载体转换。但是,在我国公共领域的档案管理中,制定备份策略并有效执行是较为迫切的任务。

2. 备份意识

对电子文件要有备份意识,从保证管理系统安全完整运营的高度来考虑备份的重要性。要明确了解电子文件高度集中的特点,认识到备份是一种安全策略。在现代化管理系统普及的今天,备份对保证系统的安全运行具有重要作用。中国有句谚语"别把鸡蛋放在一个篮子里",要认识到备份工作的意义就是确保不要把"鸡蛋"全放在一个篮子里。

3. 经费考量

电子文件备份工作是必须要做的,但如何去做要考量许多因素,经费问题就是其中之一。以异地备份为例,它需要在其他地方另外有至少一台服务器,服务器的价格一般都比较高,再加上信息传输的费用,完成备份工作的成本会比较高。"9·11"事件中的摩根士丹利公司,使用高速通信线路备份数据,仅电信费用一项每个月的支出就在 10 万美元[①],再加上软、硬件等其他费用,备份工作是一笔相当大的开销。这样的开销对于我国文件与档案机构或是一般的企业来说是不切实际的。在考虑电子文件备份时,要在投资和效果之间加以权衡,根据本单位情况达到"适度",以最小投入获得最好的备份效果。

4. 实践探索

在实践中,发达国家几乎每一个网络都会配置一些专用的外部存储设

---

① 见庚晋、白木、周洁《计算机灾难性事故中的数据备份》,《中国信息导报》2002 年第 2 期。

备,这些设备在不少灾难性的数据损毁中发挥了扭转乾坤的作用。这些备份装置的费用占服务器硬件的 10%,却能提供 100%的数据保护,从而避免 10 倍甚至百倍的经济损失。① 实践证明,许多公司在发生灾难性数据丢失后的两年内倒闭。同样,发达国家的文件与档案机构出于安全考虑都建立了电子文件的备份和异地保存制度。位于华盛顿的美国国家医学图书馆保存了大量医学资料、检索系统数据和人体三维模型系统数据,该馆确定了异地备份策略,经调研选择宾夕法尼亚州作为备份地,因为该州在美国历史上从没有发生过地震,以期最大程度减少自然灾害带来的损失。美国许多档案机构从 20 世纪 60 年代起就开始用磁带机备份电子文件并沿用至今。

　　近几年,我国文件与档案管理对电子文件的备份工作也开始重视并有许多机构开始实践。国家档案局明确提出:"实施重要档案异地备份制度,选择异地备份场所,以相距 300 公里以上,不属同一江河流域、同一电网、同一地震带的地方为宜";2004 年,深圳市开始筹建市电子政务数据备份中心,对电子文件、电子公文等政务信息进行备份,项目存储容量达到 300TB,总投资 1.2 亿元;② 2006 年 10 月,国家档案局、国信办将陕西省电子文件备份中心确定为档案信息资源开发利用试点单位,该中心由本地备份中心和异地备份中心组成,是陕西省政务信息容灾体系的核心部分,陕西省档案局参与异地备份中心的建设和管理;③ 2008 年 12 月,泰安市"数字档案远程异地容灾备份系统研究"项目通过鉴定,该项目设计并建成了一种自动安全数据备份系统,采用虚拟磁带库进行备份与恢复,同时山东省首家数字档案异地备份中心——泰安市数字档案异地备份中心在宁阳举

---

　　①　见谢元贞《数据备份技术》,《自动化技术与应用》2001 年第 3 期。

　　②　见陈晓鹏《1.2 亿元深圳建数据灾备中心》,http://media. ccidnet. com/media/ccu/598/01001. html,检索日期 2013 年 5 月 18 日。

　　③　见陕西省档案局《陕西建设了电子政务系统异地文件备份中心》,《中国档案》2007 年第 6 期。

行开通仪式;① 2009 年 2 月,"档案信息数据应急响应与灾难备份系统"在武汉成功启用,该系统采用 SAN 存储架构和双机互备方式建立了应急响应机制,形成了《武汉市档案馆档案信息数据灾难恢复应急响应预案》;② 2009 年 9 月,南京市档案馆和哈尔滨市档案馆就双方互建重要馆藏档案数据备份基地达成协议。③ 2009 年,中共中央办公厅、国务院办公厅联合下发《电子文件管理暂行办法》(参见第 6 章第 9 节"《电子文件管理暂行办法》:国家战略的初启"),明确提出有条件的各级国家综合档案馆应建立本级电子文件备份中心或异地备份库,以法规形式明确电子文件备份工作应该予以执行和实现。

5.6　RSS 技术:访问技术之一

5.6.1　技术概要

RSS 是一个英文术语缩写,其全称可以是 really simple syndication(真正简易聚合)或 rich site summary(丰富站点摘要),也可以是 RDF site summary(RDF 站点摘要,RDF 全称为 resource description framework,中文译为"资源描述框架")。无论写法如何,它本质上是一种通用的内容发布标准,是基于 XML 标准的对 Web 内容进行包装和投递的技术规范,是网站和其他站点之间共享内容的一种简易方式。

RSS 的作用主要有三个方面:一是对网页内容的一般属性(如标题、摘

---

① 见车文翔《山东省首家数字档案异地备份中心建成》,http://www. tadaj. gov. cn/webwz/newsdetail. jsp? news_id=875。

② 见《档案信息数据应急响应与灾难备份系统在武汉成功启用》,《中国档案报》2009 年 3 月 16 日第 3 版。

③ 见任冬莉《南京哈尔滨协议互建档案数据备份基地》,《中国档案报》2009 年 9 月 14 日第 2 版。

要、发布日期、URL 等)进行描述,这样更容易对网页内容进行分类;二是赋予网络用户一种与对特定主题感兴趣的任何用户交流信息的能力,使用户可以从一个或多个网站选择性地订阅自己喜爱的、汇总过的内容,将用户定制的内容定时传给用户并自动更新,实现对动态内容的有效传递和有目的的分发。用户借助支持 RSS 的内容聚合工具软件,在不打开网站页面的情况下阅读支持 RSS 输出的网站内容;三是让一个网站与其他网站之间更方便地交换信息、共享信息,促进信息资源的整合。

RSS 的特性与能力主要表现在三个方面:

1. 实现网络信息的"推(push)"服务

这是 RSS 有别于以往任何一项网络技术的本质特性。在之前的网络服务中,信息的获取是以"拉(pull)"模式进行的,用户在网络中大海捞针式地寻找自己所需信息,将其"拉"到自己的客户机上,服务方被动地提供服务,一次服务中客户机与服务器是一对一的关系,即一个客户机一次只能选择一个服务器的服务;有了 RSS 技术后,可以用"推"方式将信息推给用户,有人说这是"信息找用户",服务方不需要用户的即时请求,而是自动地跟踪用户的使用倾向,主动地将信息投递给用户,服务中客户机与服务器是一对多的关系,即多个服务器可以同时为一个客户机推送服务。

2. 高效的信息"聚合"功能

这一特性是针对个体用户而言。图 5 - 3 显示了 RSS 的"聚合"功能。所谓"聚合"是指 RSS 技术将互联网络上众多不同源的信息以 Feeds 订阅的方式集中到同一点。对于信息源头一方而言(各类专业站点、政务站点、电子商务站点、企业站点、个人站点等),任何内容都可以用 RSS Feed[①] 方式进行发布。在用户一方,通过 RSS 阅读器软件来完成信息的"聚合",根据个人喜好有选择地将不同源头的所需信息"聚合"到统一的界面中,并且在不打开信息源站点页面的情况下,阅读使用 RSS 格式包装的信息内容。

---

① RSS Feed 指 RSS 源文件,由于原文生动形象而且使用广泛,在中文中直接引用而不再翻译。

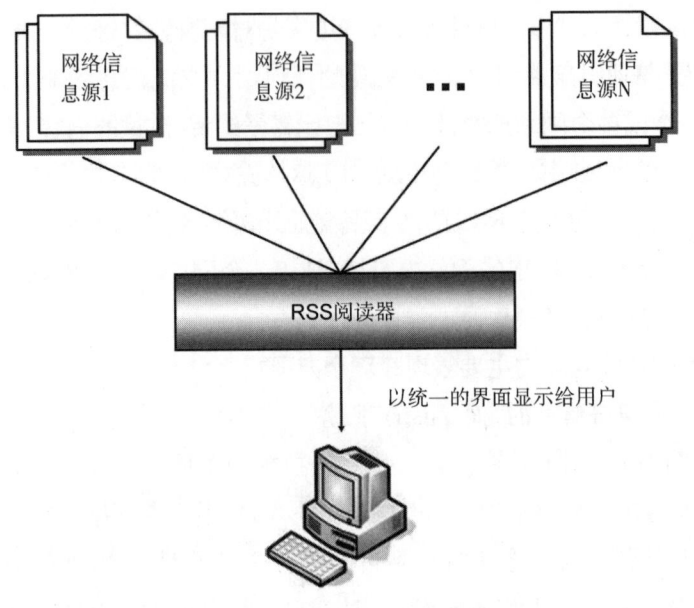

图 5‑3　RSS 的"聚合"功能示意图

这种"聚合"是高效的,它体现在以下五个方面:一是网络服务的个性化。用户通过 RSS 可以仅看自己感兴趣的新闻,仅订阅自己需要的信息,仅学习自己所需的知识。二是网络服务的一站式。RSS 技术将网络不同信息源聚焦于用户,用户通过一个入口即 RSS 阅读器就可以畅游网络。一方面再不需要大海捞针式地在互联网络上翻来找去,把在网站上无序地搜索信息的时间节省下来,转化为有效的阅览时间。另一方面用户再不会为网页方式下不同的网站结构和导航方式所困扰。三是网络服务的时效性。RSS 阅读器可以实现与信息源站点的同步,用户订阅的内容更新之后,新信息会被源源不断地、实时地"推"到用户面前,提高了信息获取的效率。四是网络服务的方便性。对于网络信息,RSS 阅读器不但提供在线阅读功能,还提供离线管理功能。用户可以对网络信息进行离线阅读、存档保留、搜索排序、文档分类、标记已读等多种管理操作,使用相当方便。五是网络服务的抗干扰性。RSS 可以有效地减少信息干扰。它"推"给用户的信息都是预先定制的内容,RSS 阅读器还可以过滤无用的网页代码、屏蔽网页的弹出广告和浮动广告。这样用户上网没有广告、不用点击多重链接、没有垃圾信息的干扰。

3. 信息发布的低成本性

提供 RSS Feed 在技术实现上比较简单，对于内容的 RSS 包装又是一次性的工作，所以采用 RSS 技术进行信息发布成本很低，长期的边际成本可以忽略为零，这是其他信息发布方式所无法比拟的。

5.6.2　RSS 技术与电子文件管理

数字时代的文件与档案管理中，必须提供电子文件服务。电子文件数量增长迅猛并需要实现网络服务，如何将网络中全部或部分的电子文件信息进行组织与整合使其形成虚拟的有序状态以方便利用者的使用是电子文件服务的重要研究课题。

RSS 技术是对信息进行组织与整合以提供利用的技术。RSS 的基本应用是这样一个过程：利用者通过 RSS 订阅，从电子文件服务网站上获取有关信息内容的标题、提要及全文链接等基本信息，并据此进行可取舍的有针对性的快速阅读。实现这样一个过程包括两个方面的工作：一方面，电子文件提供者要提供 RSS Feed；另一方面，电子文件利用者必须装有 RSS 阅读器以订阅自己所关心的电子文件。对于文件与档案管理机构来说，RSS 是一种理想的提供结构化信息的方法，是一个实时、高效、安全、低成本的信息发布平台；对电子文件利用者来说，RSS 技术能聚合个人所需的电子文件信息并将其进行集中管理，保证获取信息的全面、及时、准确和提高使用信息的效率。

1. 有效组织和发布电子文件

RSS 技术可以看作是一种信息发布技术，任何专业都可以利用这种技术作为平台及时向网络中的所有用户"推"送信息内容。文件与档案管理机构同样可以利用这个平台及时地发布电子文件。

在 RSS 技术中，网站被看作是一系列频道(channels)的组合，各个频道又包含了一系列资源(items),通过对频道及其所含资源的描述可以实现对作为资源集合的网站的描述。而利用 RSS 文档描述的网站内容汇总文件,被称为一个 RSS Feed。RSS Feed 的实质就是符合 RSS 规范的 XML 文档。RSS Feed 由电子文件提供者在其网站上发布推广,而后被网络内容整合者的网站(即"门户")使用,或者由电子文件利用者通过独立的桌面工具(即 RSS 阅读器)使用。

在数字时代,电子文件的使用广泛而复杂,电子文件信息分散在众多的 html 页面上,难以得到很好的组织,提供给利用者的访问方式是分散的、模糊的且不统一的,在这种情况下查找资源十分不便。采用 RSS 技术,可以将电子文件信息进行整合并发布,形成一个以利用者为主体的网络。根据 RSS 规范创建标准的 RSS 文档,可以清晰地描述站点资源,提供统一的、集中式的访问接口。RSS 属于分布式网络结构,使用方便,价格低廉,只要花费较小的代价就可以访问到大量的信息。

2. 面向利用者的信息推送

对于电子文件利用者来说,可使用 RSS"聚合工具"即 RSS 阅读器来观看聚合后的信息。RSS"聚合工具"有两大类:在线式和个人式。在线式聚合工具可以供很多人同时使用,利用在线式的聚合工具既可以阅读 RSS 文件,还可以把一些特定主题内容的文件放置在相关主题的网页中。比如:http://www.okRSS.com 是一种在线式聚合工具,不需要下载安装任何软件,只要登陆到该网站注册成为一个合法用户之后,就可以方便地享受聚合功能。个人聚合工具即 RSS 阅读器是一个基于个人计算机运行的应用软件,它既可以访问在线聚合工具,作用类似于标题浏览器,同时还可以直接访问 RSS 频道。常用的 RSS 阅读器如周博通 RSS 阅读器、看天下 RSS 阅读器、Feed Demon、RSS Reader 等都可在网上免费下载。

目前在因特网上许多政府网站、档案网站提供 RSS Feed。例如英国国家档案馆网站提供的 RSS Feed 所涉及的内容包括英国国家档案馆的新闻与事件,定期公布的新开放档案信息(What's New)等。对于电子文件利用者来说,假设所有的电子文件信息服务网站都提供 RSS Feed,那么利用者就可以根据自己的需要独立整合自己感兴趣的电子文件信息,聚焦自己关心的问题,将网络中各个网站上零散的显性知识加以分类,便于对所需电子文件信息的管理、搜索和分享,达到个人所需信息的系统化、有序化、个性化。

有了 RSS 技术,利用者一开机就可以得到个人所订购的电子文件信息,克服了以往访问网络服务所用的"打开浏览器→输入网址→访问网站"的低效浏览模式。利用者不再需要每天访问若干网站去查找所需电子文件信息,而是可以将各个网站作为定制的 RSS 数据源,将这些来源的电子文件信息搜集整合到单个数据流中,只要打开一个软件——RSS 阅读器,就可以获得网络中自己感兴趣的信息,不再需要辗转于各网站逐一访问有关电子文件。RSS 技术能够实现将新内容推到利用者面前,使利用者毫不费力地第一时间得到新的信息,做到电子文件信息服务的方便性、即时性、易用性。

除个人外,专业内容服务商同样可以利用 RSS 技术实现电子文件推送,而信息推送服务功能在电子文件管理中的应用还可以深度挖掘以提供深度专业服务。根据不同利用者特点,充分了解电子文件信息受众的需求,为其提供全面、准确、及时、有深度、有价值的电子文件信息。

5.7　云计算:新的技术环境

5.7.1　技术概要

数字时代的技术环境向着云计算(cloud computing)方向发展。云计算是一种基于因特网的超级计算模式。其中所谓的"云"形象地指代计算机联网形成的集群,它是在远程数据中心里由成千上万台计算机连接成一片而形成的,它聚集了大量服务器、应用软件或者存储设备,具有每秒 10 万亿次的运算能力。人们在任意位置使用计算机、笔记本、手机等设备通过网络接入数据中心，使用统一的服务界面，及时而方便地访问计算机"云"，从云端获取所需的服务和资源。

云计算所提供的服务基本模式有三类[①]：SaaS(software-as-a-service,软件即服务)、PaaS(platform-as-a-service,平台即服务)和 IaaS(infrastructure-as-a-service,基础设施即服务)。

SaaS 是基于 Web 提供软件应用的一种服务模式。用户无需购买软件，而是向云计算提供商通过租用的方式与其他众多的用户共享软件，来实现既定的管理活动。从用户角度看，可以节省服务器和软件开支；从提供商角度看，只需维持一个程序可以应对成千上万的用户，能够减少成本。

PaaS 是提供软件研发平台的一种服务模式。这种形式的云计算把软件研发平台以 SaaS 的模式提供给用户，用户使用该平台开发自己的应用程序。软件研发平台包括应用设计及开发、对用户的监控和语义追踪。

IaaS 是提供基础设施以供用户利用的一种服务模式。所提供的基础设施包括处理、存储、网络和其他基本的计算资源。用户利用 IaaS 提供的基础设施开发满足自身需求的产品或服务。

云计算的核心理念是通过提高"云"的处理能力而减少用户终端的处理负担。"云"是诸多技术的集合体，提供强大的计算能力、安全可靠的数据存储和方便快捷的个性化服务。其计算机能力强大到可以模拟核爆炸、预测气候变化、预测市场发展趋势。用户通过用户终端和网络按需享受"云"的集成服务，像使用本地计算机一样使用"云"。此时，用户终端简化为一个单纯的输入输出设备，而由后台云计算按照用户对资源和计算能力的需求动态部署虚拟资源而不受物理资源的限制。由此，用户仿佛在使用一台超级的虚拟计算机。

---

① 信息来源：360 百科"云计算"，http://baike. so. com/doc/580575. html,检索日期 2013 年 5 月 24 日。

5.7.2 云计算与电子文件管理

在传统计算环境中,用户使用计算机及网络资源完成业务活动目标包括了大量非业务的、繁杂的 IT(information technology,信息技术)工作,例如配置计算机硬件,购买、研发、安装计算软件。而在云计算环境中,用户以低成本、虚拟化方式按需享用超级网络计算服务,就如同打开自来水管获取水、通过电线获取电一样通过云计算获取计算能力。云计算以超强的计算能力和低成本的优势将社会推进了超级共享时代,它代表了一种新的信息资源处理方式,尽管目前的应用发展还不是很成熟,但未来有可能改变人们的生活方式。

云计算给电子文件管理带来新的机遇和变化,这些机遇和变化体现在以下六个方面:

1. 实现电子文件集成管理

云计算可以提供开放的文件与档案管理服务,可以实现电子文件的集成管理。集成管理是指能够提供电子文件全程管理所需的全部处理功能,包括电子文件的创建与形成、捕获与登记、封装与固化、保管与处置、管理与控制、检索与再现、跟踪与溯源、完整性校验、分布式存取、安全性保障、凭证性管理等。

云计算具有低成本、易访问、整合、易用的特性。基于云计算实现电子文件管理将大大降低业务单位和文件与档案管理机构的 IT 运维负担和成本投入。业务单位和文档机构随时随地通过成本较低的用户终端使用和访问处于云端的功能强大的硬件、软件和电子文件资源,根据需要定制相应的服务。

云计算提供商可以集中采用各种先进技术手段(例如时间戳技术、数据加密技术、消息认证技术、数字签名技术等)提供对于海量、异构、跨域电子文件的管理、控制、安全保密、证据保留等功能,由此实现电子文件管理用户终端成本的最小化和云端利益的最大化。

2. 实现电子文件的云存储

云计算为电子文件的存储提供了新的解决方案,即可以实现电子文件的云存储。云存储是通过集群应用、网格技术或分布式文件系统等功能,将网络中大量不同类型的存储设备通过应用软件集合起来协同工作,共同对外提供数据存储和业务访问功能的一种网络在线存储模式。云存储是在云计算概念上延伸和发展出来的概念,其实质是以数据存储和管理为核心的云计算系统。

实现电子文件的云存储即把电子文件存放在第三方托管的虚拟服务器上。承担托管任务的第三方一般都是运营大型数据中心的公司,他们拥有成千上万台服务器并将这些服务器以存储资源池(storage pool)的方式提供给用户使用。

云存储的优势在于电子文件管理方不再需要在本单位的场所中安装实体的存储设备,而只需按实际使用的存储空间支付费用。电子文件存储的日常维护工作,如备份、数据复制或是增加存储设备等都由云存储提供商负责。云存储具有无限的空间并提供无限的使用,大大降低了存储成本。云存储采用冗余方式保留电子文件的多个副本,通过自动方式备份和恢复电子文件,可以采用加密存储、虚拟局域网、网络中间层(如防火墙、过滤器)等技术对电子文件进行保管,这些功能可以为电子文件提供一定的安全保障。云存储还可以为电子文件提供容灾备份、统计分析等功能。云存储本身也通过集中资源提高安全能力,通过修补和升级增强管理能力,不断提高监控能力,不断增强加密能力。

云存储的缺点在于在可靠性和安全性方面存在隐患,访问性能可能比本地存储设备的性能低。使用云存储将使得对电子文件的跟踪监控工作增加复杂度。另外,作为云存储的用户,电子文件管理方不知道所管理的电子文件存储在哪里。为了让用户安心,有些云存储提供商允许用户对所存储的电子文件进行一些限制(例如必须存在中国境内,必须在某个特定的状态等),电子文件管理方决定采用云存储时必须将这些内容包含在与提供商签订的合同或协议中。

3. 解决电子文件传输交换

通过云存储可以解决电子文件传输交换问题。

在当前的电子文件网络传输中，源计算机与目标计算机之间要有网络互联互通。当发文方与收文方是多点互传且分布地域广泛时，必须建立交换中心提高电子文件传输效率。交换中心部署有传输服务器，作为一定范围内电子文件传输的统一中转，无论有多少个发文方与收文方，他们只要与交换中心有传输网络联通就可以了。一个特定的范围内（例如一个市范围内或一个行业区域范围内）建立一个交换中心，若干交换中心实现全国范围内的电子文件传输。在目前的电子政务中，许多省、市的电子文件交换中心由该省、市的网管中心或信息中心承担。

云存储解决电子文件传输交换问题有两种方案：一是电子文件发文方以用户身份向云存储提供商购买或租赁存储空间，自行使用存储资源池来存放电子文件，而后发文方授权收文方访问指定的电子文件；二是电子文件交换中心统一向云存储提供商购买或租赁存储空间，存储该中心负责范围内所有传输交换的电子文件。采用云存储时，电子文件被分布地存储在提供商的众多虚拟服务器上，发文方与收文方都通过 Web 化的用户界面访问电子文件。

4. 实现电子文件集成服务

云计算使得电子文件及其处理能力都变成可移动的，可以通过任何网络设备访问和利用，不仅极大地扩展了信息资源的共享范围，而且可以实现集成的服务，相当易于使用。

集成服务是指将结构化或非结构化的电子文件、空间数据和其他多维数据有效融合集成，基于人工智能、虚拟服务、云终端等多种技术为利用者建立虚拟的"云"档案馆，提供电子文件核心业务及其服务支持，给用户全新的服务体验。[①] 利用者通过"云"档案馆检索存于云端的电子文件，"一站式"地"穿越"国家级、省级及其他各级档案馆、电子文件中心、政府信息中

---

① 见黄正鸿《云计算在档案信息化领域的应用启示》，《中国档案》2011 年第 5 期。

心,将自己所需信息"一网打尽"①,不受时间、空间的限制,轻松地获取所需电子文件和及时有效的服务。

5. 引发电子文件管理的新挑战

信息技术的每一次升级,都会使文件与档案管理同时面对机遇与挑战,云计算技术的出现和发展也是如此,它不仅给电子文件管理带来新的技术和思路,也引发新的挑战。

在云计算环境下电子文件要在云端统一存储、管理和维护。云计算的分布式存储系统、分布式文件系统、分布式结构化数据管理、分布式处理、分布式监控、分布式锁服务等技术将改变组织的业务行为方式,也将导致电子文件管理的技术模式和技术框架发生重大转变。目前各类办公自动化系统和信息管理系统管理电子文件所采用的数据处理方法、技术实现工具、相关支撑理论不能直接应用于分布式的云计算环境中,需要进行改进或重新设计电子文件管理系统。

云端电子文件管理系统由软件开发商解决。文件与档案管理机构在选择云计算提供商时要考虑其能否提供适合的电子文件管理系统,并对其提供的平台层和设施层的云服务进行选择、配置和优化使用。在与云计算提供商签订合同或协议时,要明确电子文件捕获、存储、保管、迁移的责任,确保电子文件的真实性、可靠性、完整性和可用性。

在云端电子文件管理系统的开发中,文件与档案管理机构最好能参与其中,综合考虑实际业务需求、电子文件的特殊性以及电子文件管理的规范性,为云端电子文件管理系统开发商提供风险分析和功能需求,让开发商充分理解电子文件管理和证据保留的各类要求,与信息技术人员合作制定电子文件管理方案,共同开发云端电子文件管理系统。

云端电子文件管理系统的开发和实现不仅需要新的技术和方法的支持,还需要法律、法规、标准、规范的创新。只有法规标准、技术规范、管理方

---

① 见祝庆轩、桑毓域、方昀《基于云计算的档案信息资源共享模式研究》,《兰台世界》2011 年第 7 期。

法全方位地应对,才能够推动云计算环境下电子文件管理的良好发展。

6. 引发电子文件安全风险

一旦选择在云计算环境下管理电子文件,电子文件及其管理系统都将"生活"在别处,自家没有办法保护它,这会不可避免地引发电子文件安全风险。这些风险主要包括四个方面:

一是丧失电子文件控制权。在云计算环境中,电子文件管理方作为用户不能真正拥有电子文件管理系统软件,也不知道所管理的电子文件存放在哪个地方、哪台设备和哪块硬盘上,如果云计算提供商没有充分考虑文件与档案管理的控制规则,电子文件将会失控。此外,从云计算提供商的角度看,电子文件毫无秘密可言,他们随时随地可以对电子文件进行处置。由于存在具有访问特权的第三方人员,电子文件不可避免地具有泄露的风险。

二是存在网络安全隐患。电子文件的云存储是网络在线存储模式,不可避免地要承受网络安全隐患。病毒、木马、恶意代码、账户盗用等都有可能使托管到云中的电子文件遭到攻击,内容受到篡改,导致电子文件失真。

三是云计算提供商服务质量缺乏保证。目前云计算还没有共同的行业标准,提供商的软硬件开发都是从各自的角度和优势着手,造成文件格式的混乱及信息的冗杂。谷歌云和微软云每年都会出现登陆中断现象,这种现象会影响电子文件的传输和利用,也给安全带来不确定性。不论是云计算本身的漏洞还是管理不善都有可能造成电子文件的失踪。

四是法律遵从问题。把电子文件保存在别的地方可能会面临法律遵从问题,即电子文件托管方所在地(国家或地区)和电子文件实际存储地(国家或地区)涉及电子文件管理的法律内容不同,那么究竟遵从哪里的法律。假设某份电子文件的信息内容在托管方所在的 A 地属受隐私法保护范围,而在实际存储地 B 地不属于隐私法保护范围,那么该份电子文件在 B 地就有信息泄露的风险。企业内容管理公司 Gartner 的分析师 Debra Logan 指出:"安全、隐私和法规遵从问题将阻止许多高度管制的行业和全球组织采用云服务。"①

上述安全风险阻止了许多云计算应用。例如 2011 年 1 月,欧洲网络和信息安全局(ENISA)在一份报告中警告说,欧盟欧元区的政府机构应该只部署云服务的应用程序而不处理敏感数据。②

避免上述安全风险要从以下四个方面考虑。一是应用云计算管理电子文件只能处理非敏感信息。云计算会刺激组织和机构去考虑信息开放的范围以及他们希望保护哪些信息。二是考虑选择私有云。按照部署方式和服务对象的范围,可以将云计算分为公共云、私有云和混合云三类。公共云是大规模多租户的,而私有云是在数据中心的专用基础设施上运行,通常是针对单一租户。当前已有主要云计算提供商宣布提供政府云,专为政府机构提供独立的基础设施。私有云可以更好地利用"云"的计算资源同时更大程度地维持对电子文件的控制。三是进行加密存储。即采用云存储的电子文件要通过特定的加密算法进行加密,这样具有了一定的保密强度,保存到云端后即使被窃取也不会泄露信息内容。四是制定制约"云"的政策和立法,内容包括技术标准、信息安全监管、隐私保护等方面。良好的政策和立法是解决云计算给电子文件管理带来的安全风险的最根本的方法。

云计算作为新的技术环境为电子文件管理提供了新的模式和技术方案。对于电子文件管理来说,"云计算的应用是一项战略选择,一旦选择了云计算,必然会导致整个管理体制和管理方式的变化,同时会使整个部门的业务流程发生变化。"③ 在实施电子文件管理云计算方案时,必须在协议、审计、集成、政策、法律遵从等方面进行考虑并做好充分论证。

---

① Tucci. Addressing compliance requirements incloud computing contracts, http://searchcio. techtarget. com/news/article/0,289142, sid182_gci1359026,00. html, 检索日期 2013 年 5 月 27 日。

② ENISA. Don't use cloud for sensitive data, EU warns members, http://www. information-age. com/channels/data-centre-and-it-infrastructure/news/1514033/dont-use-cloud-for-sensitive-data-eu-warns-members. thtml,检索日期 2013 年 5 月 24 日。

③ 见王玉龙《云计算环境下电子文件管理问题的思考》,《北京档案》2012 年第 2 期。

6　新的法规

电子文件管理过程中的某些问题必须通过法规干预和解决。新的法规致力于解决电子文件的可靠性问题,即文件的内容可信,可以充分、准确地反映其所证明的事务活动或事实,在后续的事务或活动过程中可以以其为依据。

6.1　含义:电子文件法律规范

法规是法律规范的简称,本书中主要探讨的是电子文件法律规范。电子文件法律规范是由国家最高权力机关,按照一定的立法程序制定并依靠国家强制力保证实施的行为规范,表现形式一般是在有关法律文件中的禁止性条文、义务性条文、授权性条文等。①

前文关于电子文件法律地位问题(参见第 3 章第 1 节"法律地位问题:关于'原始性'与'原件'的困惑")初步说明了在电子文件管理中法律规范的重要性,本章进一步讨论电子文件法律规范的作用及其内容。

---

① 见冯惠玲《电子文件管理教程》,中国人民大学出版社 2001 年版,第 25 - 26 页。

6.2 案例:美国一场删除电子邮件的官司

1989 年 1 月,美国国家安全档案馆将里根、布什及时任 NARA 代理局长彼得森告上了法庭。这场官司的源起在于里根与布什总统交接过程中,里根政府以给布什政府腾出存储空间为名欲删除计算机系统中所有的电子邮件。专门保管解密文件的国家安全档案馆得知这一消息后,将里根、布什告上了法庭。NARA 代理局长彼得森为什么也成为此案的被告呢? NARA 是美国国家档案与文件署(National Archives and Records Administration)的缩写,它是美国联邦政府文件和档案工作的最高管理机构,下辖 2 个国家档案馆、15 个联邦文件中心、13 个地区档案馆、13 个总统图书馆。NARA 对其下属机构进行严密的控制和管理,对联邦政府机关及其派出机构的文件与档案管理进行有效的指导监督,并制定和组织实施国家文件与档案管理的规定和有关标准,在联邦政府的文件与档案管理工作中具有举足轻重的作用。NARA 曾经针对电子文件发布过一项规定:联邦政府的任何重要文件都应该打印下来,并要保存到正式的文件保管系统中去;如果电子形式的文件被打印下来了,那么它就可以删除。由于这项规定是支持里根政府删除电子邮件的,因而 NARA 局长也成为被告。

在起诉书中,原告指控里根、布什和 NARA 局长违反了总统文件法、文件处置法和行政程序法,要求法院发布临时冻结命令阻止白宫政府删除电子文件。四年之后法院做出判决,认为被告对文件进行不适当的销毁。法官要求 NARA 立即采取行动保护本案中涉及的"电子化的联邦文件",并制订一个管理电子邮件的新准则。在被告和原告上诉之后,上诉法院支持了原判决并指出:NARA 的电子文件管理准则违犯了联邦文件法,用电子文件的纸质打印件来代替电子文件是不可接受的,因为电子文件包含了许多纸质文件没有的背景联系信息,纸质件的存在并没有剥夺电子版本的文件地位。①

　　此案的判决不是一个简单的判决,它在欧美电子文件管理史上有着重要的意义。其重要性体现在三个方面:一是法院认定个人为政府服务期间涉及政务工作的电子邮件属于"电子化的联邦文件"范畴。如今,美国、欧洲许多国家已经认可电子邮件是必须保存的合法业务记录,并且出台了一些有关保留、审核和监督内部和外部电子邮件通信的法规。二是法院判定电子文件的纸质打印件不能代替电子文件的电子版本,说明了保存电子文件原件的必要。三是在法律上具有重要意义。在美英等国的法律体系中,前案的判决会成为后案判决的范例和依据,此案的定性基本上确定了美国对于电子文件管理的整体导向。

　　法院判决 NARA 要制定管理电子邮件的新准则。事实上,其他类型的电子文件管理的新准则同样摆在 NARA 面前。NARA 所辖的美国国家档案馆 1971 年就接收了第一批电子文件。后来电子文件数量呈指数性增长,种类日益丰富,管理日益复杂和困难。美国国家档案馆有一个专门的法律班子,每年大概要应付十余起与档案相关的诉讼案。20 世纪 90 年代关于电子文件的官司很多,在一些官司中法院判定 NARA 必须要拿出电子文件管理的有效办法。

　　但是,拿出电子文件管理的有效办法并不是那么容易的。由于国家档案馆所接收和被迫接收的许多电子文件缺乏必要的说明,载体不符合工业标准导致文件无法阅读,人员和经费紧张等种种问题,NARA 及国家档案馆因处理电子文件的速度迟缓而受到了"藐视法庭"的警告。

　　该案例说明:电子文件的出现使社会记录方式发生了根本改变,从多方面对以往的法规内容提出了挑战。

---

① 见傅华《美国电子文件管理的十年官司及启示》,《中国档案》2000 年第 6 期。

6.3 作用：标准先行、法规保障

由于与传统的纸质档案的管理有所区别，加之电子文件对技术条件的依赖性很大，电子文件的管理是一项极其复杂的技术工作，与纸质档案管理不尽相同。专业性和复杂性要求电子文件管理必须做到标准先行、法规保障。

各项标准、法规的建立用以防止具有长远保存价值的电子文件在形成、使用、归档过程中遭受损失，避免在电子文件的生成、办理各个环节中信息更改或丢失的可能性，消除信息失真的隐患，维护电子文件的原始性和真实性。只有通过法规的确立，才能确保国家文件、档案管理部门依法管理电子文件，实现电子文件管理国家战略，确认全程管理体制，赋予档案机构对电子文件实施前端控制的职能和权限。

6.4 国际：电子文件立法情况

世界上许多国家把电子文件管理作为政府治理与政府责任的重要内容纳入国家电子政务建设之中，并制定了相关的法律、法规、政策、标准。它们决定了一个国家电子文件管理的宏观战略方向乃至具体战术措施，对电子文件管理具有根本性、决定性的作用。

美国、加拿大、瑞典、英国、澳大利亚、新西兰、芬兰、丹麦、荷兰、韩国、意大利、德国等国均通过制定档案法、文件法、信息管理政策等，授权国家档案馆负责国家公共文件的全程管理规划、标准制定，以及对文件档案管理规章与规范的实施情况监督和指导。[1]

---

① 见冯惠玲、赵国俊《中国电子文件管理：问题与对策》，中国人民大学出版社 2009年版，第 63 页。

南非 1996 年通过《国家档案法》赋予该国国家档案馆在文件形成的时候就可以规范所有公共文件的权力。该法提出了一个"电子文件系统"的定义,并给予国家档案馆相应的特殊管理权力。尤为重要的是该法明确将一些一般不归国家档案馆管理的文件形成者也划入了国家档案馆的管辖之中——例如国家的安全部门、政府机关的驻外机构和具有保密性质的政府机关。①

在美国,克林顿总统于 1995 年签署了《文牍精简法》②,要求联邦和各州政府部门呈交的公文必须使用电子方式。2002 年,发布《电子政府法案》③,规定电子文件管理是电子政府建设的一部分,是政府资源管理的重要内容。联邦政府电子文件管理被纳入电子政务行政管理体系,由联邦政府立法并授权 NARA 进行管理。国际标准化组织 2001 年颁布的世界上第一个电子文件管理标准 ISO15489 被作为制定电子文件管理国家标准的依据。美国国防部 1997 年颁布并数次修订的军用标准《电子文件管理软件应用设计评测标准》④ 因颁布最早、内容完善在世界范围内尤其是北美地区对电子文件管理具有广泛影响。该标准将电子文件的功能需求分为三类:强制功能需求、可选功能需求和密级文件管理需求。此外,还包括基于该国法律的功能需求以及文件系统之间信息传输和互操作能力的功能需求。

在英国,ISO15489 也被采纳为国家标准,并于 2001 年专门针对电子文件管理颁布《电子文件管理的电子政府政策框架》⑤,明确提出政府部门要对电子文件的归档进行全面控制与全程管理,各级政府机构必须制订方案

---

　①　[南非]维恩·哈里斯《法律、证据和电子文件:对世界周边国家的战略展望》,节选自《第十四届国际档案大会论文集》,中国档案出版社 2002 年版,第 68 - 69 页。

　②　United States. Paper work Reduction Act,1995.

　③　United States. E-government Act,2002.

　④　United States Department of Defense. Electronic Records Management Software Applications Design Criteria Standard,DOD5015. 2 - STD,2007.

　⑤　Public Record Office(英国公共文件办公室). E-government Policy Framework for Electronic Records Management,2001.

建立起电子文件管理系统,确保电子文件归档管理的有效实施。

加拿大的电子政务建设在世界著名咨询公司埃森哲的评估报告中数次蝉联世界第一。电子文件被视为其电子政务建设中管理的政府信息,是政府活动证据与信息资产管理的重要内容。加拿大普遍的社会观点认为政府有责任代表本国公民管理信息,以电子形式形成的信息必须准确、完整、清晰并且随着时间的流逝和技术的变更仍然能够被获取和提供利用。为了满足社会需求,加拿大于 1998 年颁布了《统一电子证据法》①。该法规定了电子文件的法律可采性,允许"纸质原件"在获得适合的"永久"并"安全"的电子形式的副本之后予以销毁②。2002 年制定的《加拿大政府信息管理框架》③构架出适应现代管理需要的政府信息管理的范围、前景、目标和原则,为各级政府机构及人员管理信息提供了一个全面的、权威的、集成的并且可以实施的指导性框架。

电子政务建设同样居于世界领先水平的新加坡也将电子文件管理纳入国家信息资源管理体系和信息安全管理规范之中。新加坡国家档案馆制定了《电子邮件类公文归档程序与规则》《政府电子文件的保管与处置》等规范,对政府电子文件的定义、电子文件的鉴定和保管期限、政府电子文件移交国家档案馆、没有永久保存价值的电子文件的暂存和处置、电子文件的开放和利用等做出了明确规定。

在欧盟,电子文件管理被纳入 e-Europe 信息化整体建设框架中,作为推动电子政务、电子商务以及欧洲文化遗产数字化的关键环节。欧盟最有影响性的一个行动就是制定了《电子文件管理需求模型》④(以下简称

---

① Canada. Uni form Electronic EvidenceAct, 1998.

② [南非]维恩·哈里斯《法律、证据和电子文件:对世界周边国家的战略展望》,节选自《第十四届国际档案大会论文集》,中国档案出版社 2002 年版,第 72 页。

③ CIOB(加拿大财政部秘书处信息主管办公机构). Framework for the Management of Information in the Government of Canada, 2002.

④ European commission. Model Requirements for the Management of Electronic Records(MoReq), 2008.

MoReq），它不属于法规范畴，而是一项标准，但该标准对欧盟各国的电子文件法规制定具有重要影响。该标准描述了电子文件管理系统的功能需求，包括基本功能需求、其他功能需求、性能需求、元数据需求四个方面。通过区分功能的性质、等级、层次等，对电子文件管理系统的需求进行了全面细化和详尽描述。其描述不仅有总体概述，还有具体需求的详尽说明并对元数据作了详细规定。欧盟尝试将 MoReq 逐步推广到每一个成员国，从而规范整个欧盟的电子文件管理实践。

6.5　我国：电子文件立法情况

我国电子文件管理法规以《中华人民共和国档案法》（以下简称《档案法》）为核心，包括法律、法规、规章和规范性文件等层次。

1995 年 10 月，清华大学档案馆制定《关于机读（电子）文件归档的暂行规定（试行）》，对电子文件的归档范围、归档单位与分工、归档的方法和要求做了具体规定，并设计了《机读（电子）文件归档目录》样式。这是我国电子文件管理可以追溯的最早的规章。

1998 年吉林省白城市印发了地方性法规《白城市市直机关电子文件管理暂行办法》和《白城市档案馆电子文件管理工作细则》，在基层率先创立了一种电子文件形成单位与档案馆之间的连锁责任制。

1999 年 1 月，上海市档案局发布《上海市电子文件归档管理办法（暂行）》，这是我国第一部省级档案主管部门关于电子文件规范化管理的行政性法规。随后，浙江省的《浙江省省直单位电子公文归档管理暂行办法》、江苏省的《关于在办公自动化中文件材料归档问题的处理意见》、云南省的《云南省电子文件归档管理暂行规定》相继出台。[1]

1999 年 6 月，国家档案局颁布了第一部档案信息化部门规章《电子文

---

[1]　见杨杰《我国电子文件立法工作现状探析》，《兰台世界》2010 年第 9 期。

件归档与电子档案管理办法》,对电子文件管理提出了较为系统的管理要求和技术规定。

1999年10月施行的《合同法》明确规定电子合同是书证的一种形式。

2001年6月,国家档案局发布《档案管理软件功能要求暂行规定》用于规范档案管理软件的开发研制和安装使用。

2002年4月起施行的《最高人民法院关于民事诉讼证据的若干规定》和10月起施行的《最高人民法院关于行政诉讼若干问题的规定》都将计算机数据归入视听资料的证据类型。

2002年7月,《中国人民解放军机关电子文件归档与管理暂行规定》颁布,促进军队电子文件归档与管理走向规范化。

2003年9月起实行的《电子公文归档管理暂行办法》确立了双套制的电子文件归档模式,提出了电子公文归档的一般要求。

2004年7月,《中华人民共和国行政许可法》开始实施。明确行政许可申请可以通过信函、电报、电传、传真、电子数据交换和电子邮件等方式提出。

2005年4月,《电子签名法》正式施行。电子文件的有效性具有了法律依据。《中华人民共和国行政许可法》与《电子签名法》两部法律虽然不是直接针对电子文件,但是与电子文件管理密切相关。

2006年9月,《机关文件材料归档范围和文书档案保管期限规定》审议通过,明确规定对应归档电子文件的元数据、背景信息等要进行相应归档。

2008年9月,教育部和国家档案局共同制定的《高等学校档案管理办法》开始施行,明确规定高等学校应当对纸质档案材料和电子档案材料同步归档。①

2009年,中共中央办公厅、国务院办公厅联合下发《电子文件管理暂行办法》。我国电子文件管理的国家战略初步启动。

2010年6月,国家档案局发布《数字档案馆建设指南》,提出数字档案

---

① 见杨杰《我国电子文件立法工作现状探析》,《兰台世界》2010年第9期。

馆应接收电子文件,对电子文件的形成、接收、归档、移交进行监督指导,包括规范归档范围、进行质量检索、开展技术服务等,并明确了数字档案管理应当具备的功能。

2011 年,国家电子文件管理部际联席会议发布了《国家电子文件管理工作规划(2011—2015 年)》,将电子文件管理提升到国家战略层面。

2012 年 8 月,《电子档案移交与接收办法》审议通过,标志着具有保存价值的电子文件被正式纳入档案管理领域。

2012 年,新修订的《中华人民共和国刑事诉讼法》和《中华人民共和国民事诉讼法》明确地将"电子数据"列入证据种类。

除上述法规外,我国还有一些标准对电子文件管理具有重要意义,例如国家标准《电子文件归档与管理规范》、行业标准《文书类电子文件元数据方案》《版式电子文件长期保存格式需求》等。

我国电子文件法规自出现开始至今只有十余年的发展历史,形式上标准多于规范,内容上多涉及管理和技术层面,法律层面的规范还不充分,立法工作略显滞后。随着电子文件的日益增多与广泛普及,管理和利用中涉及的法规问题也越来越多地凸显出来,引发的法律纠纷正在不断上升,电子文件的立法工作亟待深化和提高。

6.6 内容:需要法规予以规范的问题

目前亟须法规干预和解决的电子文件管理问题主要集中在以下五个方面,这也是电子文件法规内容的主要方面。

6.6.1 电子文件的证据能力

电子文件的证据能力是指电子文件能否作为证据。电子文件是国家机关、社会组织和个人在社会实践活动中客观形成的产物。虽然其形成是主观的、有意识的,但所反映的客观世界的方面、领域、层次却是不以人的意志为转移的客观存在。电子文件的生成有特定的时间、条件、环境、职能,记载在磁盘、磁带、光盘等载体上,是行为主体活动的真实印记。不论司法人员是否发现或收集,它们都客观地存在着,能够直接或间接地为各种活动提供原始证明。因此,从理论上讲,电子文件应该具有法律的证据能力。但是,在实际操作中,由于电子文件自身固有的原始信息的可变性和不稳定性以及人们对其可靠程度的不信任和矛盾心理,使之难以成为合法的证据。

20世纪80年代以后,有关电子文件的涉案纠纷逐渐增多,电子文件已经日益涉入到各项法律事务中,电子文件有无法律证据地位的问题亟须法规来回答。1985年,联合国国际贸易法委员会发布报告《计算机记录的法律价值》,建议各国政府重新审查涉及使用计算机记录作为诉讼证据的法律规则,以便消除对其使用所造成的不必要障碍,确保这些规则符合技术的发展,并为法院提供适当的办法来评价这些记录中的资料的可靠性。可见,必须通过立法确认电子文件的法律凭证作用,说明能够作为法律凭证的电子文件的种类、要求等。

从世界各国立法的总体情况看,对于电子文件的证据能力存在无限制与加以限制两类[①]:

第一类是以自由采用和自由衡量原则为基础的证据制度,原则上对于当事人所主张之证据并无任何证据能力的限制,法律上也无任何形式的限制(除非法律明文规定加以排除),因此电子文件得以作为证据,但每一证据的证明力由法院衡量和决定。实施此类原则的国家多是大陆法系国家,有德国、荷兰、北欧五国(丹麦、芬兰、冰岛、挪威和瑞典)等。

第二类是对证据种类加以限制。此类又可分为两种:一种是开列证据清单式的证据制度。这种证据制度或是规定特定法律行为的做成须以书面方式完成,或是规定仅有法律所列举的证据具有证据能力。采用这种证据

---

① 见吴弘《计算机信息网络法律问题研究》,立信会计出版社2001年版,第234页。

制度的也多是一些大陆法系的国家,如法国、卢森堡等。这些国家往往依据证据的存在形式和表现形式从法律上对可采用的证据进行分类、列举。这些法律许可的证据清单随着国家的不同而不同,但书证却是毫无例外地被纳入其中。1982 年,欧洲理事会秘书长的《电子处理资金拨划》报告,就提出了计算机记录相当于书面文件作为证据的看法。因此,尽管电子文件在这些国家通常未被列入法律许可的证据清单,但其中有的国家将电子文件打印稿视为书证而在法律纠纷中作为证据。

第二类另一种是包含诸多证据规则的证据制度,这些证据规则对各类证据的证据能力加以限制。采用这种证据制度的多是普通法系国家,如英国、美国、加拿大等。诸多证据规则中有两条关于证据真实性的传闻证据规则(hearsay evidenco rule)和最佳证据规则(best evidence rule)成为能否采用电子文件作证据的关键。传闻证据法则是指传闻证据不得采纳。它规定证人以外的人明示或默许的事实主张在没有证人作证的情况下是无效证据,即便是书面证据也必须由书写者作证。电子文件是由计算机系统处理存储,计算机不可能作证,故计算机输出的书面材料只能被视为传闻证据。传闻证据通常是不予采纳的。于是,只能通过例外来承认电子文件的证据效力。最佳证据规则是对证据的可采性制定的,它规定只有原始文件才能作为书证被司法机关采纳。传统的"原件"是指信息首次固定其上的媒介物。电子文件原始的形式是储存在计算机的磁性介质上的电子数据,只有通过屏幕显示或是打印等方式输出才能被识读,各种输出形式只是一种抄录而不是传统的"原件"概念,这成为电子文件具有证据能力的障碍之一。

为了解决电子文件与"原件"的冲突问题,采用传闻证据法则和最佳证据法则的国家不得不改变法规。其改变包括以下四种方法:

1. 外延描述法

例如《美国联邦证据规则》对"原件"概念进行了解释和说明,除解释文字、录音、照片的"原件"外,还指出:"如果数据被储存在计算机或类似设备中,任何从计算机中打印或输出的能准确反映有关数据的可读物均为'原件'。"这种方法对适合"原件"这个概念的一切对象的范围进行解释和说明，通过描述外延扩大了原件的适用范围。

2. 置换概念法

例如加拿大1998年制定的《统一电子证据法》直接以"电子记录"和"电子记录系统"来界定电子证据，新创设了"系统完整性"标准来代替最佳证据规则中的"原件"要求。它规定只要能证明记录或保存电子文件的电子记录系统的完整性就满足了最佳证据规则，电子文件就能作为法律凭证。

3. 功能满足法

从功能上说，原件是对信息的认证以维护其真实可信度，因此，从功能上满足维护信息真实可信度的电子文件就是原件。联合国国际贸易法委员会1996年颁布的《电子商务示范法》提出，将具有最终完整性和可用性等功能的电子副本规定为原件，只要电子文件确实起到了在"功能上等同或基本等同"于书面原件的效果，便可视为一种合法有效的原件，就能满足证据法对原件的要求。[1]

4. 技术保障法

例如联合国国际贸易法委员会电子商务工作组1999年颁布的《电子签名统一规则草案》中首次提出，如果一份数据电文使用了一种电子签名，这种电子签名能提供当事方或权威机构认可的可靠手段，确保数据电文始终保持信息的完整无损，则推定该数据电文为原件。[2]

可见，国外为了解决电子文件的证据能力问题，不得不修改和制定新的法规内容。这些新的法规内容刷新了"原件"的概念，深入研究原件的功能，乃至从技术手段上提出保护原件的措施。

我国也面临着电子文件的证据能力问题。调查显示，我国73.6%的中央和国家机关及其直属企事业承认其生成的电子文件无法独立发挥文件的

---

① 见奚晓明《电子数据——〈中华人民共和国民事诉讼法〉修改条文理解与适用》，http://blog.sina.com.cn/s/blog_462935f601017u45.html，检索日期2013年5月30日。
② 见黄萃《电子文件利用所涉及的法律问题》，《档案与建设》2001年第5期。

证据效力①。为了使电子文件具有证据能力,我国相关的法规在进行修改和完善。在这个过程中,关于电子文件如何具有证据能力出现了四种解决方案:

1. 视听资料方案

我国传统的《中华人民共和国刑事诉讼法》《中华人民共和国民事诉讼法》和《中华人民共和国行政诉讼法》三大法律中,基本上都列举了物证、书证、证人证言、当事人陈述、鉴定结论、勘验笔录、视听资料七种证据形式,视听资料是其中的一种。视听资料是指以连续、动态的声音或画面来证明案件事实的资料②。一些法规修订后,将电子文件纳入了视听资料证据类。例如2001年8月颁布的《北京市高级人民法院关于办理各类案件有关证据问题的规定(试行)》规定:"视听资料包括录音、录像资料和电子数据交换、电子邮件、电子数据等电脑储存资料。"

2. 书证方案

书证也是我国传统的七种证据形式之一,它是指以文字、符号、图画等所表达的思想内容来证明案件事实的书面文件或其他物品③。一些法规将电子文件纳入书证类。例如,1999年修订的《合同法》规定书面形式是指"合同书、信件和数据电文(包括电报、电传、传真、电子数据交换和电子邮件)等可以有形地表现所载内容的形式"。全国首例以电子邮件作为定案根据的劳动争议案中,上海市浦东新区公安局公共信息网络安全监察处出具了一份《电子邮件书证意见书》,将电子邮件视为书证④。

3. 独立证据方案

不将电子文件纳入任何一种传统的证据形式当中,而是将其增加为一

① 见冯惠玲、赵国俊《中国电子文件管理:问题与对策》,中国人民大学出版社2009年版,第20页。

② 见陈一云《证据学(第2版)》,中国人民大学出版社2000年版。

③ 同上。

④ 见王绍侠《电子文件产生证据效力的困难及其对管理的启示》,《档案学研究》2003年第3期。

种独立的证据类型。2012 年修订的《中华人民共和国刑事诉讼法》规定："行政机关在行政执法和查办案件过程中收集的物证、书证、视听资料、电子数据等证据材料,在刑事诉讼中可以作为证据使用。"该法将"视听资料、电子数据"并列为第八种证据形式。2012 年修订的《中华人民共和国民事诉讼法》将"电子数据"单独列为第五种证据形式。电子数据是以电子、电磁、光学等形式或类似形式储存在计算机中的信息作为证明案件事实的证据资料,既包括计算机程序及其所处理的信息,也包括其他应用专门技术设备检测得到的信息资料[①]。法律界人士认为,经过这样的修订,QQ 聊天记录、微博、私信都可以成为法律证据。

4. 传统证据演变方案

该方案还是将电子文件纳入传统的七种证据形式中,但不是笼统地纳入某一种形式,而是根据电子文件作证时的属性或特征分别纳入七种证据形式之一。例如非法入侵计算机系统中留下的使用计算机的"痕迹"纳入物证,以电子文件中记载的信息内容来证明案件事实的纳入书证,电子形式的音像资料纳入视听资料,电子聊天记录纳入证人证言等[②]。目前这种方案有理论学说,尚无法规实践支持。

6.6.2 电子文件的证明力

证明力是证据对查明案件事实所具有的效力。不同的证据制度对证明力的认定方法不同,但都要求证据必须具有客观真实性,即证据是客观存在的真实情况,来自客观事实而非伪造、猜测,记录内容或保留的痕迹真实,未曾被修改。证据的客观真实性是决定其证明力大小的决定性因素。传统档案的信息内容与载体是一体的,有关载体、字体、字迹、印章等

---

① 见奚晓明《电子数据——〈中华人民共和国民事诉讼法〉修改条文理解与适用》,http://blog.sina.com.cn/s/blog_462935f601017u45.html,检索日期 2013 年 5 月 30 日。

② 见王绍侠《电子文件产生证据效力的困难及其对管理的启示》,《档案学研究》2003 年第 3 期。

专门的物证技术很容易保证其成为证据。电子文件的信息在载体间流动并易于被篡改、复制、窃取和销毁，很难确定原始信息和背景信息的完整与真实。

在确定电子文件证明力方面，国际实践中主要有以下五种方法：

1. 行为示范

通过法规的制定确定一个电子文件证明力的模型，如果在电子文件的实践行为中参照和遵守了这个模型，那么电子文件就具有较强的证明力。例如国际商会 1987 年制定的《电子交换贸易数据统一行为守则》为 EDI (electronic data interchange，电子数据交换)提供了一套国际公认的行为准则，只要当事人采用此准则，EDI 就具有法律证据效力。

2. 条件保障

依据电子文件形成的环境和保存条件判定其证明力。例如欧洲委员会建议对符合法定条件制订并保存的电子文件，只要当事人证明了基础事实，就可以推定电子文件作为证据的真实性①。

3. 系统完整

如果能证明电子文件所依赖的计算机系统完整则电子文件具有较强的证明力。完整性是考查电子文件证明力的指标之一，传统证据是没有这一指标的。完整性包括两方面含义，即电子文件本身完整和电子文件所依赖的计算机系统完整。加拿大《统一电子证据法》规定完整性的推定有三种情况：一是电子记录系统及其设备在所有关键时刻均处于正常运行状态，即使曾处于不正常运行状态但并没有其他合理理由对该系统的完整性产生怀疑；二是有证据证明，电子记录是由与诉讼当事人利益相反的其他当事人记录或存储的；三是有证据证明，电子记录是由诉讼当事人以外的其他人在惯常而普通的业务活动中记录或存储的，而且这种记录或存储没有诉讼当事人的指令涉及其中。联合国国际贸易法委员会《电子商务示范法》规定计算机系统的完整性表现在三个方面：一是系统必须处于正常的运行状态；二是

---

① 见黄志文《电子文件的法律证据》，《档案》1998 年第 6 期。

在正常运行状态下,系统对该项业务必须有完整的记录;三是该电子记录必须是在业务活动的当时或即后制作的。

4. 符合要求

这是指符合既定法规要求的电子文件具有证明力。例如美国的《全球和国家电子签名商务法案》以及该国多数州制定的电子商务法,承认符合"商业记录"要求的计算机文件可被采纳为传闻证据和最佳证据,并允许当事人在证明无从取得原件的情况下使用抄本证明原件内容。美国法院认为,电子文件的印出报表与一般商业记录比较,可信赖程度并无任何差异。一般情况下,法院会反过来要求他方举证,证明提出证据方所提出之证据不具有证明力。

5. 自由评价

在某些国家,法律不确定电子文件的真实性和重要程度,而由司法机关依靠其自身掌握的证据自由评价电子文件证据的证明力。

在我国,尚无法规对电子文件的证明力专门进行规定。证据一般要满足下列要求[①]:一是要具有合法性,即证据是法定机关法定人员依据法定程序加以搜集和认定的事实。非法搜集的事实,即便是能反映案件的客观存在也不具有证明力。二是要具有关联性,即与所证明的案件事实具有内在的必然的联系。三是须在庭审中经过当事人双方的质证。只有在对方当事人承认或没有提供足够反证的情况下,证据才具有证明力。四是副本或复印件须提供原件或原件线索,或有其他材料加以印证,或有对方当事人的承认,方可具有证明力。

对于电子文件来说,同样满足上述条件才具有证明力。同时,电子文件是一种比较特殊和新颖的证据形式,法律规范还应对判断其证明力的客观标准做出明确规定。

国际实践给予我们的启示是:电子文件的证明力一般通过电子文件形成和保存的技术条件、管理系统或行为准则来判断和维护。即通过审查电

---

① 见吴弘《计算机信息网络法律问题研究》,立信会计出版社 2001 年版,第 234 页。

子文件是否是在正常的活动中生成,是否是按照既定的操作规程和操作方法生成,传输时所用的技术手段或方法是否科学,传输过程中是否采取了安全加密措施,存储方法是否科学,存储介质是否可靠,是否由公正、独立的第三方保存,保存中是否未被非法接触等管理中的行为、条件、手段来确定电子文件的证明力。

可见,要使电子文件具有证明力即要确保电子文件的客观真实离不开技术的支持和行为的规范。

技术上需要研制出可靠的电子文件管理系统对电子文件从生成到归档进行规范管理。例如确保正确捕获电子文件,能识别生成文件的范围,能记录包括内容、结构以及处理过程在内的背景信息,能确保数字签名的真实有效,对文件的访问进行授权和记录等,从而证明电子文件是在正常而原始的业务流程中形成的,是真实可信、可资为凭的。只有使电子文件的前端控制等管理思想真正为软件设计人员所理解并融入系统之中,才有可能从根本上走出按照传统纸质文件的管理模式设计电子文件管理系统的误区,确保电子文件的客观真实性,进而保证其证明力。

行为上需要遵守和执行各项法规中为电子文件确立的行为规范。目前我国法规还缺乏对此类行为规范的规定,这是当前电子文件立法中需要补充的内容。例如可在《档案法》修订中增加关于电子文件法律效力的条文①:国家档案馆通过规定的流程在可信环境下收集、归档、保管的电子文件是可信的,具有法律效力;档案馆保存的电子文件在经过可信技术与规定流程而迁移后仍是可信的、具有法律效力等等。在《档案法实施办法》中可以对可信环境、可信技术、迁移等进行解释。通过这些条文实现法规对电子文件可信度的保障。

技术是不断进步的,社会是不断发展的。随着技术进步和社会发展,用以规范和管理人类行为的法律规范也必将做出相应的调整。排除来自观念

---

① 　见李泽锋《基于 OAIS 的可信电子文件管理系统的体系构建》,《情报杂志》2010年第 8 期。

和传统立法上的障碍,以法律条文明确规定电子文件的证据能力,是其成为法律证据的重要前提。以法律形式承认电子文件的证明力,是数字时代社会发展的必然趋势。

6.6.3　电子文件的知识产权

知识产权是指对智力劳动成果所享有的占有、使用、处分和收益的权利。它是一种无形的财产权,具有独占性、时间性、地域性、无形性、可复制性等特性。知识产权的内容包括著作权和工业产权。著作权也叫版权,是指公民享有对社会科学和自然科学领域内各种学科进行研究并从事创作、翻译、编纂作品依法享有的权利。1990 年 9 月,新中国第一部著作权法《中华人民共和国著作权法》获得通过。该法制定的目的是为保护文学、艺术和科学作品作者的著作权,以及与著作权有关的权益。工业产权狭义仅指专利权和商标权,广义还包括产地标记和原产地名称、厂商名称、服务标记、对反不正当竞争的保护等。

知识产权是人们基于智力的创造性活动取得成果后依法享有的专有权利,必须对其进行保护。在传统文件与档案管理中也涉及知识产权保护问题。例如对档案的利用与对受著作权法保护的作品的使用在方式和内容上存在许多共同点,都包括复制、播放、展览、发行等。因此,对享有著作权的档案的利用往往同时构成对这一作品的使用而涉及著作权人的合法权利。此时,如果忽视档案著作权的存在,将构成对他人著作权的侵犯。但是,由于以往的文件与档案利用以有限的复制为技术背景,文件与档案信息传播的范围极为有限,知识产权保护问题并不是特别突出。而在数字时代,电子文件信息可以自由使用、共同分享,很难对其进行控制。信息的复制与传播以惊人的速度进行着,引起的知识产权争议案件层出不穷。

《中华人民共和国档案法实施办法》第二十六条规定:"利用、公布档案,不得违反国家有关知识产权保护的法律规定。"电子文件管理和利用必须重视知识产权保护,以不违背知识产权保护法为前提。我国关于知识产权保护法主要有《中华人民共和国著作权法》《中华人民共和国专利法》《中华人民共和国商标法》《中华人民共和国反不正当竞争法》，一些相关的行政法规、部门规章、地方法规、司法解释和国际公约。《各级国家档案馆馆藏档案解密和划分控制使用范围的暂行规定》①明确指出："涉及著作权、发明权、专利权的，对社会开放会造成侵权诉讼并有损国家利益的档案"到期后仍不宜开放。

知识产权保护法与《档案法》的立法目的、法律属性及彼此的任务是不同的。知识产权保护法的立法目的在于协调各种权益关系，维持作者经济利益与公众利益之间的平衡，整体上属于民事法律规范的范畴。《档案法》的立法目的则是"为了加强对档案的管理和收集、整理工作，有效地保护和利用档案"，属于行政法的范畴。所以，知识产权保护法适用范围与档案法所限定的档案并不是当然重合的。知识产权保护法对内容范围的限定只适用于部分电子文件。

根据《中华人民共和国著作权法》和《中华人民共和国著作权法实施条例》，著作权的构成一般包括三个方面的条件：一是属于文学、艺术、科学领域，而不属于行政管理等领域；二是具有独创性，而不是纯客观的记录或重复、抄袭他人的作品；三是具有某种客观存在的、可被复制的表现形式，而不是未予表现的构思、设想。据此，可以具体分析各类电子文件是否涉及知识产权保护范围。根据档案类别划分，可以将电子文件划分为文书类电子文件、科技类类电子文件、专门类电子文件。

首先，对于大部分文书类电子文件来说，不涉及知识产权保护的范围。一是文书类电子文件是各机关、团体、企事业单位在各项行政管理活动中形成的，多数属于行政管理领域，而不属于文学、艺术和科学领域。二是公务文书的形成是为了履行行政管理职能，重在符合既定的规范和格式，通俗易懂、便于执行。因此，文书类电子文件一般不具有独创性。三是《中华人民

---

① 见国家档案局、国家保密局《各级国家档案馆馆藏档案解密和划分控制使用范围的暂行规定》，国档发〔1991〕28 号。

共和国著作权法》与世界大多数国家的法律及国际公约的要求一样,从公共利益和便于政策施行等角度考虑,明确规定了该法不适用于"法律、法规,国家机关的决议、决定、命令和其他具有立法、行政、司法性质的文件,及其官方正式译文",文书类电子文件多属于此类不适用的范围。

其次,对于科技类电子文件来说,大部分构成著作权意义上的作品。一是科技类电子文件是科技人员在自然科学研究、生产技术、基本建设等活动中形成的,一般都属于科学技术领域;二是科技类电子文件以图纸、图表、文字材料、计算材料、照片、声音、影像等形式存在,许多是受著作权保护的设计图、示意图等图形作品、建筑作品、计算机软件等;三是作为人们认识自然和改造自然的伴生物,科技类电子文件大多具有独创性。也有一些科技类电子文件不受知识产权法保护,一般包括:作为科技生产活动依据的科技管理行政文件,纯客观性的科技活动信息报导,采用的通用设计图纸和公式、数表,旨在明确双方权利义务的科技开发合同以及不具有独创性的其他科技类电子文件材料。

最后,对于各种专门类电子文件来说,由于涉及领域非常广泛,不同门类电子文件的知识产权情况各不相同。文艺类电子文件大部分是作者享有著作权的作品;会计类电子文件绝大部分是不享有著作权、不具有独创性的纯客观的数据、表格;教学类电子文件中的教学日历、教学计划、教学成绩一般都不享有著作权,而教师的教学笔记、教学心得等则享有著作权。总之,要根据知识产权的构成条件具体分析判断各门类电子文件的知识产权情况。

6.6.4 电子文件的隐私权

隐私权是指个人信息不被非法获悉和公开,个人生活不受外界非法侵扰,个人私事的决定不受干涉的一项独立的人格权。过去,由于个人信息被以书面形式保存而不容易被他人分享,隐私几乎处于天然被保护状态。数字时代,个人信息存于各类电子文件之中,在瞬间即可被提取并通过网络广泛共享,隐私的天然被保护状态完全消灭,披露他人隐私成为非常容易的事情。为此,在电子文件的使用管理中,必须保护相关个人的隐私权,即限制电子文件中涉及的个人信息不被非法侵袭、获悉、采集、使用和披露。

通过法规制定合理的保护规则,防止对个人信息的侵害及不合理利用是保护电子文件隐私权的根本措施和主要手段。世界上已经有 50 多个国家和地区制定了相关法规对隐私权进行保护。

美国在隐私权保护方面的理论研究和立法都比较早。1974 年制定《个人隐私法》是该国隐私保护的基本法;1978 年制定《财务隐私权法》;1986 年制定《电子通信隐私权法》,对电子通信中的隐私权全面加以限定;1988 年制定《计算机匹配和隐私权保护法》,规定政府机关对个人信息进行计算机匹配所必须遵守的程序;1996 年制定《电子化信息公开法》对保护个人隐私权作了详细阐述;1998 年针对未成年人制定《儿童网络隐私保护法》。上述一系列立法配合美国宪法,形成了政务公开与隐私保护的基本法律框架。

欧盟各国隐私权法相对严格。欧盟 1995 年制定《个人数据保护纲领》,要求成员国限制公民个人信息被披露,尤其不允许对欧盟以外的国家披露个人信息。

加拿大 2004 年全面实施的《个人信息保护和电子文件法》保障该国公民行使自己的权力去保护个人信息,特别是控制有商业行为的机构对个人信息的采集。除此之外,该国还有多部法律涉及对个人隐私权的保护。

我国没有独立的隐私权保护法,电子文件中的隐私权保护散见于《宪法》《刑法》《民法》《行政法》《中华人民共和国护照法》《中华人民共和国身份证法》《中华人民共和国政府信息公开条例》的一些规定当中。我国的《个人信息保护法》已经列入立法计划。

各国法规对于隐私权的保护可以分为两种:一是直接保护。代表国家美国。法律承认隐私权为一项独立的人格权。当公民的隐私权受到侵害时,受害人可以以侵犯隐私权作为独立的诉因,诉诸法院请求法律保护与救济。二是间接保护。代表国家中国。法律不承认隐私权为一项独立的人格权。当公民的隐私权受到侵害时,受害人不能以侵犯隐私或隐私权作为独立的诉因诉诸法院请求法律保护与救济,只能将这种损害附从于名誉损害、非法侵入等其他诉因请求法律保护与救济。

6.6.5 电子文件安全

电子文件安全是以计算机安全和网络安全为基础的。在数字时代,电子文件安全不仅仅是文件与档案管理中的问题,而是全社会广泛存在的一个普遍性问题。从 20 世纪 70 年代开始,各国政府相继对计算机安全和网络安全进行立法。

瑞典 1973 年制定《数据法》,对电子数据的收集、处理、复制、存储、传输、使用、修改、销毁等做出法律规定。这是世界上第一部保护电子文件的法律,其原则受到世界各国、尤其是欧洲国家的重视。

美国制定了世界上数量最多、内容最全面的计算机与网络安全立法。1977 制定《联邦计算机系统保护法》,首次将计算机系统纳入法律的保护范围;1984 年制定《伪装进入设施和计算机欺诈及滥用法》,成为第一部专门针对计算机安全问题的联邦立法;1987 年制定《计算机安全法》,旨在提高联邦计算机系统的安全性和保密性;1995 年制定《计算机保护法》,规定网络警察可以对因特网进行检查;1996 年修改《伪装进入设施和计算机欺诈及滥用法》制定《国家信息安全法案》,适用于所有连接到因特网和电话网络上的计算机;1997 年制定《公共网络安全法》;1997 年制定、2000 年修订《加强计算机安全法》;2000 年制定《政府信息安全改革法》,规定了联邦政府部门在保护信息安全方面的责任,建立了联邦政府部门信息安全监督机制;2002 年制定《联邦信息安全管理法》,对政府机构的信息安全问题作了更为详细的规定,该法后纳入《电子政府法》;2002 年制定《国土安全法》,涉及对包括通信设施在内的重要基础设施的保障;2002 年制定《关键基础设施信息保护法》,建立了一套完整详细的关键基础设施信息保护程序。

欧盟 2001 年制定了《计算机犯罪公约》①，成为国际上第一个针对计算机系统、网络或数据犯罪的多边协定。该公约详细规定了非法侵入计算机系统，非法窃取计算机中未公开的数据，利用网络造假、侵害他人财产、传播有害信息等计算机网络犯罪活动的罪名和相应的刑罚，还具体规定打击网络犯罪国际合作的方式及细节。该公约虽然是面向欧盟成员国的地区性立法，但它表示要吸纳非欧盟成员国参加，试图演变成一个世界性的公约。数十个国家表示有兴趣加入该公约，2007 年该公约在美国正式生效。

英国 1981 年修订《伪造文书及货币法》，将伪造电磁记录纳入"伪造文书罪"的范围；1984 年制定《英国警察及刑事证据法》，规定了计算机犯罪中涉及的电子文件的扣押程序及其证据能力；1990 年制定《计算机滥用法》，将未经授权接触计算机数据，未经授权非法占用计算机数据并意图犯罪，故意损坏、破坏、修改计算机数据或程序认定为违法。

法国 1994 年生效的新刑法设"侵犯资料自动处理系统罪"对计算机犯罪作了规定；1996 年制定《Fillon 修正案》，提出互联网络从业人员和用户解决网络带来的有关问题的三方面措施。

德国通过修订刑法，规定资料间谍、计算机欺诈、伪造证据、与数据处理有关的交易诈骗、伪造证书、伪造证明材料、毁弃文书、篡改资料、计算机破坏、职务文书伪造等计算机犯罪及处罚。1997 年通过《为信息与通信服务确立基本规范的联邦法》(简称《多媒体法》)，成为世界上第一部网络专门法，对包括网络内容在内的网络空间的行为提供了全面、综合的专门法律规范。

亚洲的新加坡 1993 年制定、1998 年修订的《滥用计算机法》，规定了非法进入计算机系统的罪名以应对计算机犯罪。印度 2000 年制定《信息技术法》。先于《物权法》之类规范有形财产的基本法制定出一部规范网络世界的基本法。该法主要内容包含三个方面：刑法、行政管理法、电子商务法，对已有刑法、证据法、金融法进行了全面修订，以适应信息技术的发展。韩国

---

① Councilof Europe. Convention on Cybercrime, 2001, 也译作《网络刑事公约》。

2001 年制定《重要信息基础设施保护法》，以建立一套应对黑客、计算机病毒等破坏信息通信网络行为的综合性、系统性保护措施。

除各国政府外，一些国际组织也在积极研究计算机与网络安全的立法。1983 年，国际信息处理协会专门设立计算机安全技术委员会，负责制定计算机安全与犯罪的立法。其他一些国际组织，如电子电气工程师协会、会计审计师协会等也都有专门机构从不同侧面研究此类立法。

我国 1994 年 2 月发布行政法规《中华人民共和国计算机信息系统安全保护条例》，它是我国第一个关于信息系统安全方面的法规。

为了加强对国际联网的管理，国务院等机构先后制定了六个关于国际联网的法规，它们是：1996 年 2 月发布、1997 年 5 月修正的《中华人民共和国计算机信息网络国际联网管理暂行规定》，1997 年 12 月发布的《中华人民共和国计算机信息网络国际联网管理暂行规定实施办法》，1997 年 12 月发布的《计算机信息网络国际联网安全保护管理办法》，1996 年发布的《中国公用计算机互联网国际联网管理办法》和《计算机信息网络国际联网出入口信道管理办法》，2000 年 1 月开始执行的《计算机信息系统国际联网保密管理规定》。

1997 年 10 月修订的刑法第一次增加了计算机犯罪的罪名，标志我国计算机安全立法步入一个新阶段并逐步和世界接轨，预示我国计算机管理法制化时代的到来。

1997 年 12 月发布《计算机信息系统安全专用产品检测和销售许可证管理办法》，用于加强计算机信息系统安全专用产品的管理。

1999 年 10 月发布的《商用密码管理条例》加强商用密码管理以保护信息安全。

2000 年 4 月发布的《计算机病毒防治管理办法》加强对计算机病毒的预防和治理以保护计算机信息系统安全。

除此之外，还有《保密法》《计算机软件保护条例》《军队通用计算机系统使用安全要求》《无线电管理条例》《电信条例》《互联网信息服务管理办法》等，以及一系列计算机与网络安全标准。我国计算机与网络安全管理日趋系统化、规范化。这些计算机与网络安全法规对于电子文件管理也起到了规范作用,成为电子文件安全的出发点和依据。

2011年12月,国家档案局发布行业标准《电子文件安全管理指南(征求意见稿)》,该标准用于规范电子文件安全管理应遵循的基本要求,适用于对电子文件信息系统的规划、设计、建设、验收、测评、运行与维护过程,也适用于对电子文件安全管理的指导。它将对电子文件安全起到直接的规范指导作用。

6.7 关系:法际关系协调原则

电子文件管理涉及的法规面相当广泛,包括宪法、刑法、民法、行政法的根本法,包括著作权法、专利法、商标法、反不正当竞争法的知识产权法,信息法体系,安全法体系,保密法体系,档案法、会计法、统计法等专业法体系,都会涉及电子文件管理规定。

为此,在各项法规制定过程中,必须坚持法际关系协调原则。法际关系协调原则亦称不矛盾性原则,是指国家法律体系中不得有相互矛盾的规定,这是统一法治的基本要求。

在我国电子文件法规的制定和完善过程中,必须通盘考虑各项法律、规范的相互关系,注意与其他法律、规范的协调的配合,避免各项法规对接不良的现象。

6.8 《电子签名法》:首部真正
意义上的信息化法律

迄今为止,我国诸多电子文件法规中,真正称为"法律"的只有一部《电子签名法》。

6.8.1　什么是电子签名

　　电子签名,是指数据电文中以电子形式所含、所附用于识别签名人身份并表明签名人认可其中内容的数据①。电子签名用以表示签名者对所签电子文件的责任,证实该份文件确实出自于特定的形成者。电子签名还可以将文件内容加以"固化",签名后对文件施加的任何改动都将被发现。电子签名可以解决身份认定、信息来源认定、信息完整性和安全性确认等诸多问题,电子文件加盖了电子签名后具有防篡改、防抵赖的效果。

　　电子签名的形式多种多样。广义地说,一切能表示为签名的手段都是电子签名,如计算机口令、手写签名的电子形式、电子印章、电子指纹、电子声音、电子眼虹膜等;狭义地说,电子签名仅指利用公钥密码技术实现的数字签名(参见第5章第3节"数字签名技术:捕获技术之一")。

6.8.2　《电子签名法》立法初衷

　　《电子签名法》立法的初衷是为电子交易提供法律依据。随着电子商务的迅猛发展,电子签名作为识别电子商务交易对方身份的常用手段,早已在实践中为交易各方普遍认同。我国的《电子签名法》颁布之前,大部分经济发达国家已经对电子签名建立了完善的、配套的法律制度。因为我国缺乏相关立法,当企业与国外公司进行交易时,无法对其电子交易实施法律保护。"从法律层面讲,电子签名在电子商务的使用中是否可以得到法律保证,只能靠立法进行解决。"② 国际贸易的压力,迫使我国进行电子签名的立法工作,以界定合法有效的电子签名及签名各方当事人的权利和义务。

---

　　①　见全国人民代表大会《中华人民共和国电子签名法》(2004)第一章第二条。

　　②　见《解读电子签名法:电子商务发展的里程碑》,http://www. lawtime. cn/info/shangwu/qmlaw/20081117321. html,检索日期2013 年5 月31 日。

6.8.3 电子签名的国际立法情况

1995 年,美国犹他州制定的《数字签名法》是全世界第一部关于电子签名的法律文件。联合国 1996 年制定的《电子商贸示范法》和 2001 年制定的《电子签名示范法》是国际上关于电子签名的重要立法文件。欧盟 1999 年制定的《电子签名统一框架指令》规定安全的电子签名与传统的签名等价,具有法律上的证据能力。美国 2000 年制定的《电子签名法案》允许消费者和商业企业使用电子签名填写支票、贷款抵押以及商业买卖合同,几乎涵盖了所有传统签名应用的范围。德国、英国、法国、意大利、澳大利亚、日本、新加坡等国以及我国的台湾和香港地区都制定了同类法律。

与此同时,国外档案界研究电子签名与电子文件管理多数是与商业行为紧密相联,为企业和有关部门的档案管理做指导。

6.8.4 《电子签名法》的内容

2004 年 8 月,中华人民共和国第十届全国人民代表大会常务委员会第十一次会议表决通过《电子签名法》。该法的主要内容包括总则、数据电文、电子签名与认证、法律责任、附则五个部分,表述了制定电子签名法案的目的及其适用范围,明确了电子签名、数据电文的含义,给予了消费者选择使用或不使用电子签名的权利,对数据电文的书面形式效力、原件效力、保存要求、证据效力进行了规定,明确了安全电子签名的效力、安全电子签名的条件、第三方认证机构的设立条件、行为规范和管理机关等。

6.8.5 《电子签名法》的作用

《电子签名法》的作用在于重点解决了五个方面的问题:确立了电子签名的法律效力;规范了电子签名行为;明确了认证机构的法律地位及认证程

序;规定了电子签名的安全保障措施;明确了电子认证服务行政许可的实施机关。

《电子签名法》首次赋予电子签名具有与手写签字或者手工盖章同等的法律效力,同时承认电子文件与书面文书具有同等的法律效力。它正式明确了数据电文的"原件"要求和保存要求,使得包括电子文件在内的数据电文可以以合法的"证据"身份发挥作用。该法在法律上填补了空白,被视为"中国首部真正意义上的信息化法律"。

《电子签名法》不仅解决电子商务中的交易问题,对于电子政务的作用也非常大。它是电子政务配套环境的一个很大的突破,不但加快了电子公文的传递,保证了电子公文的安全,而且肯定会大大推动电子政务的发展,尤其是对跨部门的协同办公会有极大的促进作用,有利于解决政务孤岛问题①。

同时,《电子签名法》只是一部指导性的法律,一个纲领性文件,缺乏详细的实施细则、管理办法和操作程序,离全面而深入的实际应用还有不小的距离。因此,有人认为《电子签名法》"实施的基础尚不完备"是一部"早产"的法律②。

6.9 《电子文件管理暂行办法》:国家战略的初启

2009 年,中共中央办公厅、国务院办公厅联合下发的《电子文件管理暂行办法》是关于电子文件管理的一部较为重要的行政法规。它标志着我国电子文件管理国家战略从酝酿阶段迈入起步阶段。

《电子文件管理暂行办法》确立了电子文件管理总的原则,即全过程、集

---

① 见余仁《信息化进程中的一件大事》,http://www.cnii.com.cn/20030915/ca233771.html,检索日期 2013 年 5 月 31 日。

② 见肖琨《实施电子签名法的冷思考》,《台声·新视角》2005 年第 6 期。

中统一管理的原则,规定了管理机构及职责、电子文件形成、办理、归档、移交、保管和利用等环节的管理要求和奖惩措施等,并对电子文件管理的一些重要问题进行了更为准确的表述。

《电子文件管理暂行办法》建立了国家电子文件管理体制新模式,确立了由中共中央办公厅、国务院办公厅、国家发展和改革委员会、工业和信息化部、财政部、国家档案局、国家保密局、国家密码管理局、国家标准化管理委员会九部门组成的国家电子文件管理部际联席会议制度,负责组织协调全国电子文件管理工作。主要职责为负责统筹规划和组织协调全国电子文件管理,研究制定电子文件管理方针政策,审定电子文件管理规章制度、重要规划、重大项目方案,组织起草相关标准以及研究解决全国电子文件管理中的其他重大问题。部际联席会议制度可以看作是我国文档管理体制变革过程中从文档分治走向统一的一个过渡机构。

《电子文件管理暂行办法》对电子文件的备份提出了明确要求。它规定:"各级国家综合档案馆有条件的应当根据国家灾害备份的要求,建立电子文件备份中心或者异地备份库。""属于国家综合档案馆接受范围的电子文件,应当按照规定时限向同级国家综合档案馆移交。已建立电子文件备份中心的,应当按照其要求进行移交。""电子文件保管应当实行备份制度。"在电子文件管理中,对信息备份的要求越来越高。《电子文件管理暂行办法》使得电子文件备份中心的建设上升为国家的法规要求,意味着电子文件部分管理业务由分散管理向集中管理转变的开始。

6.10 《电子档案移交与接收办法》: 正式纳入档案管理领域

2012年8月,国家档案局印发了《电子档案移交与接收办法》。该办法是继《电子文件管理暂行办法》后,国家行政管理部门就电子文件规范化管理制定发布的又一重要规章,它是电子文件正式纳入档案管理领域工作启动的标志,为档案部门接收电子档案提供了政策依据和业务指南。

《电子档案移交与接收办法》包括总则、电子档案移交、电子档案接收和附则四个部分,并附有电子档案载体标注内容、电子档案的存储结构、电子档案移交与接收登记表三个附件。该办法对电子档案移交与接收工作中涉及的单位职责、移交范围、移交时间、移交的基本要求、移交与接收的方式、移交与接收的流程、接收及其保存管理的基本要求等做出了明确规定,对于规范电子档案移交与接收流程,推进电子档案及时完整移交进馆,实现电子档案来源可靠、管理可信、长期可用的工作目标具有重要意义。①

《电子档案移交与接收办法》的主要内容包括如下三个方面:一是继行业标准《电子档案管理基本术语(征求意见稿)》之后首次以法规形式强调了"电子档案"的概念(概念具体内容参见第 2 章第 2.5 节"与电子档案的关系")。二是明确了电子文件作为档案移交的时间。《电子档案移交与接收办法》规定:"档案移交单位一般自电子档案形成之日起 5 年内向同级国家综合档案馆移交。对于有特殊要求的电子档案,可以适当延长移交时间。涉密电子档案移交时间另行规定。"三是明确了归档电子文件的移交与接收流程,包括档案移交单位组织电子档案数据、检验电子档案数据、移交电子档案数据,国家综合档案馆检验电子档案数据、办理交接手续、接收电子档案数据、著录保存交接信息、存储电子档案数据等。《电子档案移交与接收办法》规定:"电子档案检验合格后办理交接手续,填写《电子档案移交与接收登记表》,由交接双方签字、盖章,各自留存一份;《电子档案移交与接收登记表》可采用电子形式并以电子签名方式予以确认。"

有研究者指出②,电子档案移交与接收工作是一项全新的工作,必须基于一定的系统来完成,还需要各级档案馆通过布置系统、配备设备、安排人

---

① 见蔡学美《及时移交 规范接收——〈电子档案移交与接收办法〉发布》,《中国档案》2013 年第 1 期。

② 同上。

员、建立制度来具体落实。这项工作面临许多技术难题和挑战,其中电子档案移交数据构成要求、数据接口的技术实现、准确性、完整性、可用性、安全性四性测试指标和系统实现方案、电子档案元数据实施方案是电子档案移交与接收工作实现的难点,必须组织力量研究解决。

7　新的模式

模式是指电子文件的归档和保管模式。新的模式致力于解决归档电子文件的完整性问题,即保障电子文件是齐全的,并且未加改动。模式是电子文件管理从战略到战术的具体实施,需要从总体上将前文所述的电子文件管理法规与后文所述的保存策略结合起来。

7.1　中国:双套制归档模式

目前,我国尚无一部真正完善的法律用以作为确认一份电子文件真实、可靠、完整和不可抵赖的依据。为了保证电子文件归档后的法律证据作用,我国实行双套制的保管策略。

双套制也称双套归档,是指电子文件归档的同时需归档相对应的纸质文件,归档后同样内容的电子文件与纸质文件二者共存,共同处于存储和可利用状态,其中电子文件主要发挥参考价值,而由纸质版本实现凭证价值。

2003 年 9 月起实行的《电子公文归档管理暂行办法》确立了双套制的归档模式。其第七条规定:电子公文形成单位必须将具有永久和长期保存价值的电子公文,制成纸质公文与原电子公文的存储载体一同归档,并使两者建立互联。2009 年颁布的《电子文件管理暂行办法》再次重申了双套制归档模式。其第十六条第(六)款规定:具有永久保存价值或其他重要价值的电子文件,应当转换为纸质文件或缩微胶卷同时归档。

电子文件的双套制归档模式是在我国当前法制环境和技术条件下的一种过渡措施。局限于电子文件自身的特点和管理手段的不完善,在电子文件没有真正获得"档案"资格、其法律证据地位尚未被完全认可之前,双套制有其存在的合理性。同时,在档案利用中纸质文件与电子文件可以优势互补,提高利用效率。

但是,双套制本身并不完美,它是在电子文件的生命周期之外对其强行克隆物化,这并不符合电子文件的形成规律。因此,它在解决问题的同时带来新的问题,以发展的眼光看,双套制绝非长久之计。

双套制的不完美表现在两个方面:一是许多电子文件难以完整地转化为纸质文件。例如现在大量的机构、公司、企业乃至政府机关通过电子邮件处理日常公务。电子邮件内容可以制成纸质文件。但是,电子邮件往往附有大量附件,这些附件有可能是一个数据库文件、一个超链接或是一个动画,很难将附件纸质化。若仅将电子邮件内容纸质化,那么这样的电子邮件是不完整的。大量的多媒体文件、超媒体文件、动态数据库文件、分布式计算文件都难以完整地纸质化。二是许多转化后的纸质文件并不具备凭证价值。实行双套制的根本目的是为了让纸质文件发挥凭证价值,但是从电子文件打印成的纸质文件并不是原始的,为此许多转化后的纸质文件并不具备凭证价值。大量的文件办理信息也是文件的一部分,例如领导的批示、签字等。这些信息在传统文件与档案管理中是留在纸质载体上的各种各样痕迹。但在电子文件管理中,这些信息成为背景信息,依靠各类系统如办公自动化系统、管理信息系统、电子文件系统自动记录、独立存储,它们不会在文件本身留下痕迹,而是依靠系统管理在电子文件与背景信息之间建立关联,这种关联是动态的,纸质化过程中难以呈现,而没有呈现相关背景信息的纸质文件并不具备凭证价值。这种双套除了消耗大量的人力、物力外,解决不了实际问题,没有实际意义。

双套制带来的问题也包括两个方面:

一是责任难以落实,执行增加成本。电子文件是在计算机上生成、在网络中运动的,终其一生都可以不再以物化形式出现。而双套制给电子文件的生成和使用增加额外的负担,双套归档带来的是双倍的工作量和人力、财力、物力的消耗,这个责任由谁来承担。文件的形成和办理者生成和使用电子文件的主要原因在于它的方便快捷,双套制的额外负担无疑会遭受他们的抵制。即使通过法规迫使他们承担将电子文件制成双套的责任,如果没有完善的监督机制纸质化的质量也难以保证。如果由档案工作者承担双套制的物化工作,那么档案工作永远都是在疲于奔命。在当前实践中,还有许多档案馆(室)发现他们收集的电子文件形式并不完整,要使其变成双套还要去找形成单位为纸质版本补盖公章,那几乎是不可能完成的任务。随着电子文件的迅猛增长,双套制会迟滞归档工作的步伐,导致许多具有长久保存价值的电子文件无法及时纳入档案系统并提供利用。

二是不利于电子文件收集归档工作的发展。从价值作用上讲,在双套制的归档模式中电子文件的地位仅仅是作为纸质档案的数字副本以及快速检索和查阅的工具。此时电子文件失去了其作为档案信息优于其他各种信息的最基本的特点,它仅能发挥情报价值,与非档案信息没有了区别。有鉴于此,实践中许多档案馆(室)未对电子文件给予足够的重视。因为有纸质文件发挥凭证作用,电子文件的归档变得可有可无、形同虚设。本来归档是电子文件实现价值转化的关键切入点,它会改革并带动电子文件管理流程的重组和电子文件管理系统功能的完善。然而,由于电子文件归档的形同虚设,导致我国电子文件管理系统功能研究的停滞不前、电子文件管理流程重组的需求恍如远在天边。电子文件收集归档工作止步不前、没有新的发展,电子文件的单套归档仿佛变得越来越遥远。

双套制究竟要实行多久,其未来往何处去?这些问题目前还没有明确的答案。在实践中许多一线文件与档案工作者赞同双套制,在理论界则有研究者呼吁克服对双套制的依赖心理。结束双套制局面不仅在于法规上的突破,还在于人们改变关于文件与档案的观念与习惯。

7.2　丹麦:典型的单套制归档模式

丹麦的档案事业管理体制属于集中管理体制,国家把档案事业的领导权授予国家档案馆。国家档案馆具有档案事业行政管理机关和档案保管机构的双重职能,既保管国家档案也负责领导和监督地方档案馆的工作。国家档案馆与地方档案馆形成具有明确隶属关系的网络化档案馆体系。

丹麦的电子文件管理工作也由丹麦国家档案馆担纲指导。丹麦国家档案馆有权力要求国家行政机关按何种方式移交电子文件,并对如何交接档案进行指导。

丹麦属大陆法系国家,该国法律证据制度以自由采用和自由衡量原则为基础,电子文件可以随时拿到法庭上作为证据,其证明力由法院衡量和决定。由于电子文件法律地位问题在该国易于确立,所以在归档模式方面,丹麦提出全面使用电子文件替代纸质文件,既实现电子文件单套归档。

丹麦档案工作管理的主要依据是《档案法》。2000 年,该国对《档案法》进行了修订,将电子文件管理的内容囊括其中。除了一些原则性条款,各省和地方机构可以根据实际灵活操作。其关注的重点是电子文件的归档移交问题。

丹麦倡导中央政府全面使用电子文件替代纸质文件,从而实现真正意义上的电子文件管理。这在国际上是一个创举,即便是在电子文件管理比较发达的美国、英国和澳大利亚等国家也尚未有此表示。①

丹麦采用国家档案化控制的理念,对政府机构使用的电子文件管理系统实施告知备案制度。即各政府机关使用的电子文件管理系统的功能和技术信息必须要符合《档案法》的规定,并且必须事先告知国家档案馆备案,系

---

① 见冯惠玲、赵国俊《中国电子文件管理:问题与对策》,中国人民大学出版社 2009 年版,第 132 页。

统停止使用之后需要像文件一样归档,移交国家档案馆。① 行政机关给档案馆移交电子文件,必须使用丹麦国家档案馆要求的特定的移交软件来进行。丹麦进行电子文件移交的软件系统绝大多数是自己研制的,其他少数则是从外面购买。②

在这种归档模式下,丹麦全国基本实现了电子文件单套归档。以哥本哈根市档案馆为例,根据丹麦《档案法》,该馆主要接收市政机关和学校的档案。该馆目前已经基本实现无纸化接收,所有接收的档案全部是按照丹麦国家标准移交的电子文件。这些电子文件可以相当快速和方便地接收进馆,并能迅速地通过网络发布,使社会公众利用档案变得速度更快、范围更广。③

丹麦是典型的单套制归档,其归档模式与我国的双套制恰恰相反。这体现了数字时代文件与档案管理的多样性。不仅仅是丹麦,许多国家的实践表明,对电子文件的"单套制"归档需求已经是一种"刚性需求"。美国、英国、澳大利亚、新西兰、瑞典、德国、荷兰、丹麦、挪威、芬兰、法国、加拿大、新加坡、日本和韩国等国均逐步推进或已经实现了电子文件的"单套制"归档④。

7.3 澳大利亚联邦政府:分布式的归档保管模式

与我国、丹麦等国高度集中的档案管理体制不同,澳大利亚的档案管理体制是分散制,即联邦政府与地方政府的档案分别管理,联邦档案机构与地方档案机构之间互不统属,地方档案机构不受联邦档案机构的领导和监督。

---

① 见冯惠玲、赵国俊《中国电子文件管理:问题与对策》,中国人民大学出版社 2009 年版,第 132 页。

② 见周振凡《考察丹麦档案工作的几点印象》,《中国档案》2011 年第 12 期。

③ 同上。

④ 同①,第 51 页。

各州有自己的档案法,不受联邦档案法的管辖。本书研究的澳大利亚的归档模式仅是其联邦政府的归档模式,而非全国执行的统一模式。

澳大利亚联邦政府在全国设立的各机构以及这些机构所管辖的企事业单位形成的档案均由澳大利亚国家档案馆(National Archives of Australia, NAA)负责保管并提供利用。NAA 还负责联邦政府文件管理标准和档案工作政策的制定。在电子文件管理中,NAA 扮演标准的制定者和建议的给予者的角色。例如帮助联邦机构确认元数据需求,通过与机构的合作来鉴定和处置电子文件,并且提供电子文件管理的标准、政策指导和建议。

1993 年,NAA 在世界上第一次提出了富有争议的电子文件分布式归档方法,即分布式保管(distributed custody)。NAA 认为,传统的保管方式已不适合于电子文件保存。传统的档案工作通过文件被积累与利用的最初顺序保存载体,从而保存档案的主要特征,包括原始性等。对于电子文件,这种手段达不到长期保管与存取的目的。电子文件是在计算机系统中通过系统内或系统间的交互以及软硬件的交互作用而形成的,其组成部分可以分别存储在不同的特定载体上,其表现形式可以是交互的、动态的。为了让具有交互性和动态性的电子文件长期保存,澳大利亚规定:除个别情况下联邦机构产生的电子文件需送交国家档案馆保存外,大多数电子文件应保存在产生这些文件的联邦机构内。由档案馆对这些电子文件进行登记,并加以控制。联邦机构负责电子文件长期可读,以免档案馆在应付技术淘汰过程中为了迁移这些电子文件而重复购置联邦机构所拥有的硬件与软件,这无论从逻辑上、实践上、经济上来说,都是相当昂贵和不现实的。①

NAA 认为,技术的发展是无法约束的,当电子文件的软硬件环境改变时,电子文件形成机构为了业务活动的正常持续开展,会主动将电子文件转换到新的软硬件环境中。因此,由电子文件形成机构保管电子文件是最现实和最经济的,同时有利于维护电子文件的真实性和长期可读性。分布式

---

① 见刘家真《澳大利亚电子文件管理策略》,《湖南档案》1999 年第 2 期。

保管并非意味着所有的电子文件都不移交档案馆了。NAA 同样规定了必须移交的电子文件,例如形成机构撤销的电子文件、按某些协议需要由档案馆保管的电子文件等。这些电子文件移交时,档案馆必须一例一例地进行审查,NAA 规定了电子文件审查的内容。

1995 年 3 月,NAA 发布手册《管理电子文件——共同的职责》①,明确了政府机构和国家档案馆在电子文件分布式保管环境中的职责。政府机构在其业务系统中行使文件保管的职责,确保有长久保存价值的文件可读。国家馆通过提供方针指南、标准、建议来指导机构建立电子文件管理系统,帮助它们确认元数据要求,与机构合作鉴定、处置电子文件。与之配套的手册《保管电子文件》②涉及电子文件的迁移、监控、灾难恢复、形成并满足保管要求、鉴定、元数据、背景信息要求、存取要求、移交标准,为计算机系统的利用者和管理者提供了如何管理和保存作为机构业务活动凭证的电子文件的实践指南。③

2000 年,NAA 制定了新的电子文件保管政策,国家档案馆将接收并保管所有具有档案价值的电子文件,无论这些电子文件是何种形态。但同时,NAA 并没有彻底否定分布式保管。2006 年 3 月,澳大利亚档案工作者协会(Council of Australasian Archives and Records Authorities, CAARA)发布政策性指导手册《分布式保管模型与政府档案管理》④,对于分布式保管的适用范围、管理模式、管理方法、管理协议乃至档案存储要求进行了说明,供选择分布式保管的业务机构和档案机构参考。

在世界各国的电子文件管理中,澳大利亚的分布式归档保管模式是一种开拓性的探索。电子文件的归档方式有物理归档与逻辑归档两种方式。

---

① NAA. Managing Electronic Records: A Shared Responsibility,1995.

② NAA. Keeping Electronic Records,1995.

③ [澳]Simon Davis《回顾过去展望未来澳大利亚国家档案馆电子文件管理 30 年》,《档案管理》2007 年第 6 期。

④ CAARA. Models for the distributed custodyand management of government archival records. CAARAPolicy15,2006.

物理归档是将电子文件以物理状态集中到档案机构。而逻辑归档是电子文件仍保存在原有机构,档案部门对其进行逻辑控制。逻辑归档在传统纸质条件下是不可能实现的,但在数字环境中可能是电子文件归档的最佳方式。澳大利亚的分布式保管实现的就是电子文件的逻辑归档。NAA 认为,新型的管理对象需要新的管理方法,让电子文件在形成机构的现行系统中进行保存和维护是对其进行良好管理的有效方法。澳大利亚的分布式归档保管模式是打破传统档案管理常规的做法,体现了电子文件管理与传统档案管理的不同之处。

7.4　美国联邦政府:ERA 的中性格式保管模式

美国的档案管理体制也是分散制,中央与地方的档案和档案工作实行分权管理、各负其责的原则。中央对地方的档案机构及其事务没有指导、监督和管理权。全国档案机构间既无上下隶属关系,又无法定的横向联系。本书仅研究和阐述其联邦政府的归档保管模式。

前文第 6 章第 2 节"案例:美国一场删除电子邮件的官司"提到:90 年代 NARA 和国家档案馆涉及电子文件的官司很多,还因处理电子文件的速度迟缓而受到了"藐视法庭"的警告。现实需求的压力促使 NARA 必须确立行之有效的电子文件管理模式。它自 2000 年起决定建立一个自动化程度很高的集成系统,在提供数字档案资源利用的同时,管理、维护各种类型的电子文件,保证其真实性、完整性和长期可读性。围绕该系统建设形成电子文件档案馆项目 ERA(electronic records archives)。

2000 年, ERA 项目管理办公室成立,对 ERA 系统需求展开研究;2002年,ERA 系统需求基本完成;2003 年,建设虚拟档案馆实验室,提出 ERA系统设计原型要求;2004 年,选定两家承包商分别进行 ERA 投标设计;2005 年,确定洛克希德·马丁公司为 ERA 项目承包商,美国政府以 3.08亿美元的投资正式启动 ERA;2007 年 9 月,发布第一个 ERA 试用软件,经过广泛的系统测试,第一阶段测试成功;2008年起,美国国家档案馆开始依靠ERA系统存储永久保存的电子档案;2012年开始,美国所有的联邦政府机构都被要求使用ERA系统来管理、传送政府文件。

ERA建立起电子文件管理综合系统。其目的不仅要确保美国联邦政府的电子文件真实可靠,而且还要持续可用。为了实现电子文件长期保管,ERA倡导以全宗为基础的持续目标保存方案,其研究特点是将电子文件的关注由以往的技术层面转到需要保管的目标上。ERA的保管目标包括五个方面:一是系统层面的长期可存取。ERA客观评价各种电子文件保存技术,把注意力放到电子文件这一客体目标上。运用ISO国际标准OAIS(参见第8章第2.5节"封装")模型,使档案信息系统中使用的任何软硬件成分都可以替换,而不会影响到系统的其他部分,更不会影响到所保管的文件整体。在保存文件中明确列出重要参考资料,同时尽可能多地保存用于加工和处理原始文件的软件和工作流程。二是技术层面的长期可存取。进行文件备份,实现异地存储。使用非专有技术,防止文件被个别软件提供商控制。全面而谨慎地自行设计和开发系统。实现系统之间的功能互补,防止软件出现漏洞。三是确保电子文件安全。采取有效措施防止恶意破坏、自然灾害、病毒侵入、操作失误、硬件毁坏带来的风险。四是确保电子文件载体稳定。从经济性、效用性和持久性角度考虑合适的载体类型,考虑不同的存储方案,比较不同技术的成本、复杂性、功能和可靠性。五是确保系统的远程访问。使用户无论在任何时间、任何地方、使用任何技术,都可以快速、安全、方便地利用ERA系统内的资源。

图7-1形象地显示了ERA的电子文件保存模式:它是依据事先制定好的元数据方案,将电子文件的内容信息、结构信息提取出来,适当捕获电子文件外形特征、处理过程等背景信息,而后将电子文件、其内容信息、背景信息、结构信息嵌入到一个正式的模型当中。ERA系统模型均是依循OAIS参考模型制定的,这些模型提供各种类型电子文件保存的架构,藉此将电子文件信息汇入ERA系统进行保存和管理,对文件、数据库、图形图像、影像等各种数字对象进行检验,并传送给系统外部的使用者应用。目

前,ERA 系统模型用 XML 语言定义说明,外形特征用 XSSL 语言加以界定。这样,电子文件基于模型中的元数据进行了封装,转化为独立于任何特定技术之外的中性格式。

这种将电子文件转化为中性格式的保管模式既能长久保存电子文件,又可以利用未来更加先进的技术对电子文件进行管理、检索、利用和传递。中性格式的电子文件利用与其最初生成和保存完全不同的技术(例如当前使用的是与 XML 配套的 XSSL)检索和再现。ERA 系统的中性格式保管模式让信息内容尽可能不受科技的变迁而有所遗失。

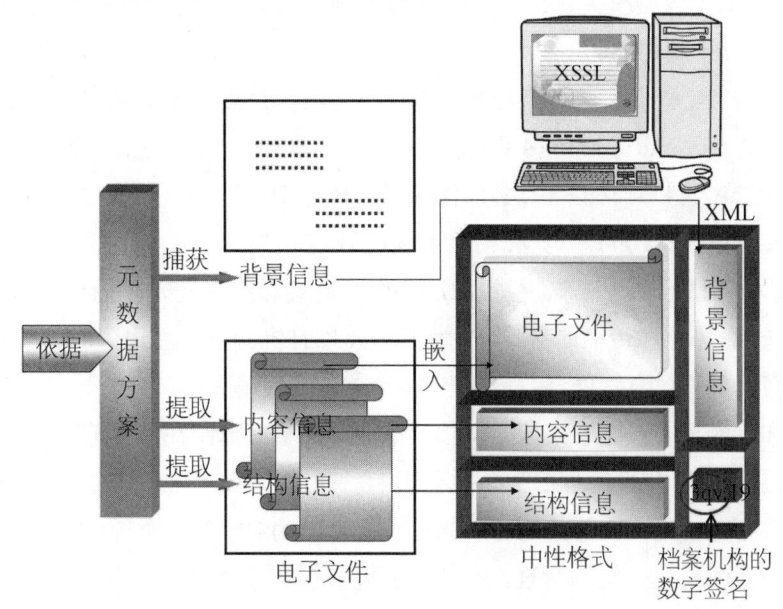

图 7‑1 ERA 的中性格式保管模式示意图

基于中性格式保管模式之上,ERA 成为未来档案馆。它是美国第一个全面管理电子文件的系统,能捕获并保存联邦政府产生的各种类型、格式的电子文件,独立于形成时的任何软件环境与硬件平台,为具有合法权利的政府部门及公众在任何地点、任何时间提供电子文件信息的查询与利用。它能够跨越时空,持续保存和利用真实可靠的电子文件。

7.5 加拿大联邦政府:国家文化与历史遗产管理体系

加拿大的档案管理体制也是分散制,没有全国统一的档案事业行政管理中心,只有联邦政府在中央一级设立的国家档案馆。各省和各地区自行决定是否设立档案馆,国家档案馆对各省、市、镇档案馆没有业务指导和监督权,分属于政府机关、公司企业、宗教团体或各类科研机构的档案馆也各不统辖、互不制约。

2004年,加拿大国家档案馆与国家图书馆合并成为加拿大国家图书档案馆(Library and Archives Canada, LAC),开启了该国档案管理的新局面。《加拿大图书与档案馆法》以法律形式确定LAC具有以下职能:保管加拿大文献遗产;成为有历史和档案价值的政府和内阁部长文件的永久保存地;成为知识获取的来源,促进加拿大文化、社会和经济发展;便于加拿大知识的获取、保存和传播的合作;作为加拿大政府机构持续性记忆的源泉;促进政府机构的信息管理,信息管理的重点是文件管理。

加拿大将国家图书馆与国家档案馆合并的管理体制在世界范围内属于首例,它对电子文件管理产生了重要影响。在这种管理体制下,联邦政府电子文件与电子出版物等其他类别的电子信息作为数字信息资源而被纳入统一的管理体系实施统一管理。《加拿大图书档案馆法》将文献遗产定义为"和加拿大有关的出版物和文件",将文件定义为"指除出版物之外的任何文献材料,不论其载体或形式",明确地将电子文件纳入了管辖范围①。在这种管理体系下,突出了电子文件作为知识(knowledge)、文化遗产(culture heritage)的属性。加拿大图书与档案馆的电子文件被纳入该国文化、历史遗产的管理体系中进行保存和管理。在管理规范上,LAC制定了统一的数

---

① 见马林青《加拿大联邦政府电子文件管理策略分析》,《档案学研究》2010年第6期。

字政策、指南与工具;在管理流程上,提出了文件与信息生命周期管理 (records and information life cycle management);在系统实现上,建立了 TDR(trusted digital repository,可信数字仓储)以实现对数字资产的集中保管和利用;从服务利用对象和目的来说,各种数字资源服务于政府高效运作、加拿大多元文化和国家记忆。[①]

7.6 启示:我国电子文件归档和保管模式的未来发展

结合我国电子文件管理现状与国外经验,我国电子文件归档和保管模式的未来发展要注意以下五个方面。

7.6.1 单套归档是大势所趋

与国外实践相比,我国电子文件双套归档的模式趋于保守。在这个归档和保管模式下,前端文件形成和办理机构对电子文件归档普遍难于给予足够的重视,电子文件归档显得可有可无。许多电子文件形成者或囿于传统观念误认为电子文件不需归档,或怕增加工作量而不愿承担此项工作,或由于不熟悉操作技术而对电子文件归档产生畏难情绪。长此以往,我国电子文件管理的技术与观念将极大地落后于时代发展。

7.6.2 中央一级要有既定的保管模式

从实践建设看,无论是美国的 ERA 还是澳大利亚的分布式保管,都已

---

① 见冯惠玲、刘越男《电子文件管理国家战略》,中国人民大学出版社 2011 年版,第 135、143 页。

上升成为国家中央一级的既定保管模式,确定了整个国家电子文件管理的宏观方向。我国在双套制的模式下,关于电子文件管理的研究多数是从研究机构的实际需求出发而进行的自发性研究,研究成果不具备普遍性、指导性和实践推广价值,没有一项上升为国家保管模式。

7.6.3 要明确电子文件管理需求标准

不同于我国集中制的档案管理体制,许多欧美国家的文档管理体制多是形式各异的分散制,中央政府、地方政府、机构、组织、公司、团体……各单位很难就管理本身达成什么一致,而且其各类机构信息技术应用相对较早,都形成了各自的应用模式,很难进行统一管理。其电子文件管理经验都是由国家或行业先行从法律、法规、政策、标准上进行规范和引领。由于文件管理法制化观念深入人心,所以其以前的文件管理和现在的电子文件管理都是靠法规标准来明确文件或文件管理的地位,保证管理的执行力,制定强制性的标准,建立起相关的公共信息服务资源目录体系框架。美国军用标准《电子文件管理软件应用设计评测标准》、加拿大的《加拿大政府信息管理框架》《统一电子证据法》等都是其中的典型代表。在这些法律、政策、标准和框架之下,具体管理方法因机构而异,只要满足了标准和框架中规定的信息存储和交换要求即可。

相比较而言,我国在电子文件管理需求方面的法律、法规、政策、标准制定明显滞后,存在着许多空白点,无论从数量上还是质量上看建设力度都远远不够,标准化没有形成足够的规模。需求标准化是跨平台、跨部门电子文件交换的基础,是信息共享、业务协同、互联互通的基础,也是消灭"信息孤岛"和"信息烟囱",避免文档管理系统低水平重复开发的必然选择。

7.6.4 要以付诸实践为主要目标

ERA项目的最终成果不是理论研究、不是策略报告,而是具体可运行、操作和对电子文件进行有效管理的电子文件管理系统。该系统将美国联邦政府机关、国会、法院等各部门产生的各种类型和各种格式的电子文件,独立于原形成时的任何软件环境与硬件平台进行管理和保存,并为具有合法权利的政府部门及公众提供便捷、有效、实时、在线的利用服务。① 从 ERA 可以看出,国外的电子文件管理项目具有很强的实践性和操作性,最终能够在国家电子文件管理需求框架下满足一个或几个机构范围内保证电子文件原始可靠和长期可读的要求。我国同类项目研究缺乏统筹规划、相互合作和资源共享,研究成果具体指导实践并在实践中广泛推广和应用的很少。

7.6.5　要结合国情解决电子文件管理核心问题

前文第 3 章第 5 节“问题的研究和解决:新世纪的一场革命”中提到:法律地位问题和长期保管问题是电子文件管理的两大核心问题。国外电子文件归档和保管模式为我国进行电子文件管理提供了思路,让我们明确必须以解决两大核心问题为目标。世界各国国家制度和政治体制的巨大差别,决定了每个国家都有各自的文件处理方式,电子文件管理也各具特性。澳大利亚的分布式保管方法提示我们,在数字时代的文件与档案管理要改变乃至颠覆以往许多传统观念和方法。我们研究电子文件管理的核心问题,不仅要吸取国外的经验和理念,还要结合国情,真正解决我国电子文件管理的核心问题,将具有原始性的电子文件单套长久保存。

---

① National Archives and Records Administration, Building the Archives of the Future: The Electronic Records Archives(ERA)Program, http://www.archives.gov/era,检索日期 2012 年 1 月 5 日。

8　新的策略

策略是指电子文件的长期保存策略。新的策略致力于解决电子文件长期保管的可用性问题,即可以查找、检索、呈现或理解。

8.1　引子:保存人类文明档案的诺克斯地堡

前文第 3 章第 5 节"问题的研究和解决:新世纪的一场革命"中提到:长期保管问题是电子文件管理的两大核心问题之一。与甲骨档案、金石档案、纸质文件相比,电子文件的生命周期相当短暂。"信息老化和衰退的现象每时每刻都在发生,从某种意义上说,我们现在是一边存入资料,一边丢失资料。"① 一般来说,十年前的电子文件今天的计算机技术已经很难处理。

为了确保"我们的数字化文化和科学宝藏可被长期访问",欧盟资助了一项名为"Planets"(preservation and long-term access through networked services,通过网络服务进行长期数据保存和获取)的科学项目。执行该项目的科学家在冰雪覆盖的瑞士阿尔卑斯山打造了一个名为瑞士诺克斯地堡(Swiss Fort Knox)的设施,用来存放人类文明档案。2010 年,他们将一个

---

① 见张晨《文明"诺亚方舟"正在建造中》,http://news. xkb. com. cn/guoji/2010/0529/66743_3. html,检索日期 2013 年 6 月 3 日。

密封舱放置进瑞士诺克斯地堡的核心部位。密封舱内保存有穿孔卡片、缩微胶片、软盘、磁带、CD、DVD、USB 和蓝光媒介。[①] 这些载体上存放着人类文明的数字资料和阅读器,安装有格式转换工具以及用来打开、浏览和使用这些文件的相应的软件,还不厌其烦地附上了对于这些文件格式、系统、存储载体所使用的编码等的描述和说明,并解释这样的关系如何维系着整个信息技术和认可标准……这些数字资料来源于大英图书馆、荷兰国家图书馆、荷兰国家档案馆、奥地利国家图书馆等欧洲国家级图书馆和档案馆,还包括科隆大学、弗赖堡大学等高等学府。科学家们筛选出迄今为止人类所有可以用数字格式保存的资料,然后进行转录、存储。

诺克斯地堡完全密闭地"深植"在雪山山体内,由两个完全独立的数据中心组成,彼此之间相隔 10 公里,通过最尖端的信息技术和性能最好的计算机连接。地堡防护严密,有能抵抗核打击的 3.5 吨重的大门,通道像迷宫般错综复杂,所有的关口都采用了"面部识别"技术,监控摄像头没有死角,进出物件必须经过扫描,能够防核爆、防辐射、防山崩地裂……连 EMP(由核爆、太阳黑子、导管效应产生的电磁辐射,或光子散射产生的剧烈变化的交变电磁场引起的强电磁脉冲,可让所有电子设备瞬间"哑掉")都能屏蔽掉。无论是地震、洪水、山崩和大火,都不能让这人类文明的火种熄灭。[②] 这些数字资料对于子孙后代来说就是我们今天在档案馆里看到的纸质档案,科学家们希望未来的科研人员能够通过这些数字资料重建作为他们历史的我们的今天。

8.2　内容:保存策略

诺克斯地堡的案例揭示出数字时代信息长期存储的困难以及人类文明

---

① 见唐宁《欧盟在阿尔卑斯山造地堡存放人类文明档案》,http://news. xinhuanet. com/tech/2010 - 05/24/content_13550087. htm,检索日期 2013 年 6 月 3 日。

② 见张晨《文明"诺亚方舟"正在建造中》,http://news. xkb. com. cn/guoji/2010/0529/66743_3. html,检索日期 2013 年 6 月 3 日。

的易逝。长期保存电子文件不仅仅是保存电子文件本身,使其持续可读,还应该保存理解电子文件信息类型、结构、格式的方法,这就涉及电子文件长期保存策略。目前的策略一般包括如下七种。

8.2.1　刷新(Refreshing)

刷新是指将电子文件信息拷贝到新的介质上,保持其精确的位串。前文所述备份(参见第 5 章第 5 节"备份技术:存储管理技术之一")的实质也是一种刷新。刷新是针对电子文件载体磨损或老化而采用的保存策略,保护电子文件本身不受存储介质质量恶化的影响,保证电子文件信息不因载体的损坏或遗失而丢失。

由于数字载体的寿命都比较短,在电子文件保管过程中必须定期对其进行刷新,每过几年将数据转移到新的存储介质上。例如当 5 英寸软盘被淘汰时,将其电子文件复制到 3.5 英寸软盘或硬盘上。刷新在电子文件长期保存方面存在不足[①]:一是其保护程度是有限的,只有在相应的软、硬件未过时或存在的情况下,刷新才能维护电子文件的存取;二是刷新不对信息的结构特性、元数据与展示能力进行维护,不能满足对信息的检索要求;三是受兼容性与互操作性限制,刷新不能对所有的电子文件进行维护。

8.2.2　迁移(Migration)

迁移也称移植,是持续地、周期性地以保持语义层内容的形式将源系统中的电子文件向目标系统进行转移存储。

由于计算机软硬件技术处于不断更新之中,当计算机运行的软硬件环境发生改变时,电子文件应当从过时系统中移到当前的软硬件环境中,使其保持可存取性与可读性。迁移正是持续地将电子文件从旧的软硬件环境转换到新的计算环境中。它是一种随着技术变化适时改变电子文件格式的处

①　见刘家真《电子文件管理导论》,武汉大学出版社 1999 年版,第 217 页。

理过程,用于在不断变迁的新科技中保证当前存储的电子文件总能被当前系统检索、读取。当电子文件的格式、协议、数据变得不可识别或不可处理时,就要对它进行迁移。将它从一种技术环境转换到另一种技术环境,从已淘汰的技术迁移到新一代技术上,将对软件依赖性强的格式迁移到对软件依赖程度低的通用格式上。

1994 年底,美国为研究数字档案信息的保存问题成立了一个数字信息存档特别工作小组。该小组 1995 年的工作报告中,首次从法律、经济、管理、技术的角度对数字档案信息的保存问题进行了全面论述。报告中第一次清楚地阐述了刷新与迁移的区别,并建议将迁移作为数字信息长期保管的基本技术。目前迁移已经被广泛使用,主流观点认为迁移是对付技术过时的最佳良策,各国专家学者大多推荐迁移技术作为电子文件长期保存的有效选择。

几十年来,迁移是美国数据处理中的标准操作。例如美国社会安全管理委员会的计算机中记录了所有工人工资所得税的情况。随着计算机硬件系统的替换和软件系统的更新,这些数据从一台计算机迁移到另一台计算机,从一个数据库迁移到另一个数据库。[①] 迁移的基本原则是数据的格式和结构可以改变,但是内容中蕴含的语义不变。

迁移时需要进行鉴定,考量受损对于电子文件价值的影响。美国数字图书馆联盟指出执行迁移必须对被迁移的数据有很好的了解。这句话说明档案工作者要做这项工作必须量力而行。

迁移技术适合应用于与软件无关的文本文件格式或简单、通用的平面文件格式。迁移中并不要求绝对保持电子文件的原貌,而主要是保存其内容和内容关系。[②] 迁移也存在一些不足,例如:迁移过程中电子文件可能因为格式转换而导致内容丧失,而目前没有具体方法确认遗失的内容;迁移过程中电子文件的错漏会被繁殖,而无法确保正确迁移,目前尚无法制订可容许的失真程度;迁移可能使电子文件失去原来的表现形式和固有的特性,降

---

①　[美]William Y. Arms《数字图书馆》,施伯乐等译,电子工业出版社 2001 年版,第 182 - 183 页。

②　见裴喜英《数字信息长期保存策略分析》,《云南档案》2012 年第 9 期。

低其保存与使用价值;压缩、加密、加签的电子文件迁移难度大;迁移需要投入人力、物力与时间,工作量较大;迁移需要反复进行,因为新的格式不停涌现;迁移费用昂贵;迁移时机不好把握。

8.2.3 仿真(Emulation)

仿真是用一个计算机系统去模仿另一个计算机系统的软硬件环境,一般是用新的系统实现过时的系统的功能,以维护旧系统的电子文件的可用性。仿真的思想在于对一个需要执行的程序给出其计算环境的详尽说明,以便将来可以建立一个仿真器来代替原来的计算环境。仿真器是新旧计算机系统之间的中间程序,它在新计算机系统上虚拟实现原来的数据、设备和系统的运转。

从技术实现手段来看,仿真的实现分为三个层次:应用程序仿真、操作系统仿真、硬件平台仿真。其中硬件平台的仿真比应用程序仿真和操作系统仿真两类软件仿真容易,因为硬件的平台数量相较于软件的数量少很多,详细记载硬件的规格比记载软件简单。

数字时代仿真策略正越来越受到业界的关注和推崇。仿真聚焦于重现电子文件原始的生存环境以读取原始的电子文件。与迁移策略比较,仿真策略并不需要改变电子文件的格式,是一种确保电子文件在新的系统环境完整呈现的技术。对于那些不适合迁移的复杂的电子文件,例如 PDF 文档、网站、计算机应用软件、多媒体数据等,可以使用仿真支撑其读取。对于图像格式文件、压缩文件等,仿真也可以重建文件的运行程序。对于多媒体资源,仿真也许是保存它们唯一可行的策略。

仿真的关键在于仿真器的设计与建设。构建仿真器是一件复杂而困难的任务。仿真器所模拟的环境必须配置无误且功能完善,但是,即使是简单的计算环境要详细地描述出来也十分复杂,而且语法、语义和相关规则的精确配合是很难理解的。

目前国际上已有一些仿真项目和系统,例如:IBM 承建的 UVC

(universal virtual computer);印第安纳大学和美国政府印刷办公室(U. S. government printing office)建设的 CIC 软盘仿真项目(CIC floppy disk project);德国图书馆建设的 MMB 系统(multi-media access system);德国弗赖堡大学建设的 VMware 仿真项目;荷兰国家图书馆和荷兰国家档案馆联合实现的 Dioscuri 项目。其中 Dioscuri 项目的主旨是通过仿真技术寻求一种新的数字资源长期保存策略。其具体目标则是通过建立一个持久耐用的仿真器,取代目前普遍使用的 RWS(reference workstation)。如果成功,所有类型的数字资源,尤其是多媒体资源、数据库以及 PDF 格式文件都可以长期地得以利用。Dioscuri 项目 2005 年 4 月开始,于 2008 年 7 月结项,之后该项目被划归到前文所述的 Planets 项目中(参见第 8 章第 1 节"引子:保存人类文明档案的诺克斯地堡"),继续其对仿真策略用于长期保存的研究。①

8.2.4　风干(Dessication)

在保存电子文件时,保存多种格式和系统需要多种技术方法,技术越多,复杂性越大。加利福尼亚数字图书馆的约翰·孔泽博士认为:在数字保存系统中不要加入过多的技术因素,否则数字保存反而会复杂化。如果今天采用最简单的技术对数字信息进行保存,明天才有可能通过最简单的操作来读取和理解被保存的信息。技术当然是数字保存的一个部分,但是如果对技术的依赖性越大,数字保存的风险也就越大。

因此,他提出除了迁移和仿真之外,还需要风干的数字保存方法作为补充保存策略。风干是指对于类似文档的数字对象进行保存时,在保存原始格式的同时应该派生出一个低技术含量的版本进行保存。②

风干适用于电子出版物和网页文件的保存。对于需要同时保存内容、

---

① 见赵永超《基于仿真的数字资源长期保存策略》,《情报探索》2009 年第 1 期。
② 见张智雄《如何长期保存数字资源》,《中国教育网络》2006 年第 4 期。

背景和结构的电子文件来说,风干必须能保证电子文件的完整性,否则其适用范围较为有限。

8.2.5 封装(Encapsulation)

封装作为一种管理策略在计算机领域使用较为广泛。最有代表性的就是计算机通信领域的数据封装。当一台计算机要传送数据信息给另一台计算机时,需要添加一些网络控制信息和数据信息一起发送,在传送的过程中,网络设备会根据控制信息决定如何转发。添加控制信息的操作就是封装。封装就是在数据前面加上特定的协议头部。

封装包括多层数据封装。如图8-1所示,在开放式系统互联参考模型(open system interconnection reference model, OSI)中,网络体系结构的每一层都要依靠下一层提供的服务。为了提供服务,下层把上层的封装结果作为本层的数据,然后加入本层的协议头部(和尾部)再次封装。数据自上而下递交的过程实际上就是不断封装的过程。这个过程如同给数据包封了多层"信封"。数据到达目的地后自下而上递交的过程就是不断拆封的过程。不同的网络,实现的技术各不相同。而数据信息通过封装,可以不受不同技术实现的影响在所有的网络之间正确传递。

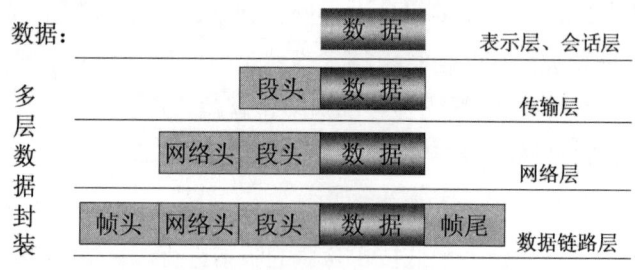

图8-1 计算机通信多层封装示意图

与计算机通信领域的数据封装概念相类似,文档管理领域针对电子文件管理也提出了封装的概念。如前文所述(参见第2章第3.4节"使用:标准制定、系统引用、管理维护"），封装是指将电子文件及其元数据按指定结构打包的过程。封装形成的数据单元称为封装包。封装包的数据结构称为封装格式。在封装过程中，电子文件本身及其内容、结构、背景信息成为数据，封装将这些数据和元数据打包在一个结构规范的信息包中。在封装包中，数据和元数据在逻辑上既是结合的，又是相互独立的。当数据发生变化时，元数据可以记录这些变化，同时元数据本身也可以变化。

在电子文件的封装过程中，信息的组织必须规范有序，不能杂乱无章。否则，信息会变得难以理解，甚至无法解读被封装的信息。因此，电子文件封装要依赖一定的规则来进行规范。对封装行为进行规范最有效的方法是对封装包结构进行预定义，而预定义的最佳手段是建模。如前所述，计算机通信中的数据封装遵循的是开放式系统互联参考模型 OSI。与之相类似，国际上也有了为档案、图书、科技数据信息资源封装而建立的模型——开放档案信息系统参考模型（reference model for an open archival information system, OAIS）。

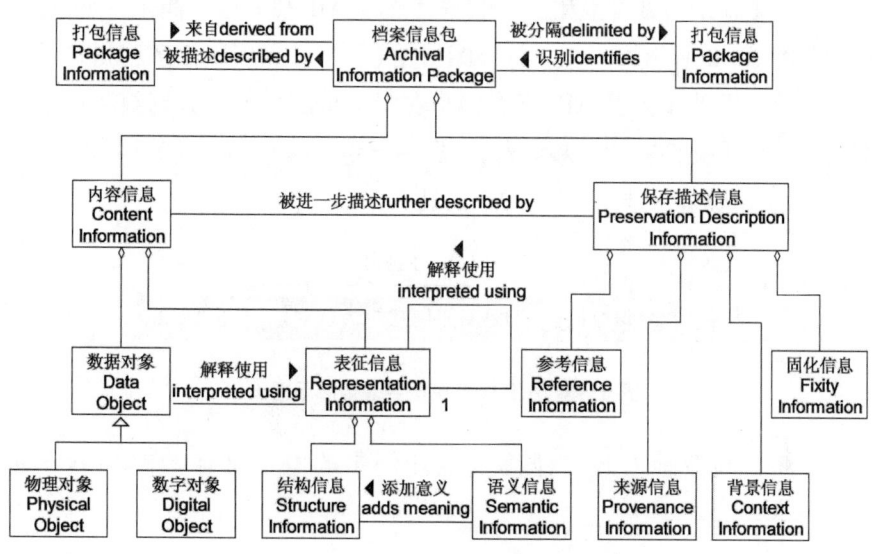

图 8-2 AIP 概念模型图

作为一项国际标准,OAIS 描述了一个档案信息系统存在的环境、系统的功能以及信息基础结构。在系统信息模型中 OAIS 定义了三种信息包:一是提交信息包(submission information package, SIP);二是档案信息包(archival information package, AIP);三是发布信息包(dissemination information package, DIP)。其中 AIP 被设计用于长期保存电子文件,如图 8-2 所示[①],它也是公认的电子文件封装的基础。

在 AIP 概念模型中,封装的核心是数据对象,它包括物理对象和数字对象,电子文件及其信息属于其中的数字对象。除此之外,其他部分都是元数据。元数据包括三个层次:第一层元数据是表征信息。它由结构信息和语义信息组成,语义信息为结构信息添加意义。表征信息用于解释数据对象,通常表现为数字资源内嵌的元数据。数据对象和表征信息共同构成内容信息。第二层元数据是保存描述信息。它由参考信息、来源信息、背景信息、固化信息组成。保存描述信息用于进一步描述内容信息。内容信息和保存描述信息共同构成信息包——被封装对象。第三层元数据是打包信息。它用于记录封装背景和 AIP 自描述。将 AIP 概念模型简化一下,可以得到如图 8-3 所示的内容。将该图与图 8-1"计算机通信多层封装示意图"相比较,可以体会出 AIP 概念模型实际上也属于多层数据封装。多层封装后的电子文件就像一颗洋葱,一层一层包住核心,又像俄罗斯套娃,大娃套中娃,中娃套小娃,小娃套更小的娃娃。

内容信息

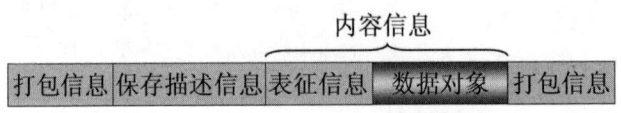

| 打包信息 | 保存描述信息 | 表征信息 | 数据对象 | 打包信息 |

图 8-3　AIP 概念模型封装信息示意图

在澳大利亚地方政府维多利亚州制定的电子文件策略(victorian

---

①　Susan Thomas, Janette Martin. Using the papers of contemporary British politicians as a testbed for the preservation of digital personal archives, http://www.paradigm. ac. uk/projectdocs/papers/paradigm-preprint. html,检索日期 2012 年 1 月 5 日。

electronic records strategy，VERS)中,就依据 OAIS 提出了电子文件层层封装的保存格式,称 VEO 格式(VERS encapsulated object,即 VERS 封装对象格式),它是采用 XML 语言将电子文件及其元数据封装在一起,由此实现电子文件的自我包含、自我描述和自我证明,以保持政府电子文件的法律凭证性以及长期可用性。如图 8-4 所示,VEO 格式包括三个部分:一是以有利于长期保存的格式(如 PDF,Word)编码的内容;二是作为电子文件封装容器并提供元数据的 XML 语言;三是数字签名。当"装"的动作即打包完成后,要在封装包上添加基于公钥的数字签名,由这个签名完成对文件的"封"操作,增加电子文件的完整性和真实性,将电子文件固化下来。所以 VEO 格式可以用下列公式来表达:

VEO＝以可长期保存格式表达的内容＋XML＋数字签名[①]

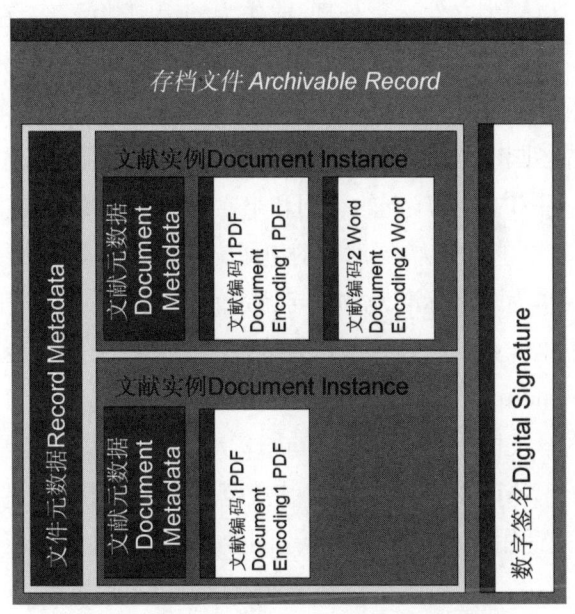

图 8-4　VERS 封装格式 VEO 的封装模型图

---

① 　Howard Quenault. VERS:Building a Digital Record Heritage，http://www.vala. org. au/vala2004/2004pdfs/13Quena. PDF,检索日期 2012 年 1 月 5 日。

目前,封装被许多国家和地方接受成为主要的电子文件管理和保存策略。OAIS 已经成为档案馆、图书馆、科学数据中心和其他文化传承领域数字资源管理普遍遵从的标准规范,AIP 概念模型也成为数字资源封装的经典模型。国际上许多国家的档案机构以 OAIS 和 AIP 概念模型为基础,在电子文件管理中结合本机构所收集和保管的电子文件的特点定义相应的逻辑封装模型。例如前文所述美国 ERA 系统也是基于 OAIS 将电子文件及其内容信息、结构信息、背景信息嵌入到正式的模型中进行封装,转化为独立于任何特定技术之外的中性格式。

封装后形成的封装包是由电子文件及其信息、元数据共同组成的自包含、自描述和自证明的实体。不同系统产生的封装包,只要遵循相同的标准就可以封装成统一的封装包,具有独立于计算机硬件与软件的特性。此后,这种封装包可以作为文件运行处理,或作为档案归档保存。在数字签名的支持下,它很难被非法更改,就算被非法篡改也有迹可循。在相关软件支持下,可以对封装后的电子文件实现全文检索。

当前世界各国的档案机构对电子文件的封装一般都基于 XML,因为 XML 在国际范围内具有广泛的认同和丰富的实践。XML 在表达“数据是什么”方面具有卓越的能力,同时它对电子文件及元数据层次结构的表现具备超强能力。作为国际标准,XML 与特定的软硬件无关。我国台湾《机关档案管理资讯化作业要点》规定,在线签核的公文应采用封装方式办理,以 W3C XML Signature 国际规范处理方式进行电子签名封装储存,完整保留电子档案的内容及描述信息。2009 年 12 月,我国国家档案局发布了档案行业标准《基于 XML 的电子文件封装规范》,规定了电子文件封装的格式和要求,该规范适用于对文本型和静态图像型电子文件的封装。

8.2.6 技术保存(Technology Preservation)

技术保存也称系统保存(system preservation),是指保存过时的软硬件用于过时系统中电子文件的读取,它以电子文件的读取、呈现、处理技术为主要保存对象。

技术保存是一种最简单的方式,通过保存过时或是即将被淘汰的计算机系统维持电子文件的可用性。技术保存的困难在于两个方面:一是成本高,数字技术随着计算机软硬件的快速变化而不断进步,即使只保存部分旧技术,也需要建立起庞大的硬件或软件博物馆,这需要较高的成本和大量的存放空间,会受到经费、空间与技术支持条件等因素的限制与制约;二是过时技术将会面对所保存的软硬件没有人会操作的窘境,或是硬件故障无零件可供更换。

近年来,越来越多的人和机构开始支持这一举措。他们收藏一些过时的磁带、光盘驱动器,收集过时的操作系统,保留一些过时技术的全套软硬件设备,并保持对这些软硬件的操作技能。还有人呼吁,除档案馆外,图书馆、博物馆等公共文化机构以及民间的有心人都可以行动起来,有意识地收藏已经被淘汰的电子文件软硬件并使其保持完好运转的状态,只有全社会形成合力才能充分发挥这些收藏的保存功能,实现各类电子文件的历史、文化价值。

8.2.7　载体转换(Hard Copy)

载体转换也被称为再生性保护技术,是指将电子文件转移到缩微品或纸介质上,不再使用计算机软硬件进行读取。

电子文件通过载体转换生成传统文件。当前纸质、缩微胶片与电子信息存储介质的载体间快速转换设备已经成为许多档案馆的必备,各类数模转换设备技术先进,操作简单。

载体转换的优点是将电子文件作为一个整体加以固化。对于以信息内容的保留为首要目标的文件来说是最佳的可存取策略。该策略能够有效应对电子信息存储介质老化变质的问题,为长期保存电子文件提供方便,避免计算机软硬件技术过时所带来的任何麻烦。随着科技的进步和设备的更新,载体转换技术也取得一些新的突破,例如可以在彩色胶片上制作和保存信息,可以使缩微品记录的仿真量信息很快地进入计算机网络系统,不仅能长期保存而且具有它原有的风格和魅力①。载体转换策略的不足是只适用于可印刷格式等少数几种格式的电子文件,不适用于多数计算机文件,如声音、视频、超链接文件等。

美国社会认为良好的组织都会定期将重要数据存入可长期保存的介质上,例如将财政和法律记录保存到缩微介质上。

8.3　关键:策略的制定与执行

上述刷新、迁移、仿真、风干、封装、技术保存、载体转换等策略,对于电子文件的长期保存都具有积极意义,都具有可行性。目前的关键在于人为制度上,即国家或部门关于电子文件保存策略的制定与执行,通过制定管理标准、规范确定文件与档案机构长期保存电子文件的方法、领域和范围,确保文件与档案机构等有计划执行电子文件长期保存策略。没有法令、制度、标准规范的支持,电子文件的长期保存将难以实现。

2010年有研究者对全国46个省级和副省级档案馆的电子文件归档情况进行调查,有26个已经接收电子文件。其中17个(65.4%)将电子文件转换为通用格式或适于长期保存的格式,14个(53.8%)定期对不同介质、格式等内容进行可读性检查,13个(50%)对保存的电子文件进行刷新,7个(26.9%)对主要电子文件进行技术保存,全部采用上述四种保存策略的只有1个,有9个(34.6%)同时开展刷新与可读性检查两项工作。②

任何的电子文件长期保存策略都需要定期执行。在许多商业文件与档案的保管中,基于利益驱使,有一批人被雇用来定期进行刷新、备份、迁移、

---

① 见裴喜英《数字信息长期保存策略分析》,《云南档案》2012年第9期。

② 见刘越男、杨程婕、熊瑶、张喜波《我国省级、副省级档案馆电子文件移交进馆及管理情况调查分析》,《档案学通讯》2011年第4期。

载体转换等操作,并同时负责保障数据安全,以保证商业电子文件具有长期可用性。这些商业文件的拥有者并非有意识地要完整保存电子文件资源,而是按照市场需求来开展业务活动。

相较于商业文件而言,许多具有重要文化、历史价值的电子文件没能得以长期保存。整个社会必须建立健全国家和社会电子文件保存体系,设立或指定各级图书馆、档案馆、博物馆、科研院所等专门的技术、文化机构来执行电子文件长期保存策略。需要有政策制度确保文件与档案机构有计划地执行刷新、备份、迁移、载体转换过程并将其纳入日常管理工作当中。

尽管目前有了一些初步的研究并制定了一些标准,但电子文件长期保存所面临的问题还很多。为了将来的"数字考古学家"能够找回今天的电子文件的真实情况,当前的文件与档案管理必须做一些有益的工作。一些简单的策略有可能带来较大的改善。例如按当前广泛采用的格式存储信息,以便将来当这种格式失效后,能够提高找到程序、完成格式转换的可能性。此外,制定和执行备份策略、完善管理制度都有利于电子文件的长期有效保存。

9 新的流程

文件的形成和处理一般都不仅限于一个机构内部,而是需要多个机构和部门协作完成,因而文件需要在机构内部、机构之间以及文件机构与档案机构之间进行传输、交换与交流,电子文件亦是如此。电子文件在机构内部与机构之间进行传输、交换与交流的处理过程产生了电子文件流程的概念。

流程(process)是为了完成某一目标而进行的一系列逻辑相关的活动①。电子文件流程是电子文件从生成到归档,按照标准的、统一的文件交换与共享机制和定义好的规则,在各部门之间逐级审批、传递,从而完成办理目标和管理目标的流转过程。电子文件流程与传统纸质文件流程最大的区别在于电子文件可以完全通过网络传输,从而突破时间与地域的限制,实现发文、收文、归档、移交等事务办理的无纸化。

无纸化的电子文件流程引发电子文件管理的变革。在国际档案理事会电子文件委员会对电子文件生命周期划分的设计、形成和维护三个基本阶段中,明确电子文件管理流程是设计阶段的重要内容。明确电子文件管理流程就是明确流程中电子文件的形式、内容、结构、文件格式、文件失效的可能性等,确定电子文件的归档范围、归档时机、归档方式和归档要求,明确保

---

① [美]James T. C. Teng《流程再造——理论、方法和技术》,梅绍祖译,清华大学出版社 2004 年版,第 28 页。

存电子文件所依靠的技术,落实保障电子文件真实性、可靠性、完整性、可用性的具体措施。通过明确电子文件管理流程,实现档案管理的前端控制。控制的手段是对电子文件流程进行管控和记录,构建起从文件形成到文件作为档案保存和利用的管理过程中连贯一体的管理模式,并在该模式中充分考虑并满足电子文件作为档案留存到未来的需求。

9.1 传统文档流程:内容与问题

我国传统文档流程的发展可以划分为两个阶段:手工管理阶段和系统管理阶段。

在手工管理阶段,管理对象是纸质文件,流程被分割成发文办理、收文办理和档案管理三个模块。手工管理阶段的文档流程受空间位置影响具有封闭性,发文办理、收文办理、档案管理的实现均囿于某一机构内部。每个机构均从本机构的文件管理视角出发,进行发文办理、收文办理和鉴定归档。档案管理则在某一档案机构内部实现。机构之间以纸质载体的手工交接方式,通过传统的物流传送渠道实现文件的传递和档案的移交。无论从整体上还是从机构内部看,文档流程基本呈现前后依次进行的顺序关系。从一个机构内部看,文档流程相对独立,结构单一,比较稳定。

20 世纪 80 年代末 90 年代初开始办公自动化,应用各类系统完成对电子文件及其流程的管理。此时,以办公自动化系统为主的各类文档管理系统的设计和开发基本上沿袭了手工管理阶段的文档流程。文件或档案人员描述的是传统手工管理的流程需求,软件编制人员根据这些需求开发软件,没有人质疑传统手工管理流程是否合理、是否必要。没有重新考虑并且优化文档流程,使之适应电子文件的特点和信息化需求。

上述传统文档流程中存在的问题可以归纳为如下三个方面。

9.1.1　功能分散

在以往强调职能分工的行政体系下,集合性的文档流程被分割成简单的、专门化的任务,即分为收文办理、发文办理、档案管理三个模块。这种划分是合理的,许多现代管理思想也提倡将一项大的工作分解成若干良好的任务。但是,由于条件所限,这种划分存在一大缺点,那就是文件传输流程独立于三大模块之外,而三个模块的实现又是囿于某一机构内部。这样,文件从一个部门转到另一个部门、从一个机构转到另一个机构的流程中增加了交接环节和复杂程度,各个模块之间相对独立,缺乏衔接,集成化程度低,本应完整的文档流程变得分散。

分散的文档流程造成了如下一些影响或是后果:一是局部文件处理与公共目标之间存在矛盾。局部文件处理工作往往以维护部门利益或达到上级领导满意为工作标准,忽略了对整个流程负责以及为服务对象的实际需求着想。在文档管理系统开发中,类似矛盾同样存在。系统主要关注机构内部的局部情况,关注于机构内部管理模块的实现,忽略了机构间文件传输过程、归档过程的自动化,忽略了文档流程的整体性。二是模块划分相对独立,无法协同工作,这决定了对应于每一模块必须有相应的组织机构完成其功能。模块功能划分越细,流程链条越长,组织规模越膨胀。三是重复劳动多,信息不能共享。同样的文件,在收、发文部门分别登记,在每一个交接环节都需要重复登记。

9.1.2　相对封闭

传统文档流程受地理位置和人力资源分配影响被分割在多个机构和部门,有明确的组织界限。各机构和部门只对自己的工作负责,无人对整体流程负责,造成文件流转效率低下,反应迟缓,整体机能退化。由于文件涉及的机构众多,各机构对于文件管理随意性强,规范程度较低。虽然制定了一些管理方法,开发了很多系统,但在文件的具体处理上,不同的部门自行其是,造成文件管理失范。流程依据本单位情况相对固化,系统灵活性、共享性和普适性较差。

这种封闭性使得文档管理系统的建设与发展缺乏统一规划,没有提出明确统一的发展目标。所以,虽然目前我国文档管理系统开发技术相对成熟,应用也比较普遍,但所开发的系统针对性很强,极具个性,无通用标准,互不兼容。各级各类机构在文件与档案管理中职能分割、各自为政、互相独立、自成体系,系统标准各不相同,业务内容单调重复。这些系统具有较强的实用性,但从总体上看投资费用大,运行维护成本高,跨平台性和可移植性较差,缺乏接口。全国各地方、各部门的文档管理系统由于体制不顺、衔接不畅、政出多门、各行其是,跨地区、跨部门的综合应用项目少,重复开发、重复建设问题严重。

9.1.3　文档分治

前文论述了我国文档分治的管理体制(参见第 3 章第 3.1 节"体制束缚")。由于文件管理和档案管理的业务主体不同,对文件的关注点不同,文档分治造成了文件管理和档案管理在业务工作上的脱节和重复,管理标准体系不同,信息化成果互不兼容……我国多数文档管理系统开发过程中没有认识到体制对电子文件管理的束缚,仍旧习惯性地沿用了传统体制下的管理思路,将部门之间的界限首先划分清楚,从而不可避免地导致了文件管理与档案管理之间信息割据的局面。

文档分治产生的最严重后果,是文件管理系统中产生和保存的无纸化电子文件归档后进入档案管理阶段时,由于没有相应地进行全过程踪迹保全,达不到档案管理要求而不具备长久保存价值。当前绝大多数办公自动化系统的文件管理往往把档案管理需求排斥在外,所谓的"归档"只是在系统中对文件置一个归档标记,所谓的"档案管理"只是对置了"归档"标记的文件信息进行检索,没有真正顾及数字时代的档案管理需求。系统不能提供电子文件归档所必要的背景信息、相关数据以及软硬件环境说明,保证文件真实、完整和长期可读的要求无法实现,大部分电子文件得不到科学管理。由于归档功能弱化,当前许多办公自动化系统等文件管理系统中所保存的、而且应该长久留存的电子文件再过若干年将不再具备保存价值。文件管理系统对于电子文件的归档、长期保存与利用,尚未给予密切的关注、足够的重视和充分的考虑。

9.2　电子文件流程:变革与重构

文档管理系统的广泛应用,掀开了文件制作与处理的新篇章:原本费时费力的纸质文件传输变为迅捷的网络传输;原本浩如烟海的纸质文件查找变为快速的计算机检索,甚至可以直接检索文件内容。电子文件的传输、存储、检索、复制等具有纸张无法比拟的优越性,因而其管理流程、数据、功能都有可能发生不同于纸质文件管理方法的改变。可是,迄今为止,我国的文档管理系统没有打破以往文档分治的管理框架,没有对整体流程进行系统分析和科学整合。当前缺乏专门针对电子文件流程开展的研究,研究中缺乏从全局性、整体性角度对电子文件流程全程进行的根本性思考,系统实践中缺乏相应的行政理念重塑和对管理模式的价值追问。

造成这种局面的关键原因,是对数字时代文档流程已经出现和可能出现的新特点、新变化认识不够,对电子文件流程与传统文档流程的分析和研究不够,对文件生命周期的整体流程从全程管理角度思考得不够。

针对当前电子文件流程理论研究滞后于信息技术的发展和软件系统的应用、文档管理系统开发停留在政治导向、技术驱动、经验型的、一体化程度低的状态的情况,需要重新考虑并且优化电子文件流程,使之适应电子文件的特点和信息化需求。应本着更科学、更合理、更有效的原则对电子文件流程进行变革,实现"业务流程重构"(business process reengineering, BPR)。

传输方式的不同是电子文件流程与传统文档流程之间本质性的不同，其他许多不同点都是基于这一点衍生出来的。无纸化的电子文件应该可以通过网络实时归档，其草拟、传输、办理、归档、鉴定、整理、保管以及利用均可通过网络进行。电子文件流程通过网络联系起来，突破空间、地域和部门分隔的制约。此时，有必要而且有可能从整体上来考虑电子文件流程，使其形成一个大的、虚拟的联合体，实现全程的协调统一。在这个联合体内，组织界限变得模糊。对传统文档流程进行精简、优化、整合、重组后实现的电子文件流程，可以做到标准化和规范化，可以改变传统流程中需要多道转手、耗费交接时间、占用过多人力、致使公众办事不便的情况，消除不必要的中间环节，在计算机网络和信息技术支持下完成原来的工作，提高信息共享程度，提高流程效率。

电子文件流程变革是对全部文档管理活动进行彻底思考、系统分析和科学整合。不再拘泥于传统的细节和局部，而是将文件"从生到死""从头到尾"的整个流转过程全面而又系统地管理起来。它强调过程控制的整体化，要求打破固有的工作模式，实现协同办公。这种变革是涉及文件管理、档案管理乃至行政管理体制的重大变革，电子文件的管理由传统的以职能为中心的管理模式向现代的以流程为中心的管理模式变革，实现电子文件的全程管理。

电子文件流程变革要全面反映文档管理过程中信息处理以及信息流向的处理，描述电子文件流转中的数据流和控制流，明确过程中的管理要素，分析流程各阶段管理功能，从考虑档案管理的专业需求出发，梳理整个电子文件流程，将保障电子文件真实性、可靠性、完整性、可用性的实现条件融入电子文件生命周期各个阶段的管理当中，把需要和可能在文件形成阶段实现或部分实现的管理功能尽量在同一阶段实现，并由档案机构对整个文件流程进行监督，严格控制电子文件质量。由此摆脱双套制，实现电子文件单套归档，保证电子文件的原始性、行政有效性和法律凭证性。

目前，国内外法律界在电子文件的证据能力问题上，开始关注和重视文件流程。例如加拿大国家证据法中判定电子文件能否成为证据有两条原则:一是"要在正常而原始的业务流程中形成的文件"才能被采纳;二是证据的价值要依据"文件形成的环境"来决定。流程的确定对于保证和实现电子文件真实可靠具有决定性意义,决定其是否真实可信、可资为凭。

9.3 国家整体流程:保存即归档

基于以往文档分治基础的电子文件管理一直没有很好地解决国家整体流程问题。要真正实现无纸化办公和电子文件归档后的长期保存,必须设计完全网络化条件下的电子文件流程。依据电子文件的特点,对电子文件管理进行全面的思考,改进其传递的方法和手段。从整体上进行适合电子文件传递的传输流程的设计,通过传输流程将收文管理、发文管理、档案管理模块紧密结合为一个整体。流程应突破机构限制,不再是封闭于一个机构内部,而应在横向和比值上覆盖整体,适合更大范围的组织机构,实现对传统文档流程的超越。

2010 年 7 月结项的国家哲学和社会科学基金档案学项目"电子政务环境下电子文件流程分析与设计"[①](以下简称"流程设计")对电子公文流程进行有效的抽象,从整体和全局上设计了一个适合我国国情的、满足全程管理需求的流程模型——"保存即归档"模式,该模型可以为我国国家整体电子文件管理流程的确立提供参考和借鉴。

9.3.1 流程描述

"保存即归档"模式如图 9-1 所示。对于电子文件来说,最适合其生命周期规律的流程应该是在其发文流程结束后,即刻通过网络存入国家指定

① 见赵屹《电子政务环境下电子文件流程分析与设计》,军事科学出版社 2009 年版。

的文件与档案管理机构,保存文件的同时也根据既定的元数据体系保存相关的背景信息,而后收文单位通过网络从该机构收取文件,在相关法律规范支持下,该机构就可以开始控制和管理电子文件及其信息,跟踪与监控文件收文办理过程,并在收文流程结束后,接收和保存收文办理过程中形成的背景信息。这其中国家指定文件与档案管理机构,在"流程设计"项目中称其为公文中心,为了方便理解,本书将其改为文档中心。

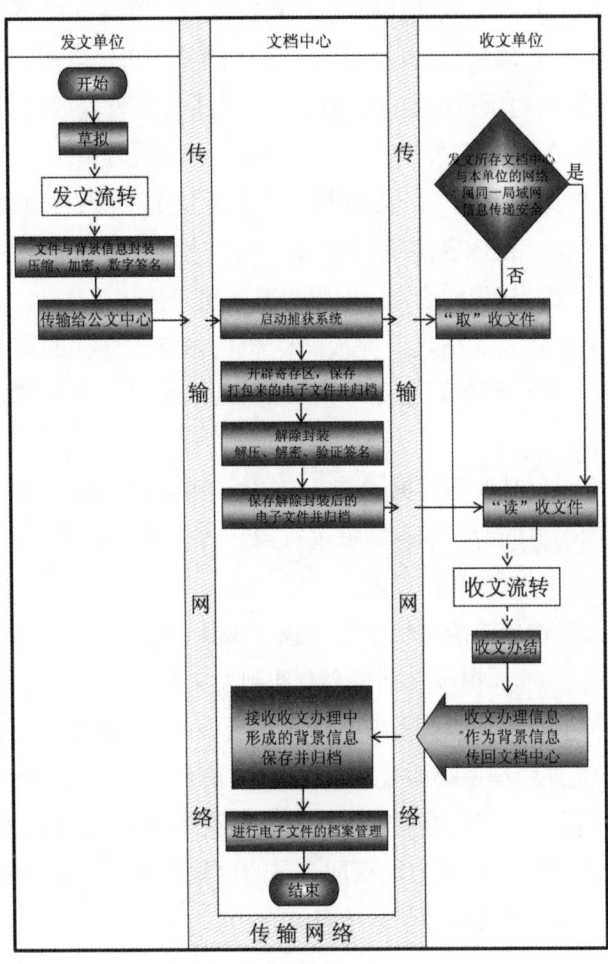

图 9-1　"保存即归档"模式示意图

"保存即归档"模式实现了电子文件的全程管理,其管理过程如下:

(1) 发文单位草拟文件。职能部门的电子文件草拟者草拟文件,根据预先制定的保管期限表,确定文件的保管期限和到期时间。这个保管期限表的制定,是由发文机构在文档中心的指导下,根据本单位涉及文件类型制定的。科学的保管期限应该分为定期与永久。定期的从 20 天,到 1 月,到数月,到 1 年,到数年,到数十年,最高不超过 100 年。确定了生成的电子文件的保管期限,也等于对这份电子文件进行了价值鉴定,这个价值鉴定是职能鉴定与内容鉴定的结合,也是对电子文件的第一价值与第二价值综合衡量的结果。这样,对于一份电子文件,在其生成初期就完成价值鉴定工作。此时确定的保管期限,在发文机关内流转时,可以进行更改,一旦文件上传到文档中心,就确定下来了。文档中心以后对这份电子文件进行的管理,所进行的鉴定不再涉及内容鉴定,而是进行完整性鉴定、可读性鉴定、病毒检测、介质状况检测、是否到达销毁时限等技术鉴定。

(2) 发文单位发文流转。完成一个机构内电子文件的审核、签发、复核、校对、用印(电子印章)、登记等发文流程,以本机关名义制发一份电子文件。

(3) 发文单位文件与数据封装。使用相应的技术将电子文件及其在发文办理过程中形成的背景信息数据进行封装,使文件和数据相联系,并对封装文件进行压缩、加密、数字签名。

(4) 发文单位传输给文档中心。执行文件的传输发送,将登记完毕的文件上传给文档中心,提示文档中心有新到发文。

(5) 文档中心启动捕获系统。如果需要,一旦一份新的电子文件被存入,网络电子文件管理系统即被触发,启动捕获系统。通过网络跟踪收文单位处理全过程并自动捕获有关背景信息。捕获是根据预先制定的规则和元数据体系,从收文办理过程自动获取数据的过程。如果网络条件不允许,则等待收文单位传回办文处理背景信息。

(6) 文档中心开辟寄存区,保存打包来的电子文件并归档。在文档中心的文件服务器上为新接收的文件指定和开辟寄存区,将文件保存在该区域。此时归档的文件是未解密、未解压、未验证数字签名的打包文件。同时对其进行整理,将其归入所属的全宗、类别和案卷,建立文件间有机联系。这种保存亦即归档,同时进行整理,"流程设计"项目称之为"保存即归档",传统的归档环节提前。

(7) 文档中心解除封装,解压、解密、验证签名。

(8) 文档中心保存解除封装后的电子文件并归档。在文档中心文件服务器上已开辟的寄存区处,将解密、解压、验证好签名的文件进行保存。这是"保存即归档"的第二个环节。这样,对于同一份电子文件,在文档中心既存有打包文件,也存有解密解压后的文件。此时,保存下来的文件包括三类信息:一是打包的、用于传输的电子文件;二是解密解压后的电子文件自身;三是解密解压后得到的电子文件发文过程中形成的背景信息。

(9) 收文单位判断发文所存文档中心与本单位的网络是否属同一局域网,信息传递是否安全。得到发文单位的发文提示或通知后,根据文件指针信息,判断出文件所存位置。如文件所存文档中心与本单位的网络属同一局域网,信息传递是安全的,则到文档中心"读"收文件,否则到文档中心"取"收电子文件。

(10) 收文单位"取"收文件。此时读取的电子文件,是保存于文档中心中未经解密、未解压、未验证过数字签名的文件,也就是第六步中保存和归档的打包文件。这个过程的实质是将存于文档中心的发文,复制转存到收文单位内部服务器上。此时的收文,可以称为"取收",收文单位从文档中心"取"走文件。取时,需要用单位或个人的数字签名才能取走。这个任务可以由代理程序自动完成,每个单位采用定时代理程序根据文件指针信息自动到文档中心取收其他单位发给本单位的电子文件。

(11) 收文单位"读"收文件。此时读取的电子文件,是经过文档中心解密、解压、验证好签名后的文件,也就是第八步中保存和归档的文件。这个过程在实质上没有将存于文档中心的发文复制转存到收文单位内部服务器上。此时的收文,可以称为"读收",收文单位通过网络直接"读"存在文档中心的文件。读时,也需要使用单位或个人的数字签名。

（12）收文单位收文流转。完成本单位一份电子文件收文的签收、收文登记、审核、拟办、批办、传阅、承办、催办、查办等流转操作，形成收文办理过程中的背景信息数据。理论上，各单位进行收文办理情况，文档中心可以通过网络进行跟踪与监控，实现全程管理。

（13）收文单位将收文办理信息作为背景信息传回文档中心。

（14）文档中心接收各收文单位收文办理中形成的背景信息保存并归档。这种接收可以是通过网络电子文件管理系统的功能实时进行，也可以是在某单位一份或一批收文办理完毕后一次性接收。当一份电子文件所有收文单位办文信息传回文档中心，一个具体的归档整理过程完结。

（15）文档中心进行电子文件的档案管理。每一份保存在文档中心的电子文件都带有保管期限和到期时间信息。电子文件管理系统根据到期时间定期判定是否有文件达到保管期限，提交审核后将到期文件销毁，即从文档中心的服务器上彻底删除。定为永久的文件则在文档中心永久保存。文档中心定期对所存文件进行技术鉴定，进行刷新、迁移、载体转换、备份、销毁等操作。文档中心向社会提供利用服务。

通过以上全程管理的过程可见，"保存即归档"模式中的归档分为四个阶段。第一阶段，第 1 步至第 6 步，所存文件或信息：打包的、用于传输的电子文件。第二阶段，第 7 步至第 8 步，所存文件或信息：电子文件自身及其发文过程中形成的背景信息。第三阶段，第 9 步至第 14 步，所存文件或信息：某一收文单位对某一份电子文件形成的办文背景信息。第四阶段，（第 9 步至第 14 步）×N（N 表示 1 份电子文件的 N 个收文单位），所存文件或信息：某一份电子文件所有收文单位形成的办文背景信息。

这四个阶段对一份电子文件集成的信息包括四类：一是打包的、用于传输的电子文件；二是电子文件自身；三是电子文件发文背景信息；四是所有的电子文件收文办文背景信息。这四类信息集成保存在文档中心，通过文件唯一标识符链接或封装在一起，在实体上作为计算机文件保存在一起，在信息整理上通过电子文件管理系统逻辑整合在一起，构成电子文件的有序状态。这样，电子文件与相关信息链为一体，文件管理与档案管理连为一体,整个文件流程整合为一体。这个一体化的流程由网络电子文件管理系统控制管理。当一份电子文件被上传到文档中心,网络电子文件管理系统即开始对这份文件的全程管理。第5步所涉及的捕获系统是网络电子文件管理系统的子系统。

9.3.2 文件传输

在"保存即归档"模式中,电子文件全程依靠网络传输。机构内进行发文、收文办理时电子文件在内部局域网通过工作流体系中的驱动机制自动完成流转;发文单位、文档中心、收文单位等不同机构间的电子文件通过国家整体文件传输流程完成流转。

从国家整体角度上看,全国范围内的电子文件传输要通过顶层设计和整体规划形成覆盖全国的政务网传输网络。国家整体电子文件传输网络是由若干小范围的政务传输网络分层互连形成的。整个模型共有四个层次:最底层的模型是县级模型,每个县设立一个文档中心,其上三层是县级模型的扩展,每市、每省和中央级分别设立一个文档中心。所有文档中心通过政务网连接在一起组成全国文件传输网络整体。针对网络可能出现问题,可以辅以通过微波或电话线直接在文档中心之间建立拨号连接进行文件交换的手段,以保证文件交换的稳定性。所有的文档中心共享同一个公用通讯录来交换电子文件。发文单位将一份发文上传到其对口的文档中心 A 后,全国任何一个地区的收文单位可以通过文档中心网络直接去收取文档中心 A 上的发文。当然,如前所述,这种收取需要提交数字签名,通过数字签名验证该收文单位是该份发文分发范围内的单位才能进行收取。这样,在全国范围内,每一份电子文件仅存在一个文档中心内,与其所有相关的发文、收文背景信息也都汇集此处。

目前,我国各省、直辖市、自治区已经基本形成了省、市、县三级骨干网络的统一平台,许多省在省内已经能够进行全省性的文件无纸化传输。这些已经为"保存即归档"模式的电子文件传输模型的实现奠定了良好的基础。

9.3.3 核心机构

"保存即归档"模式中有一个核心的管理机构——文档中心。电子文件结束发文流程后存入文档中心,既是保存,交换中转,又是归档,同时进行整理。从理论上讲,文档中心就可以开始控制和管理电子文件及其信息。文档中心的职能可以概括为:电子文件交换中心,电子文件保存中心,电子文件利用中心。它是电子文件的汇集地,集文件管理与档案管理于一体,集现行政务信息与历史政务信息于一体,集政务信息中心、文档中心与档案中心于一体。

文档中心是未来的新型文档一体化管理机构,当前的档案馆、政府信息中心、电子文件中心都可以发展成为此类机构。对于这种新型文档机构本书在后文新的体制中还要详细加以论述(参见第 10 章"新的体制")。

9.3.4 流程功能

1. 实现前端控制

"保存即归档"从流程操作上和行政体制上,实现了档案管理对电子文件的前端控制,把归档作为电子文件流程当中一个必不可少的环节,纳入到前端收、发文流程当中,成为传输流程中的有机组成部分,参与对文件的实时接收、转发和处理,使发文、归档、收文、承办实现"无缝"集成。归档成为电子文件信息的汇集点,成为文件与档案相互衔接的关键,使得收文流程与发文流程连为一体,文件管理与档案管理连为一体。把发文和收文、文件和档案、文件机构和档案机构有机地结合起来。电子文件得以及时进入档案控制流程,既有利于保证文件归档的数量和质量,又有利于电子文件的保存、保管和保护。传统的"集中接收、集中整理、集中归档"的文档工作方式得到全面的改观,转变为"即时接收、即时整理、即时归档"的工作方式,减少了工作环节,减轻了工作压力,提高了工作效率。同时,及时将电子文件纳入专业化管理之下,电子文件的"信息流(背景信息和办理信息)"和"物流(电子文件本身)"在文档中心得到汇聚和集中,实现了电子文件流程的一体化,包括收、发文流程的一体化,文件、档案管理的一体化和电子文件与其背景信息的一体化。

2. 维护真实完整

文件是在政府机构行政管理活动和业务活动中形成的,无论是在现行阶段还是档案阶段,它始终要具有可靠性和凭证性。传统文件因为信息与载体是统一的,所以转化成档案后自然而然还是可靠和可资为凭的。但电子文件在转化为档案后,其凭证性容易受到质疑。只因为它易被更改而且改动后不留痕迹。假如沿用传统管理方式,发文单位,各收文单位都有可能对一份电子文件进行归档,那么,若干年后,当他们当中的文件出现不一致时,以哪一份为准呢?电子文件被改动了,又如何认定呢?"保存即归档"模式有利于维护电子文件的完整性,保障电子文件的可靠性和凭证性。

"保存即归档"模式下,文档中心保存电子文件,不仅保存电子文件本身,还保存相关的背景信息、发文处理过程信息、所有收文单位的收文办理信息,还有,用于传输的打包的电子文件信息。这样,关于一份文件的所有信息集成在一起,维护了电子文件的完整性。

针对电子文件易变性,易逝性的特点,"保存即归档"模式实现了发文一经生成,就归到文档中心,它是国家文件保存的行政部门和业务部门,也是权威部门。通过这种方法,将文件确定下来,文档中心将文件控制起来,文件具有了档案特性,文件上发生的变动都会被记录下来,从而保证电子文件的可靠性和凭证价值。相对于传统的在文件阶段的分散管理,集中在文档中心统一管理电子文件提高了电子文件的可靠性和凭证性。

当然,电子文件在文档中心也有被非法篡改的可能。但实际上,这种篡改的难度是相当大的,因为篡改者要有计算机,要能访问相关政务网络,要通过系统登录和身份认证,要有读写权限……这种篡改是容易追究到操作源头的。再辅以法律手段,提高惩治擅改文件者的力度,电子文件的可靠性和凭证性就能够得到保证。

在现行的双套制管理策略下,电子文件只有转换成传统纸质文件形式才有效力,电子文件本身只有参考价值,没有凭证价值。此时有可能通过网络对其加以利用,但利用的性质只是信息利用,它具有一定的参考利用价值,但绝不可与档案的凭证价值同日而语。但保存到文档中心的电子文件就不同了,经过文档中心的收集、归档、保存和管理、认证、公布之后,它具有档案性质,成为档案信息。文档中心是国家行政体系中,保存文件和档案的专业化、权威化的机构,其权威性保障了电子文件的可靠性和凭证性。

3. 提高管理水平

"保存即归档"模式使得电子文件一经正式成文,就置于文档中心集中保管和管理,从以往的"分散各异"转向"集中统一"。文档中心作为保管文件与档案的专门机构,对电子文件实行集中统一的专业化管理,对电子文件载体进行专业化保护,对电子文件信息安全采取专业技术措施,对电子文件定期进行技术鉴定,进行刷新、迁移、载体转换、备份、销毁等操作。

以信息备份为例。在以往电子文件"分散各异"的管理中,许多单位没有进行备份,或者没有形成定期备份的制度,或者只备一份,或者只在本地备份……备份工作形式和内容各异。我国国家标准《电子文件归档与管理规范》中规定,电子文件的保管要"一式三套,一套封存保管,一套供查阅使用,一套异地保存"。一式三套以及异地保存在一般单位很难做到。而文档中心可以集中购置备份设备,集中制定备份策略,执行异地备份,并定期进行专业化备份工作,来减少故障、人为错误或灾难对电子文件造成的影响。

从这个例子可以看出"保存即归档"模式的优势:它在文件阶段开始,就实现了对电子文件的集中统一管理,集中了人力、财力、物力和技术力量,实现专业机构进行专业化的管理,提高了管理水平,提高了管理质量。

"保存即归档"模式目前完成了理论研究阶段的阐述。不论采用哪种模式,国家整体电子文件流程必须以法规、政策、标准的形式确定下来,成为工作中必须遵守的准则。

9.4 电子文件流程:变革的内容

数字时代初期,有人曾做过这样的感叹:"信息化已达到一定程度的行业,都公认这样一个残酷的现实,即:计算机应用到了一定程度,不可避免地要改变业务流程。"[①]文件形式发展到电子文件阶段,原有的许多传统观念和传统做法不可避免地要发生相应的变化。要对传统的文档管理流程进行优化、重组、整合和再造,突破以往的文档分治、管理环节"分工"等程序上的常规,使之适时、适当地进行改变。"保存即归档"模式就是这种变化的成果。较之传统文档流程,"保存即归档"模式发生了如下变革。

9.4.1 归档时间变革

在传统管理模式中,"归档"是指各机构在工作活动中不断产生的文件材料,处理完毕以后,经由文件部门或文件工作人员整理立卷,定期移交给档案室集中保存。传统的归档时间,一般是文件办理完毕后的第二年。"保存即归档"模式实现的是实时归档、网络归档、物理归档。电子文件一经签发,也就是正式成文后,立即通过网络传输给文档中心,保存在文档中心服务器上进行归档。归档之后再去进行收文办理。

9.4.2 归档范围变革

传统文件管理中,有专门文件如《机关文件材料归档和不归档的范围》等对机构内的归档范围做出规定。每个机构都是对特定范围的发文以及特定范围的收文进行归档。

---

① 见宋乐永《王智玉:"被逼"信息化》,《计算机世界》2002 年第 31 期。

"保存即归档"模式的归档范围有三个显著的特征:一是发文归档。所有的机构如党委、人大、政府、政协及其工作部门仅对本单位制发的文件进行归档。传统归档中是对部分发文进行归档,"保存即归档"模式中本单位制发的所有文件都要进行归档。二是收文不归档。所有的机构对本单位的收文不用进行归档。他们在收文时已将电子文件下载到本单位局域网中,可以办理、查看、利用,在将办理信息传回文档中心后,根据本单位情况随时可以删除内部局域网上的电子文件。在文件办理时乃至文件删除后,都可以按照利用权限直接通过政务网到文档中心查找利用。三是发文处理信息与收文办理信息等背景信息归档。发文上传到文档中心归档时,包含背景信息和发文处理信息。所有收文单位的收文办理信息也要传回文档中心进行归档。传统的归档仅对文件本身进行归档,"保存即归档"的模式中围绕文件形成的背景信息和办理信息也进行归档。如前所述,一份文件共有四类信息归档。"保存即归档"的模式符合国家标准《电子文件归档与管理规范》规定的归档范围"包括相应的背景信息和元数据"的要求。

在纸质文件时代,由于不具备相应的手段,一份文件在发文单位、多个收文单位都进行归档。"保存即归档"模式实现的归档范围是"发文归档"。发文乃社会上流转的所有文件之"源头"。"保存即归档"模式从源头上抓住文件进行归档,有效地落实了电子文件前端控制的管理思想,保证了归档文件的唯一性,集成了电子文件及围绕其形成的所有与其内容、背景、结构、处理过程相关的信息,达到电子文件归档工作及时、有效,有利于保证归档电子文件的完整和安全,最终使电子文件发挥其应有的文件效用和档案价值。

9.4.3　鉴定时机变革

传统的鉴定工作是在文件办理完毕,归档之前进行的。而电子文件的鉴定时机提前。在电子文件管理系统设计开发时,发文机构就要在文档中心的指导下,根据本单位涉及文件的职能和类型制定保管期限表。这个保管期限表从宏观到中观对本单位所有可能发生的文件进行职能鉴定,确定每种职能文件的保管期限。在微观上，对每一份具体的电子文件的鉴定，发生在文件草拟阶段。草拟者根据预先制定的保管期限表，确定一份具体的电子文件的保管期限和到期时间。草拟者确定的保管期限和到期时间，在发文流程内可以更改。但一旦文件签发，这个保管期限就确定下来，再不能更改。通俗地说，一份电子文件，一生下来让它活多久就确定了。而后它被上传到文档中心，在那里终结生命或是终身养老。文档中心定期检测到期文件并销毁。保管期限为永久的文件在文档中心永久保存。这样，每份文件具体保管多长时间，由电子文件的形成者和形成机关确定。文档中心的人负责培训他们使用保管期限表。电子文件的形成者最熟悉文件内容，由他们进行鉴定，可以保证鉴定的质量。同时，实现了文件鉴定与制作的同步，既省时也省力，又便于操作。

国外有学者认为，在电子文件生命周期中的设计、形成和维护三个阶段中，档案工作者干预电子文件归档的时机应在系统设计阶段。"保存即归档"模式通过预先制定保管期限表，落实了这种鉴定思想。

此外，随着电子文件数量的迅猛增长，我国传统文档管理中采用的直接阅读文件内容的鉴定法受到挑战。20世纪80年代末期，北美和欧洲的一些档案学者几乎是不谋而合地想到了采用一种更为宏观的鉴定方法，即通过文件形成者的职能，而不是文件的内容来判断文件的价值。这种鉴定思想将档案的价值定位于它所反映的职能中，被称为"职能鉴定法"。与此相对应，之前的直接阅读文件内容的鉴定方法被称为"直接鉴定法"。职能鉴定法的依据是电子文件形成过程、机构职能活动、文件的本质联系。其思路是宏观的，它考虑的是机构的哪些职能、举措、工作计划、事务活动是重要的，哪些是次要的，并用软件化、规范化的方法把次要的文件从重要文件中分离出来。职能鉴定法从总体上判断机构形成有价值文件的能力，而不是直接对文件加以处理。职能鉴定法成为电子文件鉴定的基本方法，目前为加拿大、荷兰、澳大利亚、德国等国采用。但是，"职能鉴定法"的"批处理"方式，从宏观上看相当有效率，在微观上针对一份具体电子文件时容易产生误差。所以，实行职能鉴定法的同时，并不排斥直接鉴定法，直接鉴定法可以作为其辅助手段从微观上提高鉴定的准确性。"保存即归档"模式在价值鉴定方面实现了职能鉴定与直接鉴定的结合,提高了鉴定的质量和效率。

9.4.4　鉴定内容变革

传统的鉴定,仅是对针对文件内容进行的价值鉴定,多是由文件或档案人员执行鉴定。"保存即归档"模式中,对内容的价值鉴定在文件发文流程中,由文件形成人员完成了。其鉴定结果,被嵌入电子文件的流程管理中,伴随电子文件终生。其后,发文被传至文档中心。在文档中心,文档工作人员不再对电子文件进行价值鉴定。但是,相对于传统的鉴定,电子文件需要进行技术鉴定,包括完整性鉴定、可读性鉴定、病毒检测、介质状况检测、是否到达销毁时限等。这些技术鉴定统一由文档中心定期进行。技术鉴定后,文档中心对经过鉴定的文件,进行相应的刷新、迁移、载体转换、备份、销毁等操作。在电子文件的生命周期中,技术鉴定比之内容鉴定同样重要。技术鉴定所承担的责任是对电子文件的各方面技术状况进行全面检查。较之当前对电子文件没有进行技术鉴定或技术鉴定由文件形成者分散完成的情况,这项工作由文档中心集中统一完成,提高了专业化程度和鉴定水平。

"保存即归档"模式针对电子文件的特点,实现了价值鉴定与技术鉴定的完美结合。在电子文件生命周期中,明确了参与鉴定的人员的职责,简化了鉴定程序,提高了鉴定质量。

9.4.5　保管期限表变革

较之传统归档方式,在电子文件鉴定归档的规范化、程序化的过程中,保管期限表发挥了更加重要的作用,成为决定鉴定工作成败的关键因素。"保存即归档"模式对保管期限表制定的要求提高了,其保管期限表的制定,从职能鉴定角度出发,划分电子文件不同的处置类别及相应于不同处置类别的保管期限。其要求是保管期限表要详细、具体、规范、科学,并具有良好的可操作性。

近年来,对原有档案保管期限表进行改革,保管期限应划分应该更加详细、具体的呼声在我国档案界日渐高涨。邓绍兴教授指出:"档案保管期限表的期限、条款应明确和细化,走划限与标时(年)法相结合之路。"① 2006年12月,国家档案局第8号令发布了《机关文件材料归档范围和文书档案保管期限规定》,将保管期限定为"永久"和"定期"两种,"定期"保管期限分为30年和10年两个具体年限。这个规定,较之以前所用保管期限表更为明确和具体。但是,电子文件相较于纸质文件其数量增长是不可估量的,如果执行这个保管期限表,将上传到文档中心的每一份电子文件定为"10年",那么文档中心保存文件的信息积累量是难以想象的天文数字。这是毫无必要的。

在"保存即归档"模式中,要求将保管期限划分成定期与永久。定期的期限从20天,到1月、2月,到数月,到1年、2年,到数年,到10年、11年,到20年,到数十年,最高不超过100年。每个机构根据实际情况,从国家制定的保管期限总表中选取保管期限自行设定本机构使用的保管期限表。根据《机关文件材料归档范围和文书档案保管期限规定》中"本机关的文件材料归档范围和文书档案保管期限表,经同级档案行政管理部门审查同意后执行"的要求,一个机构的保管期限表制定完成后,要进行审批。这项审批工作届时应该由文档中心来完成。

9.4.6 整理方法变革

"保存即归档"模式中涉及的整理,主要是在一份电子文件传至文档中心时,文档中心将其归入所属的全宗、类别和案卷,建立文件间有机联系。在各收文单位的收文办理信息传回文档中心时,通过文件唯一标识符将这些信息与发文时传来的文件及其信息链接或封装在一起,在实体上作为计

---

① 见邓绍兴《改革档案保管期限表的思考》,《中国档案》2000年第11期,第48页。

算机文件保存在一起,在信息整理上通过电子文件管理系统逻辑整合在一起,构成电子文件的有序状态。

较之传统的文件整理,电子文件的整理方法由手工整理变为计算机整理,由繁琐变为简单。

9.4.7　业务流程时序变革

传统的文件处理,业务流程时序是线性串行的,各环节是前后衔接、在顺序和时间上不可逆的单一性的线性流程。在"保存即归档"模式中,业务流程在时序上是多线程并行的。电子文件存到文档中心后,收文单位对其进行收文办理,文档中心对其进行档案管理并在开放范围内提供社会利用,二者同时进行,有时工作互有交错。

9.4.8　文档界限变化

传统的文件管理,以一个人为规定的动作——归档为分界,将文件流程劈分为文件管理与档案管理两大部分。归档之前是文件,归档后的是档案。"归档"是文件与档案的分水岭,是文件工作与档案工作的分界线。文件管理与档案管理以归档为分界,在两种体制下分别运行。但在电子文件生命周期中,很难再对其进行这样硬性的划分。在"保存即归档"模式中,文件结束发文流程后归档,归档后进入收文流程。此时,它既是文件,又是档案,兼具文件与档案的性质,文件与档案的界限已经不是很清晰,变模糊了。这种模糊,与电子文件自身的特点是相适应的。

9.4.9　归档实施时间变化

传统的文件归档,在文件整理立卷后,以一个"实体移交"动作宣告结束。电子文件的归档则不是这样一蹴而就的,它需要在电子文件生命周期内的一段时间中连续开展,归档实施时间延长。在发文上传到文档中心后,在文件保存过程中会不断添加归档信息,收文单位的办文信息会不断传回文档中心,直至全部收文单位的全部办文信息上传完毕。如果说传统的文件归档工作是在实体移交这个点上完成,那么电子文件的归档变成一条线,即发文保存归档及收文办理信息的持续归档。

10 新的体制

10.1 政务流程再造

电子文件流程变革必将引发政务流程再造。政务流程再造是指政府以提高服务质量和自身工作效率为目标,运用现代管理学思想,借助现代信息技术,在对原有政务流程进行审视和再思考的基础上,对政府部门的业务流程进行逐步清理和改进,或者进行根本性的、彻底的重新思考与重新设计,建立一套全新的流程,优化人力和资源,实现组织结构重组与政府职能的重塑,使政府各部门实现统一协调、简洁高效的工作。

电子文件流程变革是涉及文件管理、档案管理乃至行政管理的重大变革。整体框架上,它要求国家文件与档案机构进行变革;局部框架上,它要求一个政府机构内部进行变革。这些变革不仅发生在业务层,还发生在体制、组织结构、管理理念等多个层面。电子文件流程变革既是业务流程规范化的过程,也是政府组织机构重组和管理水平提升的过程。它既是政务流程再造的一部分,又要以它为抓手推进整个政务流程再造。政务流程再造是一次管理跃升的过程,是一次对传统革故鼎新的过程。再造后的政务流程从总体上看有两个基本特征:一是从传统的"以职能为中心"转变成"以流程为中心";二是跨越职能部门、所属机构的现有边界。

政务流程进行再造的目的不仅是对单项流程进行合理的优化整合,以提高各职能部门文件流转的效率、文件与档案部门电子文件管理的效率,更要加强流程网络的总体规划,使流程之间彼此协调,降低系统内耗,从整体优化的角度彻底根除以往工作中不必要的职能分割。

政务流程再造的基本原则是流程越简便越好,即在完成流程的目标时,执行流程的中间环节越简单、涉及的人员越少则越好。在电子文件管理中,很多传统流程中必不可少的环节和步骤变得不再必要,政府可以借助信息技术的支持,对流程的重要性、问题的迫切性和改造的可行性进行分析,设计合理的流程,把被分割成许多步骤的流程按其自然形态组装回去,使政府相应机构、部门提高自身工作水平,为社会公众提供一体化、高效、优质的管理和服务。

政府业务流程再造是当前电子政务的核心,也是最大难点。它涉及政府职能改革、组织结构调整、工作方式改变,甚至行政权力的再分配,其过程也必将遇到诸多障碍。

电子文件流程的重建引发组织模式的重构,实现政务流程的重组,完成政府职能的重塑。

10.2　确立文档一体的全程管理体制

对于文件与档案管理来说,政务流程再造涉及文件与档案管理体制的改革,打破个别职能部门的狭隘视野,提高政府电子文件管理的整体绩效。随着电子文件在我国文件与档案管理对象中所占比例愈大,管理好电子文件的需求愈强烈,改革我国文件与档案管理体制的愿望愈迫切。

我国文件管理与档案管理分治、前端与后端割裂的状态影响电子文件的管理效率。它使得文件与档案机构在电子文件管理的标准规范制定方面各自树立自己的"烟囱",成果无法共享,并使得不同机构对电子文件的处理产生机构"壁垒",工作无法协调。

全程管理(参见第4章第1.5节"联系:有关的理论与思想")是对电子

文件最适合的、最有效的管理方式。而全程管理需要国家统一的、文档一体的管理体制保障实施。电子文件从形成到处理、归档、利用,中间经过很多环节。哪一个环节职责不清、制度不明、考虑不周,都可能造成对电子文件真实性、可靠性、完整性、可用性、安全性的危害。由档案机构跟踪和管控电子文件全程可以最大限度地避免这些危害。因此,及早确立文档一体的电子文件全程管理体制,明确各方的职责要求,就显得非常重要。

确立文档一体的全程管理体制是在国家和地方电子政务的总体框架下,在规范、标准的文件格式和数据结构基础上,将电子文件从形成起就纳入档案管理的视野。把电子文件形成、电子文件处理、电子文件归档和电子档案管理作为一个整体,统一规划、统一设计、统一流程、统一标准,确保文件机构内部、文件机构之间、文件与档案机构之间电子文件的及时流动与管理,实现电子文件文档一体管理的无缝衔接。国际档案理事会电子文件委员会曾经指出:"在电子文件领域中,我们应该在设计信息系统时就对档案管理需求予以考虑,在电子文件的整个生命周期中对电子文件要进行认真控制……无权干涉现行文件的档案馆会发现他们在处理电子文件时处处受制。"[1] 对于电子文件管理来说,确立文档一体的全程管理体制是电子文件运动客观规律的内在要求,符合业务流程优化的基本精神,也是先进国家电子文件管理的基本经验。

以美国为例,其联邦政府系统内的文件管理工作与档案管理工作由NARA统一进行指导监督,有利于实现文档一体化,实现从文件管理到档案管理的连续性,保障整个联邦政府的文件、档案系统高效运转。NARA的体制和机构设置对电子文件管理是有利的,其全程管理实施得就比较顺畅,没有什么阻碍,这也是 ERA 项目顺利实施的原因之一。

确立文档一体的全程管理体制就要改革当前我国的文件管理体制和档案事业管理体制。其中关键在于改国家档案局为国家文件与档案局[2],由它统管全国文件与档案工作事务,制定电子文件全程管理的各项政策、标

---

[1]　见国际档案理事会电子文件委员会《电子文件管理指南》1997 年第 20 页。

[2]　见吴宝康《"文件生命周期理论"问题引起的若干思考》,《档案学通讯》1993 年第 1 期。

准、制度,对电子文件的生命全过程进行统一有效的管理。同时各级档案局更名为文件与档案局,使档案机构全程监控文件管理"名正言顺"[1]。

体制的变革是根本性的,也是相当复杂并存在诸多问题的。但是,对于我国电子文件管理的未来发展而言,它又是必要的和必须的。2009年颁布的《电子文件管理暂行办法》确立的在国家层面由中共中央办公厅、国务院办公厅、国家发展和改革委员会、工业和信息化部、财政部、国家档案局、国家保密局、国家密码管理局、国家标准化管理委员会九部门组成的国家电子文件管理部际联席会议制度对相互沟通、统一思想从体制上进行了探索,开创了电子文件管理体制变革的新思路。

10.3　新型文档一体化管理机构构想

政务流程再造与文档管理体制的改革有必要和有可能催生新型文件与档案管理机构。前文论及"保存即归档"模式的核心管理机构——文档中心(参见第9章第3.3节"核心机构"),就是未来的新型文档一体化管理机构。文档中心的首要功能是在理顺国家整体文件流程的基础之上解决我国政府电子政务建设、无纸化办公过程中产生的电子文件的保管问题。

文档中心不是文件机构或档案机构的改良,而是政务流程再造后在新的文档管理体制下催生的新型文档一体化管理机构,它在电子文件全程管理中起着核心机构的作用。

10.3.1　职能构想

1. 电子文件交换中心

一个文档中心覆盖一定的区域。例如可以与当前行政划分相对应,每

---

[1]　见冯惠玲、赵国俊《中国电子文件管理:问题与对策》,中国人民大学出版社2009年版,第63页。

个市设置一个文档中心。届时,整个市内电子文件传输、交换、收发、周转都通过文档中心完成。发文单位将电子文件发至文档中心。收文单位凭借授权和数字签名从文档中心收取电子文件。文档中心担当电子文件的交换中心。所有的文档中心都通过政务网相连接,可以完成超越一个文档中心范围内的电子文件收发。可见,文档中心的实质是提供一个能实现不同业务系统、不同类型电子文件进行有效传输的、统一的交换平台。

2. 电子文件保存中心

文档中心的建立有利于统一电子文件的数据结构,规范电子文件的格式,从而实现对电子文件的全程管理。文档中心的职能,就是对一经产生的所有电子文件进行保存和管理,即实现电子文件的全程管理。它兼具多重职能:保存在文档中心的不仅包括现行、半现行的电子文件,而且这些文件转化为档案后也在文档中心保存,定期保存的到期后在文档中心进行销毁,永久保存的则由文档中心完整、安全地永久保存;文档中心不仅管理电子文件内容,还保存和管理其背景信息;不仅管理电子文件本身,还管理其元数据;并且保证归档后的电子文件长期可读。此外,它还可收集和汇入除政府机构之外其他机构的电子文件信息乃至传统档案的数字化信息一并保存。

3. 电子文件利用中心

也可以称为电子文件信息服务中心。党政机关、事业单位的电子文件,直接地、实时地以网络方式和数字形式提交给文档中心进行保存。文档中心提供相应的公共信息网络平台,根据政务信息公开和现行文件对外提供利用的各项规定和要求,及时地将这些电子文件向机关内部人员或社会公众开放并提供利用。既可以将经济信息、内部信息、统计数据、分析预测等资源提供给政府核心决策层,又可以给社会提供政府的咨询服务和政策指导,给公众提供快捷、方便、自主的信息服务。政府机关工作人员和社会公众可以通过政务网或因特网方便、快捷地检索和查询电子文件。

文档中心既提供政府电子文件信息,又提供收集和汇入的其他文件与档案信息;既可以满足现行文件利用需求,也可以满足档案利用需求;既可以满足机关内部文件利用需求,也可以满足社会公众的文件利用需求。文档中心成为电子文件利用服务中心,由于所有的文档中心联结成网,可以一站式地面向全社会提供集成的、全面的、数字化的政务信息,实现政务信息的高效服务,满足政府信息公开要求,成为中国民主政治建设中的重要机构。

10.3.2 作用构想

1. 枢纽——联系电子文件管理前端与后端的枢纽

现行文件与档案管理体制中,文件管理是前端,档案管理是后端。目前前端与后端都在探索如何更有效地进行电子文件管理。但这些探索都囿于各自领域内,其变化发展仍旧局限于各自传统的管理范围。在电子文件管理中,前端与后端是在分别操作实施。前端针对电子文件管理,出现了政府信息中心。后端针对电子文件管理,出现了数字档案馆、电子文件中心。

在未来档案机构的发展中,国家文件与档案局应该作为主管部门统一协调电子文件全程管理,而文档中心则作为其下统一设置的全国各级文件、档案统一管理机构。这样,文档中心作为枢纽有效地连接前端与后端,从而改革管理体制,理顺业务关系,可以集中力量,制定规范统一的行业标准,规范文件处理与档案管理,统一规划文件、档案管理科研工作,避免各自为政的浪费行为,对电子文件的生命全过程进行统一有效的管理。电子文件管理从分段管理走向全程管理,从分散管理走向集中管理,满足国家电子文件统一管理及其开发利用的双重需求。

数字时代,必须将电子文件管理提升到国家战略的高度上,联结其前端与后端管理,依据源头控制、顶层设计的思路,通过国家文件与档案局以及文档中心的设置,实现文件管理与档案管理真正意义上的无缝集成,实现电子文件的全程管理。这是政务流程再造过程中的一种彻底性的变革,不是对原有文件与档案管理方法的小修小补。

2. 窗口——政府面向社会公众的窗口

在当前文档管理体制下，政府信息分散在各级、各类政府机构，电子文件同样如此。各级政府机关在文件共享方面缺乏横向、纵向的互通互联手段，缺乏合理的通道，信息无法共享、无法交换。

近些年，有很多档案机构开展了现行文件利用，将政府各机构的公文等文件汇于档案机构提供利用。但是，由于档案管理处于后端，而且档案机构收集政府文件总有时间上的限制，难以做到及时收集各种现行文件，及时向社会开放利用。

而文档中心不同，所有电子文件一经发文处理完毕，立即存于文档中心，收文及办理信息一经收文处理完毕，也立即归于文档中心。从整体上看，各级文档中心的集合，汇集了各级政府的全部文件。根据政府信息公开的要求，文档中心能够及时提供社会利用。确保政府机构形成的电子文件做到"随时形成、随时收集、随时发布"，不存在收集不到、收集不全的问题。作为政府文件聚集地，文档中心打破了机构间的信息壁垒，成为政府信息资源被社会共享的平台与窗口。

政府部门掌握着大量有价值的信息，有数据表明，中国的政府部门掌握着全社会信息资源的 80% 以上。这些信息大部分蕴藏在政府文件中。当前的电子政务建设要求所有的政府文件只要能向公众公开的部分都将在网络上提供访问。以往这种访问分散在各级、各类政府机构网站上，而文档中心的设置，可以作为政府面向社会的窗口，做到统一地、集约化、系统化、专业化、社会化地提供一站式政府公共信息服务。有利于支持政府信息公开，促进政府职能的转变，促进政务公开，密切党和政府与人民群众的联系。这也是建立集约型政府、清廉型政府和透明型政府的最有力的举措之一。

3. 培训站——机关人员文档管理知识与技能的培训站

当前没有适合的机构为机关工作人员培训文件与档案管理知识，人员知识的不足是造成公文拟制不规范、处理标准不统一的重要因素之一。文档中心可以承担电子文件管理指导和文档知识培训的工作。

其中最重要的工作是帮助机关制定电子文件保管期限表,根据档案价值鉴定标准和机关实际情况,制定详细的、具备可操作性的保管期限表,并指导机关人员使用,为机关生成的每一份电子文件确定保管期限,定期保管的确定具体的保存时间。这样,每一份电子文件在结束发文流程,存入文档中心后,其保管期限已经由文件形成机关的人员确定好,文档中心只要按照规定将到期的电子文件销毁即可。文档中心也大大减轻了对电子文件进行鉴定的负担。

此外,文档中心还可以指导公文结构与格式规范,宣讲文件与档案处理法规标准,培训机关人员电子文件流程相关内容,宣传档案管理知识,成为对机关人员进行文档管理知识与技能培训的培训站。

10.3.3　角色构想

1. 文件效力的维护者

电子文件的出现使得整个社会开始重新审视文件的价值。在我国公众的思想意识中,文件应当是"白纸、黑字、红头"的观念根深蒂固。电子文件"看不见、摸不着"的特性让他们感觉无所适从。电子文件的法律效力问题成为数字时代的新命题。

1994 年至 1997 年,加拿大不列颠哥伦比亚大学和美国国防部在关于电子文件真实性的联合研究项目 InterPARES 中,提出了电子文件全程管理的框架模式,为立法提供依据。其框架模式中提出一些构成电子文件全程管理的链条的措施,并指出采取这些措施形成和保管的电子文件应当具有法律效力。这些措施包括:根据预先确定的标准格式和模板编辑文件;根据人员权限,确定他接触电子文件的权力;在系统内设计审计跟踪功能,记录对系统的任何接触及其结果(如文件被修改、删减和增添等)等等。这种框架模式在北美地区的电子文件管理实践中得以应用和完善。

　　我国法律界对待诉讼中电子文件及其转化而成的电子档案能否成为可采信的证据，其效力如何确认的问题，一个普遍的观点是提供方能够证实其所提供证据的真实性。这就要求电子文件要特别注意完整地保留原始证据材料，同时要注意每份电子文件的发送必须要得到对方的确认。这个观点与档案界的认识不谋而合，那就是，档案凭证价值的实现是以档案的本质属性即原始记录性为前提，没有原始性就没有证据性可言。

　　为此，从电子文件产生之时就采取措施，建立必要的记录制度，记录从电子文件"出生"到归档成为电子档案的一切活动过程和处理程序，使得电子文件全程管理有据可查，完整地保留下必要的原始证据材料，电子文件才具有法律效力和保存价值。

　　但是，我国目前的文件与档案管理由于在体制上被割裂而没有办法维护电子文件全程管理的链条。机关电子文件管理很少考虑归档以后的事，档案机构作为国家记忆的守卫者，有实现全程管理的自觉，然而囿于体制的局限，对前端鞭长莫及，徒唤奈何。而通过文档中心的设置则可实现这个功能。实现方法是在文档中心配置网络电子文件管理系统。电子文件在发文流程结束后存入文档中心，一旦有电子文件存入网络电子文件管理系统即被触发，启动若干辅助子系统。这些辅助子系统的功能包括对电子文件的读取进行限制，跟踪电子文件处理情况，在电子文件处理的同时在后台自动记录各类处理信息及文件的处置状态，自动捕获电子文件背景信息，将电子文件与其背景信息建立密不可分的关联等。这样，可以清晰地记录和反映一份电子文件形成和处理的全部动态过程，维护归档后的电子文件具有档案的本质属性，即原始记录性。

　　对纸质档案来说，其法律效力是以档案原件作保证。而对于电子文件及其转化的档案，文档中心成为维护其法律效力的手段和机构。对于一份电子文件，对其进行管理与公布的机构的性质在一定程度上决定了其真实可靠程度。电子文件在办理完毕后，只有经文档中心收集归档和管理、认证、公布之后才能称之为档案信息，真正具有档案的原始记录性和法律效力。文档中心成为文件效力的维护者。

2. 政府信息的管理者

文档中心通过对大量电子文件的管理,实现对政府信息的管理,即实现对政府信息的统一收集、加工处理、有序整合及智能化处理,在掌握海量政府信息的基础上,实现对政府信息的知识管理。如利用数据挖掘技术对电子文件内容进行复杂的分析与挖掘,从中发现隐含的、有意义的知识,从而提高政府部门对于知识的搜集、分析、传递和利用能力。

文档中心作为政府信息的管理者,一方面为政府、为电子政务提供有效的决策支持,从而提高政府整体的管理水平和行政效率;另一方面,可以为社会公众提供更高效、更精准的咨询与定制服务。此外,作为跨部门的政府信息的管理者,文档中心的设置有利于消灭以往的"信息烟囱""信息壁垒"和"信息孤岛"。

3. 文件安全的保卫者

电子文件信息安全问题十分重要。当前的分散式、阶段式、多头的文件与档案管理模式给安全隐患提供了更多的可乘之机。文档中心作为电子文件集中、统一管理的专业机构,必定要采用各种安全手段,采取多级安全策略来维护网络与系统安全,并对电子文件进行安全监控和管理。

文档中心的设立,还可在一定程度上解决电子文件的长期可用性问题。我国上世纪80年代末90年代初,许多DOS系统下编制的电子文件早已不能阅读,只有依赖相应的纸质公文。那么,当前无纸化办公环境中的电子文件20年后如何阅读?还有,为了应付技术淘汰,保证电子文件长期可读,必须定期或不定期地对其进行刷新、迁移或是载体转换。当前谁来关心和解决这个问题?在当前体制下,电子文件形成机构很少涉及和考虑迁移问题。档案机构作为历史记忆的保存者已经预见了电子文件未来的隐忧,但档案机构无力承担迁移工作,因为必须重复购置电子文件形成机关所拥有的硬件与软件,这无论从逻辑上、实践上、经济上都是相当困难的。文档中心的设立,可以做到硬件设备集中统一,软件升级与时俱进,也可以使新旧设备同时存在,在一定程度上实现软硬件系统的统一,大大提高电子文件的可用性和资源共享的可能性。

10.4 当前部分文档管理机构建设情况

10.4.1 档案馆

档案馆是集中管理国家档案的文化事业机构,负责对分管范围内的档案进行接收、收集、整理、保管和提供利用。

档案馆发展成文档中心的基础:一是我国国家档案机构根据"统一领导,分级管理"的原则设立,县级以上各级人民政府都设有档案行政管理部门,从中央到地方县级以上各级各类档案馆形成了完备的、高度集中统一的体系,这种完备的体系有利于全国文档中心的统一建立;二是档案馆工作人员长期从事档案管理工作,具备对电子文件进行长期有效管理的知识和技能;三是当前多数档案馆配备了电子文件管理设备,如果要发展成文档中心具备了一定的物质基础;四是具备面向社会服务的功能,具有社会服务经验。

档案馆发展成文档中心的不足:一是档案馆一直从事后端管理工作,其人员缺乏前端文件管理和办公自动化的知识、经验与技能;二是技术力量相对薄弱。

10.4.2 数字档案馆

档案馆在数字时代面临前所未有的冲击,其管理对象、管理手段、管理环境正在发生深刻的变化。数字化档案馆、电子档案馆、虚拟档案馆、数字档案馆等新概念由此衍生,并最终统一为数字档案馆。

数字档案馆是建立在现代信息技术普遍应用基础上,利用数字化手段,以综合档案信息资源为处理核心,对数字档案信息资源进行收集、管理,通过高速宽带通信网络设施相连接和提供利用,实现资源共享的超大规模、分布式数字信息系统①。

　　2000 年 5 月,深圳数字档案馆系统工程建设项目正式在国家档案局立项,并被列为全国档案事业"十五"发展计划的重要内容。它被誉为我国"第一个数字档案馆",迈出了我国数字档案馆建设实践探索的第一步。2001年,青岛市数字档案馆开始建设,它于 2003 年 8 月通过国家档案局组织的科技成果鉴定并投入使用,成为我国第一个正式投入运行的数字档案馆。自 2002 年以后,杭州市数字档案馆、天津市泰达区数字档案馆、江苏电力公司数字档案馆等项目相继进行建设并投入使用。这些建设项目涉及市级、区县级档案机构,综合性、专业性档案机构,数字档案馆建设开始全面铺开。

　　2010 年 6 月,国家档案局发布《数字档案馆建设指南》。该指南分别从数字档案馆总体要求、管理系统功能要求、应用系统开发和服务平台构建、数字档案资源建设、保障体系建设等几个方面对数字档案馆建设进行了详尽的叙述和说明,以指导和推进数字档案馆建设,为其建设的规范化提供重要依据。2011 年 1 月,数字档案馆建设被列为全国档案事业发展"十二五"规划中的发展目标和重要内容。

　　数字档案馆发展成文档中心的不足:一是职能定位不明确。数字档案馆目前仍属于概念级的事物,它自诞生之日起就一直是一个很尴尬的事物。其概念相当模糊、没有准确的定义,在职能上一直没有明确的定位,与传统档案馆、电子文件中心和数字图书馆的关系一直没有理清。二是责任主体与实体定位不明确,其属概念定位于"信息系统"之上,其后台实体依然是档案馆。三是它也是建设当中的新生事物,没有形成规模,没有构成体系。四是依旧限于后端管理。

10.4.3　数字图书馆

　　大英数字图书馆计划为数字图书馆所下的定义是:"数字图书馆是通过

---

① 　见李国庆《数字档案馆概论》,中国档案出版社 2003 年版。

使用数字化技术获取、存储、保护和提供信息与提供信息查询途径而被广泛认可的虚拟描述,而不论这些信息当初的出版形式如何。"①

数字图书馆发展成文档中心的基础:一是具备充分的数字信息管理知识、经验与技能;二是具备优异的面向社会服务的经验。当需要将电子文件面向社会提供服务时,可以与数字图书馆进行联合,或借鉴数字图书馆的经验与技术,以求向社会公众提供更加优质高效的服务。

数字图书馆发展成文档中心的不足:一是数字图书馆后台实体是图书馆或软件公司,实体体系结构比较分散;二是以往缺乏文件与档案管理职能,不具备文件管理和档案管理的经验和知识,不太容易改造。

10.4.4 政府信息中心

我国政府信息中心大多是 20 世纪 80 年代依靠国家信息系统的建设而建立起来的,绝大多数是事业单位,有少数转为商业公司或开办了 IT 企业。在各级信息中心当中,市级信息中心是建设最早、投入最多、实力最强和机构最完善的,它与国家、省、县信息中心构成了综合体系。

目前,各个政府信息中心成立背景、归属和职能、工作职责和工作思路各不相同,信息化水平差异也比较大。但归纳起来,信息中心的主要职能大体上包括:进行计算机信息网络建设;建设当地政府信息网,组织上网信息资源并在网上发布信息;组织开发应用系统软件;负责各级各类数据库的建设与维护;负责网络与系统运行管理及安全;承担办公自动化的技术服务及工作人员的计算机培训,研究有关技术标准与规范;负责当地信息化规划、协调和组织管理工作;承担电子政务建设工作等等。

政府信息中心发展成文档中心的基础:一是国家、省、市、县信息中心构成了层级完备的综合体系,政府信息中心具有完备的设备、网络系统,如果要发展成文档中心具备了坚实的物质基础;二是政府信息中心人员具备信

---

① 　见张德《国外数字图书馆发展综述》,《情报学报》2001 年第 4 期。

息化知识和技术,能够理解、开发和维护电子文件管理系统,如果要发展成文档中心具备了一定的技术和人员基础。

政府信息中心发展成文档中心的不足:一是只保存现行政务信息,不保存历史政务信息,其办公自动化系统多数用于维护前端文件管理,不具备后端档案管理能力;二是人员配备方面,只有技术人员,缺乏文件、档案管理人员,不具备对电子文件进行长期有效管理的知识和技能;三是不具备面向社会服务的特征与功能。

10.4.5 电子文件中心

电子文件中心是在全国电子政务建设和政务公开政策的推动之下形成的一种新的电子文件管理模式。它以档案机构为主体进行建设,主要职能是管理电子政务中形成的电子文件。

2004 年 10 月,安徽省在全国率先启动省级电子文件中心建设,得到了国家档案局、安徽省委省政府的充分肯定和社会各界的热情关注。国家档案局局长杨冬权称赞其"为全国档案工作者趟出一条新路,干出好的成绩,做出了很大贡献"。《人民日报》评论认为安徽省电子文件中心建设是档案传统管理向现代管理的重大变革。[1] 同年 10 月,江苏省档案局制定了《江苏省档案信息化建设规划纲要(2005—2010 年)》,提出"2008—2010 年全省100％的国家综合档案馆全面建成与电子政务相配套的电子文件中心和数据备份基地"。[2] 2004 年 12 月,江苏省常州市电子文件中心正式运行,成为国内市级电子文件中心建设的典型。2005 年 1 月,苏州张家港市电子文件中心开通,成为国内首家县级电子文件中心。此后,国内许多省、市、县的电子文件中心进入筹备构建之中并渐显燎原之势。2007 年 4 月,国家档案

---

① 信息来源:电子文件中心改革简介,http://www.ahda.gov.cn/SortHtml/1/88700234193.html,检索日期 2011 年 10 月 3 日。

② 见韩杰《大力推进电子文件中心建设"三位一体"服务经济社会发展》,《档案与建设》2007 年第 5 期。

局在常州和合肥召开了全国电子文件中心建设经验交流会,标志着电子文件中心建设达到了一个高潮。

电子文件中心发展成文档中心的基础:一是实施电子文件的集中统一管理,具备电子文件管理经验;二是基于政务网进行管理和服务,具备社会服务功能。

电子文件中心发展成文档中心的不足:一是电子文件中心是近几年才产生的新生事物,正处在建设当中,没有形成规模,没有构成体系;二是责任主体与实体定位不明确,电子文件中心多数是依托原有的档案馆进行建设,其后台实体依然是档案馆;三是依旧限于后端管理。

10.4.6 备份中心

备份中心也称容灾备份中心、灾难备份中心、登记备份中心等,是为了确保重要电子文件安全和关键业务可以持续服务,提高抵御灾难的能力,减少灾难造成的损失而建设的信息管理机构。备份中心可建在同城也可建在异地,其核心是数据备份系统,它应是整个业务系统或电子文件管理系统的有机组成部分。

数据灾难备援服务起源于 20 世纪 70 年代,目前在发达国家已经成为信息工业中增长最快的行业之一。2009 年,国家档案局杨冬权局长在全国档案局馆长工作会上明确提出了"实施重要档案异地备份制度"的战略;《电子文件管理暂行办法》对电子文件的备份提出了明确要求;同年,全国档案安全体系建设工作会议上又提出"应该建立确保档案安全保密的档案安全体系",电子文件备份中心建设在全国启动。

备份中心利用电子文件地理上的分离来保证系统和数据对灾难性事件的抵御能力,它主要承担以下职能:一是对本行政区域内各单位形成的对国家和社会具有重要保存价值的电子文件和档案,特别是涉及民生权益或公共利益的电子业务数据(库)和档案数字化成果进行登记备份;二是集中对本行政区域内各单位登记备份的电子文件和档案进行安全、规范管理,并借助一定技术手段,保证档案备份数据的真实可靠性和安全性;三是在电子文件和档案形成单位发生档案安全事故、真实性纠纷等情况时,提供档案数据恢复和可靠性认证服务。[1]

备份中心发展成文档中心的基础:备份中心一般有机构、有人员、有场地、有设施、有数据,为发展成文档中心奠定了坚实的物质基础。有机构即备份中心是实体机构;有人员即有行政监管人员指导督查各单位登记工作质量与备份数据质量,也有信息技术管理人员负责在线登记备份并对备份数据实施安全保管、恢复工作;有场地即有计算机机房和专门存放光盘、磁带等脱机载体的库房场地;有设施即包括机房必要配置、网络与计算机硬件设施、软件平台、数据检测系统、安全设备设施、存放载体设备等;有数据即存放各专业主管部门及下属单位业务信息管理系统形成的现行电子业务数据(库),各单位在处理公务过程中形成的电子文件,例如版式公文、图表等并包括相关元数据和机读目录,各单位传统载体档案数字化后的全文和机读目录等。[2]

备份中心发展成文档中心的不足:一是属发展中的新事物,没有形成规模和体系;二是重视硬件保障和物理载体管理,不具备文件与档案管理经验;三是不具备面向社会服务的特征与功能。

10.4.7　文件中心

甘肃省永靖县于 1988 年成立了我国第一个文件中心。文件中心是一种社会化、集约化和专业化的档案管理机构,它的设置一般不像档案室一样隶属于一个文件形成单位,而是按地区或按系统建立的介于文件形成单位和地方综合性档案馆之间的一种过渡性档案管理机构[3]。

---

① 见占晖《档案与电子文件登记备份中心的建设要求》,《浙江档案》2011 年第7 期。

② 同上。

③ 见冯惠玲《档案学概论》,中国人民大学出版社 2001 年版。

文件中心发展成文档中心的不足:一是文件中心在我国不是成熟的文件管理机构,其普及度与规模达不到文档中心建设的要求,文件中心是欧美国家采用的过渡性档案管理机构,我国与之地位并列的是机关档案室,我国文件中心数量很少,不成规模;二是处于前端与后端之间的过渡型保管机构,同时具备二者的不足。

10.5 当前文档管理机构关系辨析

10.5.1 数字档案馆与数字图书馆

在诸多当前建设的文档管理机构中,数字档案馆与数字图书馆的概念与定位最难区别,二者所依赖的技术与理念几乎相同。

从国外的实践看,可以说数字图书馆包含数字档案馆。国外一般没有数字档案馆这个概念。我国一些研究者以为"数字档案馆"一词源于英文"digital archives",但在欧美等国的档案实践工作中,"digital archives"仅限于指数字化档案,或在网络中对数字化档案进行存储、展览、提供利用的虚拟档案馆,与国内所说"数字档案馆"的内涵并不相符。而其数字档案信息向社会传播时,往往是汇入数字图书馆。在国外的数字图书馆建设中,会专门针对档案类型的数字信息考虑存档(archiving)需求,并认为存档有别于保存(conservation)和保藏(preservation)。

在国内,目前档案馆与图书馆各自为政,联系并不紧密。档案界向社会传播数字档案信息时,并没有与数字图书馆联合,而是建立一整套机制或方法来管理数字档案信息并提供相应的服务,这样就形成了数字档案馆。

国内有些研究者还认为数字档案馆包含数字图书馆。例如"数字档案馆中的信息不仅仅是档案,还应包括未归档的各类电子文件和图书、资料,甚至是采集于实物的信息,可以说是上述综合性的数字信息的完整集合。"① "进入数字档案馆系统的……单位不只是档案馆、档案室、文件中心,还可能包括博物馆、图书馆、学校及其他信息中心。"②

有研究者对数字档案馆与数字图书馆的关系进行了研究和阐述,对两者的共同点与不同点进行了说明。

例如有研究者认为两者的共同点在于:数字档案馆与数字图书馆均为数字信息的聚散地,同样以文献信息为工作对象,同样以计算机技术及远程通信技术的集成为工作平台,在管理活动中都需要使用文献标识、信息存储、信息传输和信息保护等专门技术,都具有馆藏数字化、信息组织与传输网络化等特点。两者的不同点在于:从管理对象上看,广义的数字图书馆概念建立在对全部网络信息资源加以组织的层面上;数字档案馆的管理对象则比较专指、明确,即国家机关、企事业单位等各种组织和个人形成的文件、档案信息,包括在电子环境中直接生成的电子文件和传统载体文件、档案的数字化。从运作方式上看,数字图书馆是要使整个网络成为一个一体的、虚拟的、有组织、有结构的信息集合,提供统一的跨仓储的无缝查找;数字档案馆则主要是通过对现有档案机构职能的扩展、增强和集成,以及不同档案机构的联合,分工合作地选择、收集、控制、组织和保存电子文件信息资源,并授权机关、团体、组织和个人对特定信息资源的存取。从社会角色定位看,数字图书馆是各类知识信息的资源库,具有广泛的社会性、最大限度的开放性;数字档案馆存储和提供查询的只是记录社会活动过程和结果的文件信息。一方面,它的社会性和开放性受到一定程度的限制;另一方面,它还承担以信息支持的方式维系机构正常运转,保存机构记忆、地域记忆、民族记忆、社会记忆的历史责任。③

再如还有研究者认为两者的共同点在于:在建设目标上具有相似性,在

---

① 见邱晓威《数字档案馆及其建设模式》,《中国档案》2001 年第 10 期。

② 见傅荣校《认识数字档案馆》,《中国档案》2001 年第 5 期。

③ 见冯惠玲《电子文件管理教程》,中国人民大学出版社 2001 年版。

工作原理上具有相同性,在采用技术上具有相关性。两者的不同点在于:在信息资源方面,信息特征不同、数据类型有明显差异、来源和内容有很大区别;在服务方面,开放原则有所不同、服务对象有所不同、满足用户需求的范围不同;在应用技术方面,关键技术的重点和具体技术的要求不同;在管理方式上,数字档案馆相对封闭,数字图书馆高度开放;在建设成本方面,数字档案馆远远高于数字图书馆;在信息安全与保密方面,数字档案馆要求高,数字图书馆要求低。①

笔者认为,数字档案馆与数字图书馆在面向社会服务方面的技术和对外形式上可能相同,但核心内容完全不同。数字图书馆的核心是"组织",而数字档案馆的核心是"管理"。进一步延伸,数字图书馆的核心是"组织＋服务",而数字档案馆的核心是"管理＋服务",两者在前端面向用户服务上有共通之处,但在后端是完全不同的。②

图书馆的最高理想是拥有无限量的文献信息,网络环境的便利使得这一目标更加容易实现。在网络环境下,图书馆馆藏结构分化为现实资源和虚拟资源两个组成部分。所谓现实资源是指存放于本馆的文献实体及属于本馆的以光盘、磁盘、磁带等各种实体载体形态存在的数字化文献。虚拟资源又称网络资源,是指通过计算机系统及通信网络可访问的数字化信息。数字图书馆对属于本馆的数字化文献以及通过网络可访问的数字化信息进行存取与管理。相较于传统图书馆,数字图书馆的馆藏结构发生了很大变化。在数字图书馆中,虚拟资源的比重日益增大,使得其馆藏从有限扩大到了无限。最终,一个数字图书馆似乎就是网络的部分或者全部。这种馆藏结构的变化,引起了数字图书馆管理职能转变。从局限于收藏具体的、有限的文献转变为开发、链接和传送信息资源,并力图对全部或部分意义上的网络信息资源加以组织,将散乱、无序、海量的信息,根据一定的原则和方法,采用一定的技术使其变得有序化、结构化、系统化。"数字图书馆可非正式

---

① 见金波《电子文件管理学》,上海大学出版社 2007 年版,第 217 - 219 页。
② 见赵屹《对"数字档案馆"的简单认识》,《档案学通讯》2003 年第 5 期。

地定义为有组织的信息馆藏及相关服务,信息以数字化形式保存,并通过网络进行访问。定义的核心在于说明信息是有组织的。"① 数字图书馆可以没有自己的藏书,可以不需要对馆藏文献与数据进行数字化处理,只是针对网络中已经存在的信息资源进行组织,这与传统图书馆非常不同。所以数字图书馆的核心在于"组织",目的是为利用者提供无限的信息资源和有序的信息环境。

与数字图书馆不同,数字档案馆相对于传统档案馆,只是管理对象的存在与表现形式有所改变,管理范围并未扩大,因而职能也未发生变化。在数字时代,电子文件大量涌现。与数字图书馆的虚拟馆藏不同,电子文件必须明确归属于某一档案机构。这个要求源于档案的本质属性即原始记录性。电子文件的真实性、可靠性、完整性、可用性在很大程度上依靠文件与档案部门的技术、权威和信誉来保证。数字档案馆的管理范围较之传统档案馆并未扩大。数字档案馆的核心是想将传统档案馆的管理职能在网络空间中进行复制或称虚拟。如同传统档案馆对档案实体的管理,数字档案馆试图实现在网络空间中对电子文件的有效管理。其实质是利用信息技术,将现实的档案馆及其管理与服务功能搬到网络的虚拟空间中。要实现这个目标,就需要开发电子文件管理系统。电子文件管理系统成为虚拟的档案馆,它完成的工作与传统档案馆的档案管理过程没有本质区别,没有对传统档案馆的职能有所拓展,只是针对电子文件这种新形式的档案在网络空间中完成传统档案管理的内容。我们可以将这样的电子文件管理系统称为数字档案馆。

可见,由于馆藏结构的变化,数字图书馆相对于传统图书馆职能上有所拓展。虽然出现了电子文件这种新形式的管理对象,数字档案馆相对于传统档案馆管理职能并没有变化。以某公司财政记录为例,假设其财政记录是数字化的并利用数据库管理。那么对这些数字化记录进行长期保存与管

---

① [美]WilliamY. Arms《数字图书馆概论》,施伯乐等译,电子工业出版社 2001 年版,第 1 页。

理并提供网络利用是数字档案馆的职能之一,这与传统档案馆职能并没有区别。从多家公司收集一组这样的财政记录信息是数字图书馆的一部分,传统图书馆不具备实现这种职能的能力。

10.5.2 数字档案馆与传统档案馆

数字档案馆究竟只是一个系统、一种模式,还是一个机构,它与传统档案馆是什么关系? 在实践工作中,数字档案馆多是依托传统档案馆建设,二者仅仅是前台面向利用者的形式有所变化,后台仍是一个机构,即在机构设置上数字档案馆并没有冲出传统档案馆的范畴。在这种情况下,建设数字档案馆有无必要,它仅仅是一个面向利用者的新称谓么,数字档案馆是否应该冲出传统档案馆范围的束缚等问题尚无定论。

有研究者将数字档案馆与传统档案馆的关系归纳为三种观点①。一是数字档案馆与传统档案馆各自独立。数字档案馆是以数字档案信息为管理和利用对象的完全由计算机和网络组成的个性化的档案馆。二是数字档案馆逐步取代传统档案馆。数字档案馆是传统档案馆不断利用现代化的信息技术获得自身发展后的产物,具有更为先进的技术和管理理念。数字档案馆对传统档案馆具有逐步取代关系。三是数字档案馆是传统档案馆的数字化。数字档案馆是在传统档案馆基础上对其服务功能在网络上的补充和延伸,两者是相互依赖、相互促进的关系,将长期共存。

有研究者认为②,数字档案馆以传统档案馆为依托,管理电子文件和传统档案数字化后的信息。它与传统档案馆的区别有三个方面:一是从以档案馆为中心到以用户为中心。传统档案馆的工作是以档案馆为中心开展的,强调"用户适应档案馆",而数字档案馆完全以用户为中心,强调"档案馆适应用户"。二是从以档案文献实体为中心到以数字化档案信息为中心。

①　见刘永《数字档案馆若干问题》,《档案管理》2001 年第 2 期。
②　见金波《电子文件管理学》,上海大学出版社 2007 年版,第 215 页。

三是从以"拥有"（ownership）为中心到以"存取"（access）为中心。拥有馆藏档案文献是传统档案馆的核心要素，数字档案馆不一定必须拥有用户所需要的档案信息，而是能搜寻、利用其他档案馆所拥有的馆藏数字化资源来满足用户的需要（笔者认为，从整体上看，数字档案馆也是"拥有"）。数字档案馆对于网络档案信息资源的存取能力变得日益重要。这是从内容和性质上对两者进行了区分，应该可以归入第一种观点。

有研究者认为①，尽管数字档案馆比传统档案馆有着巨大的优势，但是数字档案馆并不能完全具备传统档案馆的功能，也不能代替传统档案馆。原因有四个方面：一是数字档案馆由传统档案馆而来，数字档案馆的"信息空间"需要与传统档案馆的信息资源相互连接才能构成；二是传统的档案实体与电子文件长期并存，仍然需要传统的实态档案馆加以管理；三是数字档案馆不能完全体现传统档案馆所具有的人文、历史精神；四是馆藏信息受时间与密级的限制不能完全上网，需要到传统档案馆履行一定手续后才能利用。这个表述是对第二种观点持否定意见。

还有研究者认为②，数字档案馆"以传统档案馆为依托来建设"，"不会成为传统档案馆的替代"，而是"传统档案馆的'新功能'"，我们将会看到物理的传统档案馆和非物理的数字档案馆并存的格局。这是第三种观点的表述。

笔者在前文第 10 章第 5.1 节"数字档案馆与数字图书馆"中已经对关于数字档案馆与传统档案馆关系的认识进行了阐述。笔者赞同第三种观点，认为数字档案馆是传统档案馆的延伸。两者管理范围相同、管理职能相同，唯一不同的是管理对象即档案的存在与表现形式不同，由此引起管理方法与技术的差异。你管你的实体档案，我管我的电子文件。两者互塑共生，管理对象互相转化。最重要的一点，两者在实体上可能共同对应同一个

---

① 见傅荣校《档案管理现代化》，浙江大学出版社 2002 年版。

② 见冯惠玲《无纸收藏〈拥有新记忆——电子文件管理研究〉摘要之二》，《档案学通讯》1998 年第 2 期。

档案机构。在未来发展进程中,一个完整意义上的档案馆＝传统档案馆＋数字档案馆。

10.5.3　数字档案馆与电子文件中心

在电子文件管理中,关于数字档案馆与电子文件中心的关系更加重要。数字档案馆与电子文件中心的建设显示了档案机构应对数字时代挑战的坚强决心和极大热情,为如何管好、用好电子文件进行了积极探索、积累了可资借鉴的宝贵经验。但是,目前关于两者关系的问题亟待得到解答。这个关系理不清,电子文件就管不好,数字档案馆和电子文件中心建设实践就会出现偏差。

要阐明数字档案馆与电子文件中心的关系,首先要基于两者的定义基础之上。但两者至今在理论上还没有各自形成相对稳定的、精准的、被普遍接受的定义。

对数字档案馆属概念的定位,有信息系统、网络系统、档案信息集成管理系统、一种信息获取方式、档案信息管理中心等,所述内涵与外延偏差较大,缺乏科学定义的应有之义。在实践上,数字档案馆建设基本上"停留在馆藏数字化和建立档案网站阶段"①如率先建成的深圳数字档案馆,有人称其为"数字化的流水线",真正实现的是对馆藏的数字化及其管理,缺乏电子文件管理的应有之义。

对电子文件中心的描述一般是"在电子政务活动中产生的电子文件数量急剧增加的推动下,顺应电子文件保管、利用的需要而建立起来的电子文件保管、利用中心",这样的描述没有揭示电子文件中心的本质内涵以及它与其他"电子文件保管、利用中心"的种差关系。还有人将电子文件中心描述为基于档案机构基础之上的"一种新的电子文件管理模式","中心"如何

①　见肖秋惠《我国数字档案馆与电子文件中心建设述评》,《档案学通讯》2008 年第 6 期。

与"模式"相对应是一个令人困惑的问题。

在定义尚不是十分科学和明确的前提下，目前关于数字档案馆与电子文件中心的关系，有如下一些主要观点：

数字档案馆是档案信息化建设的高级形式和中长期目标，当前建设的时机不成熟，在不能一步建立数字档案馆的情况下，近期先建立电子文件中心，而后以此为基础建设数字档案馆。[①]

电子文件中心的主要功能是在线接收和保管电子政务活动中产生的现行文件，并提供公共利用。电子文件中心应该纳入数字档案馆系统，它是数字档案馆的前端和入口，是连接数字档案馆与电子政务各系统的桥梁和纽带。[②]

从文件运动过程来看，电子文件中心是政务办公自动化系统和数字档案馆的中间过渡阶段；而从档案馆建设规划来看，大部分电子文件中心试点把电子文件中心建设视为数字档案馆建设的一个阶段目标和重要组成部分。[③]

电子文件的在线接收和存取服务由于相关法规、标准和技术等方面条件的限制一直未能开展，而代之以同时移交和保存同一文件电子版和纸质版的"双套制"。"双套制"对移交机关和档案部门都造成了负担，也不利于电子文件的实时利用和发布。我国数字档案馆从开始建设至今，一直未能妥善解决电子文件在线接收和存取的问题，而电子文件中心的出现则使这一问题的解决出现了希望。[④]

笔者认为，从核心本质上看，从长远发展上看，数字档案馆与电子文件

[①]　见黄玉明《安徽省电子文件中心建设的思路与做法》，《中国档案》2006 年第 12 期。

[②]　见杨冬权《贯彻王刚同志重要批示精神以建设电子文件中心为突破口全面建立有中国特色的电子文件管理体系》，《中国档案》2007 年第 6 期。

[③]　见胡杰《基于政务网的电子文件中心的构建与实现模式研究》，苏州大学 2007 年论文。

[④]　见肖秋惠《我国数字档案馆与电子文件中心建设述评》，《档案学通讯》2008 年第 6 期。

中心从内涵到外延并没有什么差别,它们应该都是信息时代背景下的新型文档管理机构概念,其实体除了人与物之外还包括电子文件管理系统并且该系统是其建设的主体,建设的最终目标都是为了解决电子文件的管理问题。作为新型文档管理机构它们根植于档案界的土壤但必须冲破传统档案工作领域,成为跨领域的、能够实现全程管理功能的整体运作的系统。

既然两者从内涵到外延并没有什么差别,那么为什么会有名称上的差异呢? 笔者认为,两者是从不同角度对于同一新生事物命名所形成的不同名称的概念。数字档案馆是在文献机构强调面向社会服务的过程中、尤其是数字图书馆取得较大进展和成果的推动之下形成的概念;电子文件中心则是在办公自动化、电子政务建设和政务公开政策的推动之下形成的概念。从实际运行情况看,数字档案馆强调通过公共互联网络以数字化手段为利用者提供方便、快捷的档案检索与查阅服务,而电子文件中心大多将功能嵌入在电子政务网中,承担着保管政府机关的电子文件以及网上发布文件信息的功能。数字档案馆更加侧重于面向社会进行服务;电子文件中心主要管理电子政务过程中产生的电子文件,更加侧重于为电子政务服务。但无论如何,两者的本质是相同的,只是在数字时代在档案管理发展过程中根据建设需要所选用的名称不同。数字档案馆易于得到社会公众的关注和认可,电子文件中心是为了向电子政务靠拢。不同的名称,有利于向不同的部门和对象推广新型档案机构概念,以求得到相关发展经费,获得更多的发展机遇。

在未来的档案信息化建设过程中,数字档案馆与电子文件中心这两个概念理当二而存其一,保留其中一个,淘汰另一个。从字面上看,笔者更加认同电子文件中心这个概念,它简单明了,既表达了以电子文件管理为核心任务又体现了与电子政务的天然联系。对它的定义应该是:以电子文件管理系统为主体,通过网络对电子文件等数字化档案信息实现全程管理与社会化服务的新型文档管理机构。它未来的发展就是成为新型文档一体化管理机构——文档中心(参见第9章第3.3节"核心机构"、第10章的第3节"新型文档一体化管理机构构想"及第8节"新型文档一体化管理机构的未来发展")。

10.6　当前文档管理机构建设存在的问题

10.6.1　文档分治　先天不足

数字档案馆、电子文件中心、备份中心多是以原有的档案机构为主体进行建设，对传统档案馆的部分功能进行改造。其建设仍旧束缚于文档分治的管理体制之下，在传统档案领域内进行，并没有真正地"走入合作圈"，这是我国当前文档管理机构建设的先天不足，也是造成当前文档管理机构建设缺乏统筹、多头无序的关键所在。

笔者认为，要探索文档管理机构建设的未来发展之路，必须改变当前的外延式技术应用模式，对未来文档管理机构的内涵和价值进行彻底的思考和追问。整个文档管理实践要如同前文所述一样理顺我国文档一体化的全程管理体制和流程，实现真正的文档一体衔接，而后在其基础上建设新型文档一体化管理机构。

10.6.2　内涵模糊　关系不清

理论上，数字档案馆、电子文件中心、备份中心、政府信息中心至今尚未形成相对科学、准确、稳定的定义，内涵模糊。实践上，这些机构建设互有交错，关系不清，例如备份中心兼有数字档案馆与电子文件中心的部分功能。数字档案馆与电子文件中心、备份中心、政府信息中心是什么关系，四者在电子文件管理中扮演的角色有何区别，四者分别与传统档案馆是什么关系，与文件形成机构是什么关系……目前尚有许多建设中的问题缺乏明确的、有公信力的回答。

10.6.3　多头无序　职责不明

目前数字档案馆、电子文件中心、备份中心、文件中心的建设一般是档案机构主抓,政府信息中心建设有政府办公厅(室)主抓也有商业发展模式,数字图书馆建设由各类图书馆主抓也有商业发展模式,各类文档管理机构建设政出多头,局面混乱无序,缺乏统筹,电子文件管理职责尚未完全分清。虽然2010年在国家层面建立了电子文件管理部际联席会议制度,但电子文件管理依然面临多部门协调的状态,以至于有的地方档案馆(局)不认为自己具有本地区电子文件管理指导监督职能①。

10.7　新型文档一体化管理机构的未来建设

如前文所述(参见第9章第3.3节"核心机构"和第10章第3节"新型文档一体化管理机构构想"),本书将笔者构想的新型文档一体化管理机构称为文档中心,它应该是具有实体的机构,并配备相应的资金、设备和人员。文档中心超越以往管理体制的性质,决定了其建设不可能仅囿于当前的档案领域,也很难一蹴而就。但是,从无到有地凭空生成也不是很现实。实际上,新型文档一体化管理机构的未来建设可以依托对现有机构的整合与改造来完成。当前的档案馆、政府信息中心、电子文件中心都可以发展成为此类机构。

在现有机构中,最适合改造成为文档中心或兼职充当文档中心的机构是电子文件中心、政府信息中心或档案馆。图10-1形象地显示了新型文档一体化管理机构未来建设的构想:每一级政府机构的文档中心皆以当前

① 见张宁《我国电子文件管理现状调查与思考》,《档案学通讯》2008年第6期。

存在的档案馆和政府信息中心为核心进行兼并改造而成,也可以在当前已存在的电子文件中心基础上建设而成。其管理的对象以政府电子文件信息为主,但也同时管理传统档案领域的其他电子文件信息、其他纸质档案等传统档案的数字化信息,还可以管理其他机构电子文件信息。

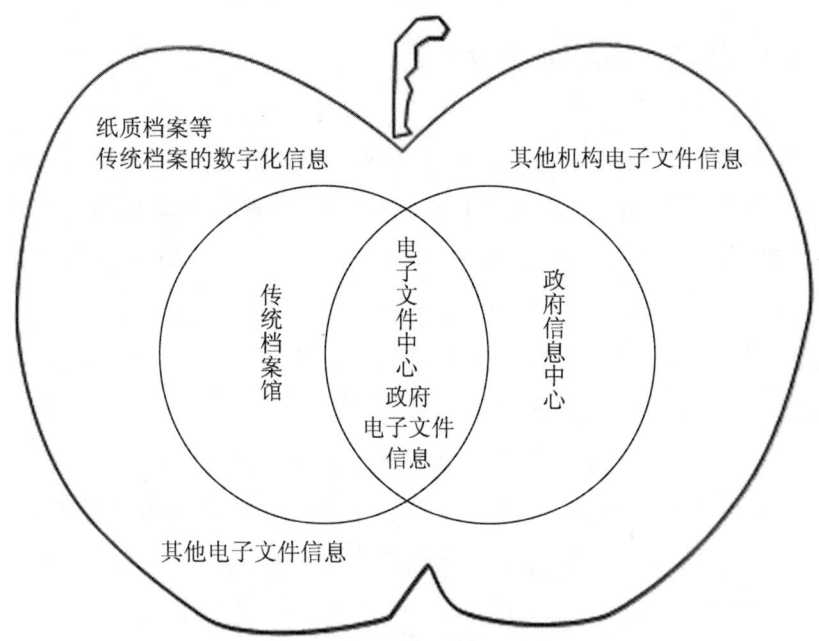

图 10−1　新型文档一体化管理机构建设结构示意图

将档案馆与政府信息中心整合改造为文档中心是新型文档一体化管理机构建设的最优途径,原因如下:一是文档中心应该是统一地、分级地设立。目前全国政府信息中心与档案机构设置比较完善,两者从中央到地方县级以上,均形成了完备的体系,有利于全国文档中心的统一建立。文档中心的设置可以与当前各级各类档案机构相对应,中央由国家档案局改为国家文件与档案局进行统管。二是两者资金、设备、技术、人员可以集中并做到优势互补。可以整合现有的文件管理部门和档案部门两方面的力量,结合技术与管理两方面的优势。

10.8　新型文档一体化管理机构的未来发展

10.8.1　文档一体的管理机构

文档中心最终的发展是跨越机关的文件档案管理机构,是新型的文档管理专业化、服务综合化的管理实体。它是电子文件的汇集地,集文件管理与档案管理于一体,集现行政务信息与历史政务信息于一体,集政务信息中心、文件中心与档案中心于一体。届时,它可以发展为对各级各类电子文件进行存取和管理。不同于当前已建立的、仅限于后端管理的文档中心,它可以对电子文件全程进行管理。

有了文档中心实体,可以统一实行国家文件与档案管理业务标准和规范,集中履行电子文件保管与利用的职能,做到机构精简,职能相对集中,人员配置减少,符合电子政务机构改革和精简效能的要求。

10.8.2　兼任电子签名的第三方认证机构

《电子签名法》颁布后,认证机构 CA 成为焦点。CA 是第三方机构,是对电子签名进行管理和认证的权威机构。对于 CA 的管理,国际上有不同的模式:美国强调市场选择,提供认证服务属于商业活动,CA 要靠自身的技术和信誉获得市场认可;欧洲要求中介机构对 CA 进行评测、审计,并对其安全性、可信性给出意见;新加坡要求 CA 必须由政府批准;香港指定香港邮政署作为 CA。我国关于 CA 的建设、运营,尚没有统一的标准出台,《电子签名法》对 CA 只规定了一些原则,管理规定尚需细化。CA 发展比较混乱,所颁发的数字证书采用的标准和规范都不一样。这会阻碍电子政务与电子商务的发展。

文档中心成立后,对于电子签名认证既有技术能力,有专业水平,又具有权威性,同时其人员、场所和物理环境可以满足电子认证服务要求,十分适合担当第三方认证机构。文档中心担当第三方认证机构后,进行公共密钥的管理、私人密钥的生成与发放、不同组织之间的交叉验证等验证管理。验证管理实际上是一种相互信任过程的管理,文档中心是国家政府领导下的文件与档案管理机构,它使这种信任管理受到良好的监控,并且文档中心担当第三方认证机构,能与其对电子文件的管理有效结合,提升电子文件转化为档案后的法律效力。

10.8.3　兼具管理、技术与服务功能

我国当前的文档管理机构建设在功能上都不完善:档案馆、数字档案馆侧重于面向社会服务,前端管理薄弱;政府信息中心、电子文件中心侧重于为政府服务,长久保管功能薄弱;备份中心侧重于硬件及数据管理,文档管理功能弱;数字图书馆以数字文献信息为主体,缺乏文档管理功能。

如表10-1所示,未来新型文档一体化管理机构应当在整合当前传统档案馆、政府信息中心、数字档案馆和电子文件中心等机构基础之上完善功能,兼具管理、技术与服务功能于一体,同时面向社会和政府进行服务。它一方面要实现政府信息资源共享,对国家政务活动中产生的、具有保存价值的电子文件进行集中收集、归档、统一管理;另一方面应坚持档案化的思想,使电子政务过程中生成的电子文件如同纸质文件一样得到永久保存并为社会公众查询文档信息提供一站式服务。

表 10-1　新型文档一体化管理机构功能表

机 构 名 称	面向对象	主要功能
传统档案馆	社会	管理+服务
数字档案馆	社会	服务

（续表）

机 构 名 称	面向对象	主要功能
数字图书馆	社会	服务
政府信息中心	政府	技术
电子文件中心	政府	管理
备份中心	政府/社会	技术
新型文档一体化管理机构(文档中心)	政府＋社会	管理＋技术＋服务

10.8.4 建立起整体运作体系

未来新型文档一体化管理机构建设要打破旧有行政理念的传统思维模式,理顺各方关系,建立起整体运作体系。从宏观上、整体上统一管理策略,为应用软件系统及其平台、数据库、网络、接口等制定原则和标准;构建全面一体的网络,形成流畅的文档资源流通渠道;整合文档信息资源,提高共享程度;统一管理机构,合并机构职能。

10.8.5 维护国家数字记忆

未来新型文档一体化管理机构具有对电子文件长久保管的功能,要能够解决电子文件管理过程中涉及的安全保管、长久流传、共享利用等问题,达到文档信息资源最集中、最权威、最有效、最长久的效果,保存"电子化的历史",维护国家数字记忆。

11 新的系统

体制的变革并非一蹴而就的,一般要经过一个较为漫长的研究、论证和实施阶段。而技术的发展又是日新月异的,形势迫人。目前阶段,我国文件与档案管理所能做的是发挥技术优势,采用技术手段迎合形势变化,开发网络环境下的电子文件管理系统,通过网络伸展前端控制之手,实现电子文件全程管理。

11.1 含义:整个生命周期的控制与管理

1996 年,美国的戴维·比尔曼在第十三届国际档案大会上所作的名为《虚拟档案》的报告中指出①:世界各国的档案学家已将网络环境下的文档运作方案提交各种标准化组织和专业团体论坛讨论试行。其要点是:在文档一体化的框架下,开发一个功能极强的文档监控系统,在网络环境下运用计算机的软件模拟功能对文件与档案进行管理操作。按照比尔曼的建议,通过软件系统从生成开始就对电子文件进行"封装",然后在网络中发布。这种管理思想代表许多国家普遍形成的电子文件管理思想,其中的"文档监

---

① [美]戴维·比尔曼《虚拟档案》,节选自《第十三届国际档案大会文件报告集》,档案出版社 1997 年版,第 67 - 79 页。

控系统"发展成当前的电子文件管理系统。

国际上关于电子文件管理系统有两种描述①：一是电子文件保存系统(ERK，electronic recordkeeping)，是采用自动化程序管理某机构的电子文件，能够随时间的流逝保存电子文件的内容、背景信息与结构；二是电子文件管理系统(ERM，electronic records management)，是采用自动化程序管理任意机构的任何文件，其文件形式包括纸质文件、电子文件、缩微胶片等。二者的主要区别在于前者仅限于管理电子文件，后者管理任何形式的文件。

笔者认为，电子文件管理系统是以管理文件信息为主的办公自动化系统与以管理档案信息为主的档案管理信息系统合二为一的计算机软件。它是针对某一个或若干个机构的电子文件，从电子文件的生成开始，到电子文件的流转处理，到一部分电子文件转化成为电子档案，到电子档案的管理与提供利用，到对电子档案进行迁移或销毁为止，能够通过网络对电子文件的整个生命周期进行相应控制与有效管理的计算机自动化管理软件系统。该系统能够记录电子文件的元数据并据此自动捕获各种背景信息，能够对电子文件和电子档案进行管理与提供利用，能够保证电子文件与电子档案的行政有效性和法律证据性，同时，这种系统也能够汇入纸质文件等的管理信息一并进行管理。

11.2　特点：元数据、网络、捕获、全程管控

当前的办公自动化系统与档案信息管理系统基本上都不是电子文件管理系统。电子文件管理系统应该具有完备的元数据体系、完备的网络功能、"捕获"功能和全程管控能力四大特点，不具备其中任何一种特点的都不是电子文件管理系统。

---

① NARA. ERK and ERM，http://www. nara. gov/records/fasttrak/prod5a/sld010. html，检索日期 2002 年 1 月 5 日。

11.2.1　具有完备的元数据体系

电子文件管理系统不仅要保存电子文件本身,同时应对电子文件的背景信息进行识别与保存。形成与捕获背景信息的工作要贯穿电子文件的整个流程,以证实电子文件形成过程,确保电子文件的真实性、可靠性、完整性,并帮助电子文件使用者理解其内容。否则,电子文件转化为档案以后不具备档案所应具备的凭证价值和法律效力。因此,电子文件管理系统必须具备元数据体系。

元数据体系用于描述电子文件的定义、属性、结构、关系等,揭示电子文件的形成、内容、排版、格式及系统环境等,以便标识、鉴别、描述、管理和长久利用电子文件,保障电子文件归档后的真实性、可靠性、完整性(参见第2章第3节"举杯邀明月:电子文件的元数据")。一般的信息系统不能保证电子文件的档案凭证价值的实现,而元数据体系使一般的电子文件产生质变,成为具有保管价值的电子文件,使电子文件管理系统实现电子文件作为档案的凭证价值和法律效力。

11.2.2　具有完备的网络功能

在电子文件管理系统中,网络扮演着不可或缺的角色。网络是电子文件传输的媒介,电子文件管理系统通过网络突破时间和空间的限制快速便捷地传输电子文件,实现电子文件传递与归档过程的自动化,突破机构内外之间、文件机构与档案机构之间电子文件流动的阻塞,突破部门之间与地区之间的纵横限制,将电子文件的各个管理模块顺畅地连接为一体,从而统一组织和控制电子文件的整个文件生命周期过程,实现全程管理。

电子文件可以说是在计算机中诞生,在网络中存在的。最初我国许多机构对电子文件的使用,仅限于打印成纸质文件下发流转,管理关注点仍在纸质版本上,对电子文件放任自流。电子文件在某台计算机上产生,然后又在该计算机上消亡。随着电子政务的实施,许多单位使用办公自动化系统通过局域网收发和处理电子文件,越来越多的电子文件开始在局域网中流转。电子文件在某台计算机上产生,在某个局域网中运动至最终消亡。随着电子文件数量的迅猛增长,电子文件管理需要档案机构利用网络伸展其前端控制之手,通过网络收集与管理电子文件。届时电子文件在某台计算机上产生,在网络中存在与运动,并最终由档案机构为其"养老"或者"送终"。

利用网络管理电子文件是最迅捷的工作方法。网络构筑了崭新的虚拟空间,创造了虚拟化的管理方式,利用网络文件与档案管理的能力和范围将会极大地提高。

11.2.3 具有捕获功能

"捕获"一词最初的使用是对获取电子文件的一种形象说法,演变至今成了一个专门术语并有其特定的含义。它是指对电子文件管理系统管理范围内的电子文件进行登记,获取各类背景信息,进行信息封装并将其存储于系统内部的过程。

电子文件管理系统捕获的对象有两类:电子文件本身及其各类背景信息。背景信息说明电子文件是由谁创建的、什么时候创建的、自创建后是否被改动过、自创建之后的处理过程等,反映了文件形成过程中的各种联系。

捕获是对电子文件进行科学、准确的记录,采取跟踪方式随时将需保留的信息记录下来。记录的内容主要是电子文件形成、处理、管理和使用情况,使其管理全程均有真实记录可供查询。记录方式包括系统的自动记录和必要的人工记录。记录的目的是保证电子文件的真实性、可靠性、完整性。在有效系统中记录的电子文件及其背景信息具有原始性,可以成为证实电子文件真实可靠的有效依据。因此,电子文件管理系统必须将具有保存价值的、必要的背景信息一并记录下来并实施有效的管理与控制。

电子文件管理系统究竟需要记录哪些背景信息,是由预先制定的元数据体系决定的。一份电子文件的背景信息是大量的,日常工作的输出结果也是浩如烟海。只有那些与电子文件有本质上的联系、能够有效地证明形成过程的背景信息才有必要予以记录和保留。所以说具备元数据体系对于电子文件管理系统是至关重要的,它决定了对电子文件诸多信息如何进行选择与取舍,并且要保证所记录的信息与电子文件内容事实和形成过程具有本质上的联系,体系本身的制定也必须具有客观性、科学性和合法性。

"捕获"功能对于电子文件管理具有重要的意义①:一是对电子文件进行捕获时,首先需要对获取对象进行选择,这是对电子文件是否具保存价值进行鉴定;二是当电子文件管理系统捕获到电子文件时,对它进行登记与分类,这是在对电子文件进行收集与整理的工作;三是捕获记录下来的背景信息是电子文件的著录信息,捕获的过程也是著录的过程。这样电子文件的鉴定、收集与整理、著录都由传统的"后端"提前到了现代的"前端",开始对电子文件的前端控制。

11. 2. 4　具有全程管控能力

全程管控是指对电子文件整个生命周期采取适当的措施进行管理、跟踪、监督和控制。它包括实时查看文件在流程中所处的位置和当前活动的执行状况,查看文件当前流转状态(等待处理、正在处理、处理完毕),下一步流转方向,挂起或中止活动的执行,改变活动的执行路径,对任务重新进行分派,调用消息管理器向特定电子文件形成者、处理者、管理者发送消息进行催办,对各种操作进行记录等。

电子文件的生命周期一般都是处在分布式信息处理环境之中,在这种环境下,高效运转相互关联的活动并且对执行活动的过程进行管控已经成

①　见张正强《电子文件管理》,解放军出版社 2004 年版,第 113－114 页。

为一种发展趋势。国际标准化组织 2001 年颁布的世界上第一个电子文件管理标准 ISO15489 指出文件管理过程包括以下活动：捕获、登记、分类、存储和保管、利用、跟踪、处置、监控和审核。其中跟踪、监控就是对电子文件进行管控。

电子文件全程管控的内容包括四个方面：一是版式管控。对于有版式要求的电子文件要在整个生命过程中始终保持原版原貌。二是流程管控。跟踪系统中电子文件发生的事件，并且将每一事件的重要信息记录到系统日志中。三是保密性管控。包括权限设置和加密解密。权限设置是为每个经手人员设定角色和权限，电子文件处理者根据权限设置处理电子文件。加密解密是采用硬件或软件加密方式传输或存储电子文件。四是安全性管控。从流程看，包括收文流程安全、发文流程安全和传输流程安全。从不同层面上看，包括物理层安全、系统层安全、应用层安全和数据层安全。从措施看，包括数字认证和电子印章。

全程管控的作用可以概括为三个方面：

一是从整体上看，有利于实现安全管理。全程管控包括建立人员安全管理机制和授权机制，对电子文件形成者、使用者和管理者具有核准审查程序，未经许可的用户无法访问。遵循授权最小化、分散化和规范化的原则授予用户能够完成任务的最小权限，并对已经授权的使用人员进行定期审核，视具体情况进行重新授权或撤销授权。这些管控措施都可以限制无关人员的访问，使有关人员在授权范围内严格按照操作程序进行文件的处理、办理和管理，保证电子文件不被非法修改，减少误操作，实现对电子文件的安全管理。

二是从业务工作角度看，有利于提高业务工作效率和决策能力。全程管控可以详细记录电子文件的当前状态、形成过程和形成结果，对电子文件形成参与者的行为进行约束与预见，实现电子文件流程动态变化的实时处理，对变化了的流程做出相应的反应。通过监控流程执行状态，利用分析和控制工具来进行优化控制。通过跟踪与监控，显著提高电子文件流转的效率与安全性，实现对电子文件形成的安全跟踪与管理，彻底改变传统文件形成的效率低下等问题。通过信任与授权机制根据涉及人员的角色和权限对形成过程中的电子文件进行查询。包括查看电子文件内容、电子文件流向、当前所处位置与状态、前一活动与后一活动的参与者、相关审批意见等。更高层的管理者还有权查看电子文件形成的工作进程及相关人员的工作任务,当前电子文件形成者,下一步电子文件流转方向,了解每个参与者每次对电子文件进行操作的时间及操作类型,某一项电子文件形成活动耗时多少,在流转中哪一个环节出现了滞后。从而对流程执行的效率、执行的质量进行分析和处理,有效控制电子文件的流转和工作的进度,提高业务工作效率和决策能力。

三是从档案管理角度看,有利于从源头上保证电子文件真实完整。全程管控将档案管理要求预先设定好并纳入到形成过程之中。有利于捕获与存储反映电子文件形成过程中各种联系的背景信息,从源头上保证电子文件真实完整,避免电子文件失真、失控、失踪现象的发生。由此,电子文件从形成起就被纳入档案管理的视野。从档案管理角度看,电子文件的形成可以分为自然形成与受控形成两种。其中的"自然"与"受控"就是相对于电子文件形成过程有没有管控功能参与其中而言的。自然形成是指一般意义上的计算机文件的创建,形成的是"裸文件"。这些"裸文件"通常是不完整的,往往只有内容、结构而缺少背景信息,因此很难作为档案长久保存,即使保存下来,通常只具有情报价值而很难发挥档案的原始凭证作用。受控形成是指通过电子文件管理系统对电子文件形成发挥档案管理、控制作用。受控形成的电子文件是在"裸文件"基础之上集成了实现文件凭证价值的必要信息的复合文件,是具有档案意义的电子文件,不仅具有情报价值,而且具有凭证价值。前端控制与全程管理思想的实质说明,只有受控形成的电子文件才能真正归档并作为档案单套保存。与纸质文件的管理相比,电子文件管理不仅注重每个阶段的结果,也重视每项活动的具体过程,并需要把这些过程一一记录下来。电子文件只有在受控形成过程中,才能被记录下证实其真实完整的有效依据。

11.3 功能:各阶段功能设想

11.3.1 生成阶段功能

生成是指文件形成者在社会实践中根据业务工作的需要和特定的目的,借助于一定的工具创建电子文件的过程。文件与档案工作与各项业务工作是服务与服务对象的关系,文档管理不能过多介入前端业务工作,所以在电子文件生成阶段对文件形成者不能进行干预,不能在其本职工作之外强加更多的文件与档案工作。这个阶段电子文件管理系统的功能主要是为各级各类文件形成者进行角色与权限设置,并在网络中开辟指定的工作区。

电子文件生成完毕后文件形成者将其存入网络上指定的文件寄存区域。一旦存入一份新文件,网络电子文件管理系统即被触发,启动若干辅助子系统。这些辅助子系统对存入的电子文件置予唯一标识符以在网络中标明其身份,对文件的读取进行限制,并按照元数据体系自动或人工捕获背景信息,并将电子文件与其背景信息建立密不可分的关联。

在这个阶段,电子文件管理系统还应该能够从其他文件源捕获文件。获取的方法有两种:一是对从外部信息系统输入的文件进行物理形式上的输入和迁移,其中可能包括文件格式的转化;二是电子文件管理系统与外部信息系统之间建立相应的链接,由此建立起对外部文件的管理和控制手段,此时不需要进行文件的物理迁移。

11.3.2 处理阶段功能

收文机构在网上指定的文件寄存区域获取电子文件,可能有若干机构同时获取同一份文件。这时文件已经包含捕获的一些背景信息。电子文件管理系统跟踪被捕获的电子文件,在文件处理的同时在后台自动记录各类处理信息及文件的处置状态。

11.3.3　归档、整理阶段功能

这个阶段依据各国不同的鉴定标准对电子文件进行验收归档,区分全宗①,对全宗内文件进行分类。电子文件管理系统允许用户按组织机构创建类别,并将类别与既定的文件规划表连接起来。即电子文件管理系统允许用户建立组织机构,并按职能对各机构可能产生的文件进行规划,针对各类文件制定详细的保管期限表,指明当前某份文件的处置状态,并对要销毁的文件进行详细说明。用户选择类别将文件归档。在文件规划表中允许用户自己创建文件夹。用户对类别及文件夹可以进行维护即增、删、改,但禁止删除非空的文件夹。用户对保管期限表也要进行维护。

在整理过程中要保持必要的文件关联,并及时反映文件处置状态,如将现行文件变为存档文件。允许将文件置于某种状态以防被毁。对于职责明确的文件管理者要将其组织机构、在网络上的文件寄存区域、文件处理工作人员、立档单位等信息载入电子文件管理系统。在整理过程中还要注意保存其他信息。如文件保管期限表,文件寄存器索引(文件寄存器的详细列表,包括寄存器内容、位置、相关的存取信息)。

11.3.4　维护功能

首先对电子文件进行安全性维护,功能包括:预防覆盖一份文件;电子文件唯一标识符一旦被确定后,防止进行任何改动;防止破坏任何索引、类别及其他一些文件指针;维护文件与元数据的集合,用各种手段探测任何可能对文件及其元数据进行的改动;系统提供所有增、删、改及检索活动的日

---

①　为了适合对电子文件的描述,此处"全宗"一词的涵义扩展为"是一个独立的机关、组织或人物在社会活动中形成的文件有机整体"。

志;对电子文件管理系统进行维护与备份;提供足够的系统恢复与重建程序,以防在系统故障中文件被损毁。

其次对电子文件存取访问进行管理,功能包括:进行访问控制,只有系统认定的用户能够检索、浏览、打印、复制、修改一份电子文件或其他信息(如元数据,文件保管期限表);允许确认是个人用户还是机构用户,并为他们设置不同访问权限。访问权限也许限制用户访问特定的文件或文件组,也许限制文件或文件组被特定用户访问。

11.3.5 检索利用功能

电子文件管理系统必须具有高效、灵活的网络检索工具。检索功能包括:允许查看元数据、文件内容或文件主题类别;确保所有的访问权限在所有的检索中被执行;允许在一次查询中进行基于元数据、文件内容或文件主题类别的组合检索;查询结果可以是文件列表及其典藏,也可以是文件原件;允许检索文件及相关元数据,允许基于确定的关联对文件进行检索,例如对相同文件不同版本的检索;提供足够的查询途径与选择范围,以满足各种检索需要,包括模糊匹配与精确匹配、截词检索、邻接检索、相似度排序等;另外还要采用各种方法实现对图像等多媒体文件的检索。

11.3.6 保存功能

确保系统中所有文件可读;确保文件可迁移到新的存储载体或转化为新的存储格式,以避免载体受损或技术退化;在迁移中确保所有元数据与相应的文件的关联不变;有效监管文件利用与存储容量,设置适当的警报系统。例如预告增扩容量,备份系统文件等;建立与维护系统日志,记录所有文件活动与系统功能;对日志信息提供全面而详细的访问。如对一个文件的访问,要提供文件标识符、访问日期、访问时间、访问者、各种操作;对日志提供摘要报告,例如报告访问次数等。

11.3.7　最终处置功能

首先是销毁功能,在文件保管期限表与文件处置情况的基础上确保文件合乎销毁标准;以某种方式删除文件以使其在物理上不能被重建和进行各种检索;提供销毁证明。

其次是迁移功能,在文件保管期限表与文件处置情况的基础上确保文件合乎迁移标准;输出文件与元数据;提供迁移证明。

11.3.8　一般功能

允许用户浏览与打印电子文件管理系统所有的管理信息,例如文件规划表、安全设置、当前文件处置情况等。允许用户按权限浏览与打印电子文件。

11.4　要求:系统基本要求

在实践开发中,电子文件管理系统可以是各式各样的,但是它们最基本的要求却是共同的。电子文件管理系统的基本要求包括以下九个方面:

1. 凭证的完整性

必须能保证电子文件凭证的完整性,能够说明电子文件是由谁创建的,什么时候创建的,自创建之后是否被改动过。同时保证电子文件不被非法改动、销毁与删除。

2. 文件标识符的唯一性

必须对系统管理范围内的每份电子文件能够生成唯一的标识符,使其能够在各个组织机构流转、管理,而不发生冲突。

3. 元数据控制

必须能够控制元数据的录入与存储,并能将元数据与电子文件以标准格式封装在一起。

4. 电子文件的连接

必须能够方便地将新捕获的电子文件与保管系统中已有的其他相关文件进行连接。

5. 具备检索工具

必须具备文件检索工具,在检索结果中显示电子文件原件,并支持背景信息等的超文本链接。

6. 存取控制

必须能够对存取进行控制,能够控制电子文件存取权限。

7. 数字签名的校验

必须能够校验数字签名的合法性,如果校验失败,必须能被记录并立即通知管理人员,以防文件被伪造或改动。

8. 审计与跟踪

必须保证一旦文件被系统接收,就不会被丢失,并能够进行审计与跟踪。对于所有对电子文件所采取的操作、用户最初开始及执行的操作、发生的日期及时间等无需人工干预地自动跟踪记录于审计跟踪文件。

9. 文件处置

必须能够对电子文件进行鉴定,评审和确定电子文件的状态,必要时,能够以一种可控的方式对电子文件进行销毁。

11.5 开发模式:流程优化、标准引导、整体设计

由于我国业界对电子文件流程的理论研究整体上处于起步阶段,甚至还没有真正形成一个完整独立的研究方向,电子文件管理系统的开发缺乏理论做指导。所以,当前的各类文件与档案的计算机管理系统,多是对手工管理阶段功能的模拟,没有真正从电子文件全程管理方面进行考虑。

因此,以往的文件与档案管理系统建设往往停留在对已有各项技术的

应用和系统集成层面上,其开发模式是:软件开发商运用自己以前在某一领域的科研能力和产品优势提出框架,然后对其他的技术成果和产品加以集成,最后形成系统。这样的由技术启动、厂商推动发展模式下形成的文件与档案管理系统,仍旧因袭了纸质文件手工管理阶段的流程,没有引进前端控制等先进的管理思想来优化流程。系统的电子文件管理功能局限于收发、登记以及简单的查询,不支持电子文件整体流程运作的管理,不支持电子文件的长久保存。这些系统所实现的,是运用先进的技术手段模拟传统手工操作流程;所变革的,是提高了对规范的、结构化的数据的管理;各个系统之间的区别,仅在于界面的友好程度、对手工流程模拟的逼真程度,不在于对电子文件处理能力本质的提高。是以发展至今,虽然技术不断进步,设备不断更新,但我国电子文件管理没有本质性的突破和革新,管理水平上没有质的飞跃。文件与档案管理系统所实现的电子文件管理的变化相较于传统文件与档案管理只是改良性质的变化而非革命性的变化。这样的系统不是符合电子文件自身特点和要求的、一体化的电子文件管理系统。为此,必须更新电子文件管理系统的开发模式。

我国文件与档案管理系统的开发模式可以划分为三类:一是模仿手工管理的模式。这种模式的特点是收发文登记与分类立卷仍然是分开的,实现的系统功能是有关的数据信息可以一次输入、多次输出、重复使用。中国人民解放军实施的"军档工程"中《公文档案信息网络系统》就是其中的典型代表,它利用自动化手段模拟完成了以往手工文件管理和档案管理过程,在一定程度上提高了工作效率。二是文档一体化模式。这种模式的特点是改变传统组卷方式,集文件登记、流转、立卷、著录、借阅、统计功能于一体,归档与组卷一次完成,组卷方式较传统档案管理更加灵活,例如同一年度、同一保管期限、同一类别内一事一卷。这种模式实现的系统功能是将计算机辅助档案管理的功能延伸到文件处理阶段,精简以往的工作环节。三是电子文件管理系统开发模式。这种模式的特点是不再停留在对传统文件与档案管理业务流程进行简单的"模拟"上,而是根据电子文件信息和数据流向开发一整套新的管理方法。这种模式实现的系统对电子文件的管理不仅限于存储与检索,而是能够跟踪和管理文件整个生命周期,实现电子文件收集、管理、处置、信息检索及传输利用。当前我国多数文件与档案管理系统尚不能保证电子文件的档案凭证价值的实现,这些系统不是真正的电子文件管理系统。

真正的电子文件管理系统的开发模式,应该是在国家整体电子文件流程基础之上应用导向型的、一体化管理程度高的模式。它具有以下三个方面的特点:一是基于规范的整体流程之上。国家具有整体电子文件流程,各单位根据本单位生成和管理的电子文件的特点从根本上优化整合原有业务过程。二是基于相关标准之上。每个单位不是根据以往办文经验而是根据统一的标准进行系统开发,例如元数据体系标准、系统技术标准等。三是基于整体需求基础之上。从文件生命周期的整体上、宏观上把握电子文件流程,关注档案管理中对于电子文件长期保存的需求,最终使得系统保存下来的电子文件在未来可以作为档案发挥应有的凭证作用。

11.6　作用:电子文件管理的终极解决之道

真正的电子文件管理系统是达到电子文件流程设计中各项要求的系统,与机构业务系统无缝对接,实现电子文件生命周期的全程管理和管控,采用技术手段既将电子文件全程纳入档案管理视野、满足档案管理需要,又有利于高效、方便地开展业务工作。

利用电子文件管理系统文件与档案管理能力将会极大地提高,利用网络文件与档案管理工作的管理范围将会扩大。文件与档案工作者可以向任何机构实时地收集电子文件。任何电子文件一经产生,文件与档案机构即可通过网络对其进行管理与控制,通过这种管理,有相应权限的利用者就可以迅速而方便地在网络上进行利用。文件与档案工作可以缩短工作时间,扩大工作空间,改善工作程序,加快工作速度,实现电子文件管理的高速化和连续化。网络化的电子文件管理系统是电子文件管理的最终解决之道。

12 新的服务

新的服务致力于分析数字时代文件与档案当前的服务状况并思考文件与档案未来的服务愿景。由于我国传统的文件服务是面向机构内部的,档案利用服务是面向社会的。本章以研究面向社会的档案利用服务为主。其中提供服务的档案既包括传统档案,也包括电子文件。

12.1 网络化:综合服务创新

网络是数字时代的显著特征之一。它凭借开放性的结构、自治型的管理、超文本的链接、多模式的交流成为全球范围内资源共享与信息交换的环境。利用网络开展文件与档案服务是顺应时代发展的重要举措。网络是一种双向主动式的服务手段,服务提供者与服务对象之间的地理距离因网络连接而消失,彼此之间的交流与合作变得频繁而快捷。利用网络开展文件与档案服务,可以扩大交流,无限地扩大文件与档案工作空间,可以节省利用者的财力与精力,可以整合文件与档案资源达到资源共享,可以实现信息服务社会化。借助和依托网络服务手段,有利于实现主动的、超越时空的信息服务,创新文件与档案服务局面。

12.1.1　服务内容创新

　　我国档案工作一直处于文件生命周期的后端,档案利用服务所提供的都是历时 30 年以上的历史档案信息。随着改革开放的不断深入,尤其是我国加入 WTO 以后,社会公众出于维护自身合法权益、投资兴业等需要,希望能够更加便捷地了解政府政策信息。在这种新形势下的文件利用需求迫切增长之后,档案机构率先转变工作职能,主动承担起了收集现行党政机关文件并提供利用的职责,档案利用服务开始联系前端,超越了传统文件与档案服务,创新了服务内容。

　　通过现行文件利用服务,档案工作密切了党和政府与人民群众的联系,维护了广大人民群众的根本利益,得到了社会和有关部门的肯定。2007 年4 月《中华人民共和国政府文件信息公开条例》颁布,明确指定档案馆作为政府信息的查阅场所之一。目前,全国各地各级综合档案馆作为政府信息公开查阅的指定场所,已成为政府现行文件公开的主力军,在政府信息公开中发挥着越来越重要的作用。

　　在档案馆为政府信息公开发挥作用的过程中,网络功不可没。通过网络公布政府信息具有奏效快、周期短的特点,为档案馆的一站式现行文件服务提供了最佳的技术手段和实现途径。许多档案馆在网络中开设了现行文件利用服务:北京市档案局(馆)网站按文件责任者进行分类,提供现行文件原文供在线阅读;浙江省档案馆网站提供了数量丰富的现行文件在线阅览和现行文件目录在线检索;上海市档案局(馆)网站提供了现行文件目录检索。"南京档案"网站公布了市级政府机关报送的近几年的 2000 多条政府公开信息的目录和全文,市档案馆 19 万余条开放档案案卷级和文件级目录,2600 份现行文件,"项目招投标""教育培训""职称评定"等公告信息,并将开发的文档一体化档案管理系统上传到网站上供利用者免费下载①。在

---

　　①　见南京市档案局馆《做好档案信息资源整合增强档案网站公共服务能力》,http://www.zgdazxw.com.cn/NewsView.asp? ID=10779,检索日期 2013 年 4 月 20 日。

政府信息公开过程中,南京市档案局还创造性地建立了网络发言人制度,建立网上受理、内部办理、网络发言人答复及发布的运行机制,在"南京网络发言人论坛"及其他网络上以该局名义发布单位政务信息,处理与该单位相关的网络突发性事件,受理网民建议、意见、咨询等各项工作,发布单位职能范围内的政务信息。国外也有类似的实例。由于档案与政府行政具有天然联系,档案机构提供电子政务信息服务是世界范围内的大势所趋。全球领先的顾问公司爱森哲(Accenture)调查显示,在网络服务和电子政务成熟度上,加拿大名列第一。加拿大政府建立了覆盖全国城市、农村和偏远地区的8800多个公共互联网接入点,通过"图书馆网""档案馆网"等项目,率先实现了"以公民为中心""一站式"获取政府信息和服务的目标[①]。

主动、有序、全方位地公开政府信息是构建透明、高效政府的必要条件,是政治文明发展的必然趋势,而参与政府信息公开、为社会公众服务是传统档案利用服务中所不具备的内容,这项档案利用服务在内容上的创新,不仅是服务民生思想(参见第12章第6节"平民化:新的服务思想")的具体体现,满足了人民群众"足不出户查阅文件与档案"的网络查档需求,而且为群众提供了快捷、全面、优质的文件服务,进一步缩短了百姓与"红头文件"的距离,体现了政策文件的公开性,保障了人民群众的知情权,受到了普遍欢迎和社会各界的好评,档案利用服务达到良好的社会效果。

12.1.2　服务范围创新

档案不同于其他所有类型的文献,其最大的一个特点表现为唯一性,即多数档案在世上仅存有一份。在传统的档案利用服务工作中,许多珍贵的档案由于没有渠道让利用者了解进而被利用而静静地躺在档案架上,最终成为"死"档。网络的出现,革命性地打破了信息环境空间的限制,同时也唤

---

① 见罗滦《浅谈加拿大国家图书档案馆的档案信息服务系统》,《兰台世界》2009年第10期。

醒了公众一个潜在的却一直长期存在的渴望——对全世界文化资源和历史资源全面综合地利用。北美档案学者认为："网络是最好的，可能是唯一的使档案资源为国家以外人们所利用的工具。"一份档案通过网络可以被世界各地不同层次的利用者不受时空限制地利用。网络使得档案利用服务摆脱了地域的限制，影响范围扩展到无限大，为档案信息利用服务的未来发展拓展了无限广阔的空间。

以网络档案展览为例。档案展览是档案信息资源开发利用的有效方式之一，它围绕特定的主题，将馆藏各种载体的档案收集、汇总面向社会进行陈列和展示。档案展览在服务社会、加强档案宣传、普及档案知识、培养潜在利用者、增强社会档案意识、促进经济和社会发展等方面都具有重要作用。档案展览是传统的档案服务方式，以往其受众仅限于来馆参观的人群。而网络环境下，档案信息的传播在时间、空间、速度和成本等方面具有无可比拟的优越性。利用档案网站或社交媒体网站将档案展览开办到网络中，从理论上说，受众在世界范围内扩展至无限大，影响程度会大幅度提高。广大受众有可能从展览中发现对自己有价值的档案信息，让"死"档案变成"活"资源，从而创造良好的社会效益和经济效益。

在线档案展览是提供档案信息服务和发挥档案馆文化传播功能的重要形式，具有不受时间地域限制、展览内容灵活、展览形式多样的特点。在线展览还可以充分发挥电子文件的特点，以多媒体作为表现手段，通过耳濡目染的形式让利用者获得最佳观展效果。南京档案馆在中华人民共和国成立60周年和南京解放60周年之际制订了网站宣传计划，制作了"风雨南京""解放南京""接管南京""建设南京"四个图文并茂的专题进行网上展览，对南京解放60年的光辉历程、成功经验和突出成就进行了宣传。通过网络传播，这个宣传得到七家媒体的关注，最后媒体与档案馆合作的系列短片在南京电视台各个频道播出，受到了社会的普遍关注。通过这次网上展览人们不仅了解了南京的历史，也知道了南京档案馆。北京市档案信息网开办的"人类的记忆——世界民俗摄影展""民间剪纸艺术展""北京市档案馆画册"等网上展览，真实地展现了该馆馆藏，对传播先进文化、进行爱国主义教育具有重要的作用。NARA 网站上的在线展厅 Exhibit Hall 就是网络空间的档案展览,它将美国国家档案馆所拥有的各类珍贵档案的数字副本分为 32 个一级主题进行展示。内容丰富生动,充分体现了国家特色,向世界展示了美国的历史和文化。加拿大国家图书档案馆在其官方网站上举办了一个题为"加拿大移民的文件历史"的档案展览。展示了加拿大移民在 1800 年至 1939 年的那段历史并促进家谱学者和其他研究人员利用该馆馆藏移民文件。

档案信息利用服务受众范围的扩大,一方面使得利用者可在异地远程获得档案信息,免除长途奔波的劳累,省时省力;另一方面有利于档案这一人类共同的文化遗产得以被共享,推进世界上多种文化的共生和交融。

12.1.3　服务方法创新

在传统的、坐等利用者上门的档案利用服务方式中,档案工作者一般只关心利用者提出的检索诉求,若能够满足该诉求则提供档案,若不能满足则结束服务,很少去关心利用者关注什么、需要什么。在网络环境下,档案信息利用服务必须以公众需求为导向、以公众满意为目标、以公众便利为原则,做到公众需要解决什么问题,就相应地提供什么服务。有人曾将网络环境下的经济称为注意力经济,即网络环境下的经济工作必须能很好地吸引公众,赢得注意力。1996 年,英特尔的前总裁葛鲁夫提出:"整个世界将会展开争夺眼球的战役,谁能吸引更多的注意力,谁就能成为下个世纪的主宰。"这个理论同样适用于网络信息服务。档案利用服务工作只有不断满足公众需要才能获得生机和活力,得以不断发展。要满足公众需要,就要进行利用者需求分析,真正了解公众需求,尽可能地满足公众所需,获得社会公众的认同和档案机构前进的动力。

在网络环境下,档案信息利用者不再仅仅是传统的党政机关、团体单位、专家学者,而是扩大到普通的个人,包括农民、技术人员、学生、普通市民在内的社会公众对档案的需求越来越旺盛。这些利用者的构成具有复杂性、所需利用的档案信息具有广泛性、提出的需求具有多样性,利用的目的具有特殊性。政府人员是为了辅助行政、专家学者是为了科学研究、工程技术人员是为了获取技术资料、学生是为了撰写论文还有诸如获取工资证明、编修家谱、调查取证、休闲娱乐等五花八门的需要。针对这种情况，要做好网络档案信息利用服务，首先必须系统了解、分析公众的利用需求，梳理归类，针对同类利用需求深入研究，主动收集、整理相关的档案信息，形成提供利用预案。有了利用预案，一旦同类型的利用者再次利用就可以主动提供系统性的信息。如知青档案查询未果的时候，利用者往往不知从何处下手，这时档案馆就可以主动提供其子女入户审批材料，当时插队落户工作情况说明等档案材料，协助其证明自己的知青身份，提高利用者的满意度①。

美国国家档案馆网站和澳大利亚国家档案馆网站将档案信息利用者进行了分类。美国国家档案馆网站的利用者分为联邦雇员、家谱档案信息利用者、国会成员、档案保管者、档案记录管理者、新闻界六类。澳大利亚国家档案馆网站将档案信息利用者分为家谱档案利用者、人事管理者、政府机构、展览管理者四类。每类利用者点击不同的类型链接进入不同的页面，面对最切合自己需要的档案信息和服务。例如新闻界人士面对的档案信息既有近期的新闻稿、新闻资料和其他资料，还有按日期编排的新闻稿。

加拿大国家图书档案馆认为利用者的需求是不断变化的，为了创造自身文件竞争的优势，力争使利用者满意并超越他们的期望，加拿大国家图书档案馆密切关注利用者的潜在需求、现实文件需求、共性需求以及个性需求，关注利用者本身的变化、数量的增减、类别的变化、利用者群体的扩展等等。该机构的需求研究机制主要通过利用者需求中心、数据管理、市场情报、用户群文件分析或研究计划等方式建立，并为了提高数字信息的检索效率重新思考和设计业务流程。另外，还通过对网站的使用情况及资源、文件的检索情况进行统计并定性及定量地进行研究来更好地了解加拿大公民的档案信息需求②。

---

① 见陈健《浅谈知识服务在公共档案馆窗口服务中的应用》，节选自杨永和《回眸与展望——档案馆发展的经验、方向与对策》，世界图书出版上海有限公司 2011 年版。

② 见罗滦《浅谈加拿大国家图书档案馆的档案信息服务系统》，《兰台世界》2009 年第 10 期。

在网络环境下,了解利用者的需求特点是今后实施个性化档案信息利用服务的基础,对提高档案信息利用服务的效益具有重要的意义。首先,加强档案利用情况统计分析。对某一时期档案利用侧重点做出判断,区分出利用率高的档案,及时针对此类档案开发档案信息资源,完善各种检索工具;其次,加强社会调查研究,掌握本区域的工作重心和发展趋势,预测近期档案利用服务热点与重点,根据预测有针对性地收集相关档案,以使档案利用更具时效性;最后,加强用户跟踪调研,通过专题调研、网上问卷调查、用户注册、网上讨论、服务器软件调查、Cookie 技术跟踪、用户信息反馈机制等方式,掌握用户的需求特点和心理状况,并接受用户的合理化建议,在此基础上,进行用户信息需求的预测,做到供需结合,从而提高信息服务工作的质量和效率。

12.1.4 服务工具创新

为了方便人们通过网络进行信息交流,网络中提供了新型的、多样的信息交流工具,使用这些工具可以在网上快速进行信息交流,档案工作者能够回答服务对象的各类咨询,提供查询和信息服务。

这些新型的网络交流工具可以分为三类:一是异步网络交流工具,其特性是在一段时间内单向沟通。这类工具最典型的是电子邮件(E-mail)、网页窗体(Web Form)、论坛(BBS)和博客(Blog)。二是即时交流工具,其特性是进行在线交互式对答。这类工具最典型的是网络聊天室、QQ,也包括 AskA Services 的网页问答模式,即时交流服务有利于节约信息获取的成本,方便信息传播。三是共享式交流工具,其特性是档案信息服务者将利用者曾经提出的问题或档案馆自设的基本问题及答案分类置于网页上,以供利用者自行查询,这类工具最典型的是 FAQs(frequently asked questions,常见问题解答)。进一步的共享式服务还可以将以往被询问过的问题转成资料库,将问题输入系统,系统将送来的问题在信息库中先匹配是否已有现成的答案,如已有答案就由信息库直接送出答案。若无现成答案,系统再将问题转置,由档案信息服务者以电子邮件或在线联络交谈等方式回答。

上述网络信息交流工具,在时效性、便利性、多元性、广泛性、纵深性上都具有传统信息服务方式无法比拟的优势,如果在档案利用服务中适当利用好这些工具,可以达到事半功倍的效果,大幅度提高档案信息服务的品质。

例如,FAQs 是一种常用的在线信息服务手段,一个好的 FAQs 系统,至少可以回答用户 80% 的一般性问题,这样不仅方便利用者,大大减轻档案信息服务者的压力,还可以节省服务成本,增加利用者的满意度。优秀的服务网站都比较重视 FAQs 的设计,NARA 网站为其 AAD 检索系统提供了详细的使用指南,如果公众在检索过程中需要帮助,可以通过"帮助""技巧"以及 FAQs 获得信息。

再以论坛为例。目前许多网络档案论坛已经成为宣传档案工作、解答有关咨询、接受反馈信息、利用者和档案工作者进行交流的基地。河南省档案局《档案管理》杂志社主办的《档案界》网站的论坛在我国网络档案论坛中具有一定的代表性。该论坛有来自全国各地的会员近 1.6 万名,17 名版主中包括 4 名教授、1 名杂志总编,其余为博士、硕士、学士或一线档案工作者中的骨干。论坛发帖累计 33 万多。①

博客为档案信息资源共享互动提供广阔的空间。辽宁大学赵彦昌教授创建的"中国档案学研究"是我国开办较早的档案专业博客,该博客秉承为科研收集资料以最大程度地实现信息共享的宗旨,转载档案学科论文,广泛搜集档案专业信息和资料,截至 2013 年 4 月底,该博客文章总数近 2 万篇,总访问量达 192 万多人次②。该博客上发布的档案专业信息曾经被专业刊物《档案管理》转发,传统媒体转发网络媒体信息,可见网络交流工具的重要作用。

再如在现代网络环境中,人们认为没有 QQ 号码是不可思议的,由此可

---

① 见杨宝章《〈档案界〉网站为何异军突起》,《档案》2010 年第 1 期。

② 见赵彦昌《中国档案学研究》,http://hexun.com/weilaiwansui/default.html,检索日期 2013 年 4 月 20 日。

见 QQ 的应用之广、影响之深。南京档案局建立了 QQ 群进行网上业务指导,他们曾利用 QQ 即时互动的特点,通过档案 QQ 群来指导南京市远在四川绵竹援建的工程人员进行工程档案归档,打破了档案业务服务的时空限制,提高了工作效率[①]。

还有些档案服务将档案信息和档案宣传信息输送到利用者指定的邮箱内,做到"送货上门"。

由这些使用网络交流工具进行档案信息利用服务的实例可见,通过服务工具的创新,档案信息服务充分利用网络的交互性使得利用服务在内容层次和服务程度上大大地深化。

网络环境的即时性、互动性为创新档案信息服务创造了条件。创新是我们这个时代的精神,是促进各项事业发展使之获得无限生机、永葆活力的源泉和动力。在网络环境下,档案利用服务创新可以使档案信息利用服务方式更加多样化,档案服务层面更具延伸性,服务范围和职能较之先前更具广阔性。档案利用服务创新的动力源于网络,创新的目的又是为了更好地适应网络。档案利用服务只有持续创新下去,才能实现自我价值,保持旺盛的生命力。

12.2　Web2.0:新的服务方式

以往档案机构实施网络服务的基本手段是建立档案网站,以网站为基地发布档案信息,提供档案信息利用服务,与利用者进行交流。技术的发展一日千里,新的技术会带给档案工作新的气象。而今,互联网络已经步入了新的发展时期——Web2.0时代,Web2.0应用带来新的网络服务方式,有助

---

① 见南京市档案局馆《做好档案信息资源整合增强档案网站公共服务能力》,http://www.zgdazxw.com.cn/NewsView.asp? ID＝10779,检索日期 2013 年 4 月 20 日。

于更好地开展网络档案信息服务。NARA 已经使用Web2.0应用将档案信息服务更好地融入了社会。

12. 2. 1　Web2.0与Web2.0应用

Web2.0是以 Hick、Craigslist 等网站为代表,以 Blog、Tag、SNS、RSS、Wiki 等社会软件的应用为核心,依据六度分隔、XML、Ajax 等新理论和技术实现的新一代互联网模式①。这一概念是 Blogger Don 于 2005 年在他的《Web2.0概念诠释》中所阐述的。时至今日,Web2.0网站蓬勃发展:Flickr、Linkedin、Tribes、Ryze、Friendster、Del. icio. us、43Things. com 都是公认的代表;Web2.0的典型应用包括:Blog(博客)、Tag(网摘)、SNS(社会网络)、RSS(内容聚合)、Wiki(百科全书)、P2P(点对点)、IM(即时信息)等。

在Web2.0之前,网络信息主要存储在服务器上集中提供给用户,用户通过浏览器被动地接受信息,所获信息的质和量取决于信息提供者即网站建设者,信息使用缺乏创造性和个性化,这个阶段被称为Web1.0。相对于Web1.0,Web2.0是一次从核心内容到外部应用的改变。在Web2.0平台中,信息内容的产出主要来自用户。每一个用户都可以生成自己的内容,并将这些内容进行传播、交流与共享。用户由受众转向主体,既是信息接受者,也是信息制造者、组织者和传播者。参与性、社会性、开放性和对等性是Web2.0的重要特点。

2010 年,NARA 进行了一项研究,采访六个联邦机构如何通过Web2.0应用创建和共享信息,从而进行业务活动和政策实施。该项研究不仅为NARA 应用Web2.0提供参考和借鉴,而且为确定由Web2.0应用创建的联邦记录是否最终移交到美国国家档案馆奠定基础。②

---

①　见玄伟剑《什么是Web2.0》,《互联网周刊》2005 年第 40 期。

②　AReportonFederal Web2.0UseandRecordValue, http://jhagmann. twoday. net/stories/8367420/,检索日期 2012 年 12 月 1 日。

NARA认为,Web2.0应用支持创建和管理内容的业务流程,创建了与公众沟通的新方式。在Web2.0应用中进行诸如提供信息、发起关于本机构的讨论、获取公众反馈、招聘员工、提供新方式的协作空间等网络服务活动,可以与利用者分享信息并加强利用者与政府的联系。[①] 基于这种思想,NARA与一些Web2.0网站签署了协议,广泛运用Web2.0工具发布档案信息并加强与利用者的沟通。

12.2.2　NARA 的Web2.0应用

在 NARA 网站的主页上有一个"联系我们(Connect with us)"栏目,点击该栏目下的"更多……"键,就进入"国家档案馆社交媒体与Web2.0(Social Media and Web2.0 at the National Archives)"网页。该网页上列出了 NARA 所有的Web2.0应用。这些应用包括:

1. Blog

Blog 全称是 Web log,中译为"网志",写 Blog 的 Blogger 中译为"博客"。Blog 是个人或群体按时间顺序作记录并不断更新的网络出版与交流形式。Blog 支持 Tags、SNS 并拥有评论、RSS 和 Trackback(回溯引用)等功能,这些使得其他人可以很方便地参与到 Blog 的交流中来。由于简单易用,Blog 普及迅速,大量的 Blogger 生产了大量的信息,其中许多成为重要的社会信息。

NARA 视 Blog 为与公众分享关于本机构的信息的渠道,也是公众对本机构的新闻、事件、项目反馈信息的渠道并鼓励公众回应消息。目前,NARA 开通的 Blog 有 12 个:

一是国家档案员 Blog。国家档案员是 NARA 的最高领导,也有人译为国家档案与文件署署长或国家档案馆馆长,该职位由美国总统任命,并经

---

① GuidanceonManagingRecordsin Web2.0/SocialMediaPlatforms, http://www.archives. gov/records-mgmt/bulletins/2011/2011 - 02. html,检索日期 2012 年 12 月 1 日。

参议院认可。当前的国家档案员是第十任国家档案馆馆长戴维·S.菲尔里诺(David S. Ferriero)先生。他在 Blog 中发布了与工作有关的照片、录像、演讲、事件、新闻报道、个人关于已往政策的一些评论等。

二是联邦登录处(Federal Register)Blog。联邦登录处是 NARA 一个比较特殊的部门,同时接受 NARA 和联邦登记管理委员会领导。它负责编辑每天的联邦登记册,汇编每周的总统文件,归档保存和编辑出版联邦政府的公报、法律、行政命令、规章条例等。联邦登录处 Blog 与社会公开讨论有关联邦登记册制度并致力于向公众提供业内人士的观点,同时发布一些有关政府文件、公众法律、总统文件的消息。

三是《信息自由法》(*Freedom of Information Act*, FOIA)专员 Blog。FOIA 赋予公民广泛接触政府信息和文件的权利,是美国一部影响深远的法律。美国 Blog 圈中有很多关于 FOIA 的信息资源,NARA 的 FOIA 专员 Blog 如何从中脱颖而出呢?2007 年,在 FOIA 修订之际,NARA 增设了一个名为政府信息服务办公室(Office of Government Information Services, OGIS)的机构。该机构的职责是以监察员的角色审查 FOIA 政策及合法性,调解和协助关于 FOIA 的纠纷。OGIS 的 FOIA 专员们的工作涉及 FOIA 咨询者、FOIA 机构人员、公众利益团体和各类人,他们希望通过 Blog 建立起关于 FOIA 的文化。该 Blog 设定的目标是在 FOIA 咨询者和联邦机构之间架起一座桥梁。

四是特殊媒体档案服务部(the Special Media Archives Services Division)Blog。特殊媒体档案服务部也是 NARA 的一个部门,该部门负责对数以百万计的、存储在特殊媒体上的档案进行管理和提供利用。这些存储在特殊媒体上的档案包括模拟和数字的照片、海报、电影胶片、视频、录音、地图、图表、建筑图纸、专利、船模图纸。特殊媒体档案服务部 Blog 成为员工讨论当前项目、发布令人兴奋的档案、引发对新开放的特殊媒体档案的关注的新阵地。

五是国家档案馆 Blog。该 Blog 建在 Google+网站上。

六是国家解密中心(The National Declassification Center, NDC)Blog。

NDC 成立于 2009 年 12 月,使命是在维护国家安全的前提下,应用人员、流程和技术推进具有历史价值的档案的解密和公开发行。NDC Blog 的创建目的是就解密处理的优先级征求公众意见,公布新开放档案的相关信息,并就如何做好 NDC 工作、提高工作效率等问题展开与公众的对话。

七是 Prologue 杂志 Blog。Prologue 杂志是美国国家档案馆的旗舰出版物,创建于 1969 年,杂志出版目的是为了带领社会公众从国家档案馆巨大的馆藏中"发现"最"新"的档案。每一天,都有档案学者、NARA 员工、独立研究者、历史学家、记者、律师和其他政府官员从国家档案馆发现新的历史材料,Prologue 杂志将其中最重要的新发现告知社会公众。该杂志社感觉一年出版 4 次的杂志容量是远远不够的,所以开通了 Blog。其 Blog 名为"历史的碎片",主题宣言为"开放我们所能开放的,保护我们所必须保护的"。该 Blog 邀请社会公众一起从国家档案馆所拥有的"历史的碎片"中发现和分享国家档案中的历史。这些"历史的碎片"包括超过数十亿页的文件、数英里的磁带和电影、越来越多的电子文件。

八是行政文件办公室(the Office of the Chief Records Office, OCRO)Blog。OCRO 是国家档案馆的所属部门,负责联邦机构文件管理的领导、监督、指导和服务,以使联邦机构在整个文件生命过程中适当地管理文件。基于 OCRO 的有效工作,NARA 才能对记录国家进程、保护法律权利的文件进行妥善保存并提供利用。OCRO 的官方 Blog 推崇开放性与透明度的精神,内容包括强调 NARA 的指导,讨论即将举行的活动,讨论如何与其代理合作伙伴一起致力于提高联邦政府的文件管理水平等。

九是文本档案服务部(the Textual Archives Services Division)Blog。文本档案服务部是国家档案馆所属部门,管理数十亿页的档案,这些档案记载着联邦政府的历史和证据信息。档案学家、专家、技术人员和志愿者一起组成文本服务部的工作人员,他们负责文本档案的保管和开放。该部 Blog 建设目的是提供一个平台,让本部员工、实习生、学生员工和志愿者与公众分享他们的发现。文本档案服务部乐于与社会公众分享部门员工的档案发现并希望公众享受这些发现。

十是公共利益解密委员会(the Public Interest Declassification Board) Blog。公共利益解密委员会旨在提高和完善保密/解密系统,为美国公民提供保护和服务。奥巴马总统责成该委员会进行设计以实现安全保密系统的根本性转变。为了回应这个要求,该委员会提出新的解决方案应对数字文件的挑战,提高系统效率和公众访问率。该委员会 Blog 目前在每周的星期三围绕新的解决方案发布 2 个或 3 个"白皮书"讨论以下议题:利用科技提高保密和解密水平;反思在电子环境中的信息管理;规范国会的分类记录的解密审查;规范国会的保密文件的解密审查;酌情解密和发布当代国家安全信息;简化历史文件的解密审查程序;电子环境中的信息安全和利用等。

十一是国家档案首席信息官(Chief Information Officer, CIO)的 Blog。随着社会信息进程日益加深,NARA 设置了 CIO 职位。CIO 负责领导办公室的信息服务,引导创新的项目和方案,领导开发信息系统和工具以帮助利用者挖掘 NARA 的馆藏,负责 IT 安全研究和应用研究。现任 CIO 名为 Mike Wash,他在 Blog 里分享"2012 技术趋势""文件的价值""NARA 信息服务的新举措"等信息。

十二是卡特编年史 Blog。该 Blog 由吉米·卡特总统图书馆和博物馆的工作人员负责维护。吉米·卡特图书馆和博物馆位于乔治亚州的亚特兰大,是隶属于总统图书馆系统、由 NARA 负责管理的联邦政府机构。保存近 2700 万页与卡特总统相关的历史文献以及由照片、电影、音频、录像带组成的视听集合信息。该馆建立 Blog 希望向公众发布的内容包括:研究可利用的历史文件;独特的历史文献、音像资料、口述历史、博物馆文物;该馆工作人员、志愿者、讲解员和实习生的信息;该馆举行的签名售书活动、新举办的展览以及其他事件;教育工作者可利用的信息资源等。

2. Facebook

Facebook 是创建于 2004 年的美国著名社交网络服务网站。该网站的主要功能是为用户提供照片分享的平台。目前它是美国排名第一的照片分享网站,用户数接近 10 亿人,每天上载 850 万张照片。Facebook 如此之高的人气,让 NARA 看到了让社会公众参与档案信息共享的有效途径。

NARA 下属机构纷纷开设 Facebook 账户,以便使 Facebook 近 10 亿的用户有机会了解档案和档案工作并共享档案信息。NARA 设立 Facebook 账户的机构包括四类:

一是国家档案馆体系的机构。例如国家档案馆,它通过 Facebook 官方网页向公众发布本馆的新闻与事件;国家档案馆的《今日文献》报道。《今日文献》是美国国家档案馆的网络信息品牌,它以互动画廊的形式、按照 365 个日期发布短小的美国历史故事及有吸引力的文档和照片。这些故事、文档和照片源于国家档案馆馆藏,具有教育意义并且使用方便。利用者可以使用其日历功能选择一个特定的日期察看与该日期有关的文献,或选择"给我惊喜"随机选择文献观看。《今日文献》被做成了 RSS feed,同步发布在 Facebook、Blog、Tumblr、Twitter 上,同时还在安卓市场(Android Market)和苹果应用商店(iTunes Store)等移动应用上推出;此外亚特兰大国家档案馆、波士顿国家档案馆、芝加哥国家档案馆等国家档案馆体系机构都开设了 Facebook。该体系内的 Facebook 账户共计 26 个。

二是联邦登录处体系的机构。联邦登录处和总统选举团(The Electoral College)在 Facebook 上建立了官方网页。

三是总统图书馆体系的机构。总统图书馆名为图书馆,实质是一类特殊的个人档案馆和博物馆。它以美国历史上的各位总统为专题,分别保存每位总统有关的档案、个人资料及物品。NARA 下辖 13 个总统图书馆均在 Facebook 上建立了官方网页。

四是基金会体系的机构。NARA 的运行,除了从联邦政府获得投资外,还从社会上获得大量赞助,包括捐赠的资金、设施、实物及档案等。在这个运行过程中,NARA 与各类基金会关系密切。以国家档案馆基金会(The Foundation for the National Archives)为例。该基金会属私营的合作伙伴,创建的目的是支持美国档案工作者围绕国家档案馆馆藏在技术、项目、材料、开发程序等方面进行研究,向世界和美国公众推介国家档案馆的馆藏。当前该基金会与国家档案馆筹建的一个项目是在华盛顿市中心的国家大草坪上建立一个新的博物馆,让游客有机会近距离地接触国家档案。国家档案馆基金会、乔治·布什总统图书馆基金会、罗纳德·里根总统基金等都在 Facebook 上建立了官方网页。

3. Flickr

Flickr 是 2004 年 2 月正式开通的一个以图片服务为主的网站。它拥有目前世界上最好的网络照片管理和分享程序之一。Flickr 还提供网络社群服务的平台，其创新的线上社群工具，能够将照片标上标签并且以此为索引进行浏览。Flickr 被认为是 Web2.0 应用的绝佳例子。

美国国家档案馆加入了 Flickr，以这种非常活跃的在线社区的新方式与国家档案的研究者、潜在的研究者和社会公众分享国家档案馆的档案照片和文件。该馆邀请公众在 Flickr 的照片上标注 Tags、发表评论、进行注释和补充相关信息。从而一起分享有关国家档案的知识、见解和经验。这些 Tags、评论和注释有助于其他人了解和发现档案。

国家档案馆发布在 Flickr 上的照片源于 NARA 网站上的档案研究目录(Archival Research Catalog，ARC)中的数字档案照片和文件。在 Flickr 上发布的照片大小大多数为 72dpi(每英寸点数)，格式为 JPEG 文件或 TIFF。所选图像将被放大为 300dpi。若想获得高分辨率的照片图像时，可以访问国家档案馆在 Flickr 上的相片集(网址为 http://www.flickr.com/photos/usnationalarchives/)。

4. Foursquare

Foursquare 是一个基于用户地理位置信息的手机服务网站，也是一个帮助人们发现周围趣事的社交网络。该网站鼓励手机用户同他人分享自己当前所在地理位置信息，在 Foursquare 的术语中，这些信息被称为提示(tips)。

Foursquare 将用户与其所在地理位置的提示连接起来。一旦登录到 Foursquare 的用户经过国家档案馆或众多总统图书馆中的一个，他立刻会得到这些机构发布的历史提示。没有智能手机的用户可以点击这些机构 Foursquare 网页全国性列表上的历史提示。

NARA 试图通过 Foursquare 向社会公众推广"历史伴你行"的理念。

NARA 的宣传词说：“请在你每日的上班路上，跟随国家档案馆和总统图书馆的 Foursquare 去了解你的所在地以及全国各地的历史提示。我们通过梳理档案内容提供给你两大历史资源：一是我们国家的历史故事，二是塑造了这个国家的领导人的故事。”

Foursquare 上的一类档案资源来自国家档案馆。在 Foursquare 上搜索“US Nat Archives”可以了解各种国家宝藏的位置；可以了解在国家档案中保存下来的各个历史事件的提示，这些历史事件发生在 Foursquare 用户所在城市或全国各地；从而让用户通过 Foursquare 发现国家的历史。

Foursquare 上的另一类档案资源来自总统图书馆。在 Foursquare 上搜索“our presidents”可以了解某地与总统相关的历史提示，如主要讲话、重要奉献、有关事件等，还可以了解很多有趣的事实，例如总统的特勤代码名称（例如在特勤的口中，尼克松不是尼克松，而是“我们的醉鬼”）或最喜欢的餐馆。

5. GitHub

GitHub 是全球最大的社交编程及代码托管网站，它开创了新型的软件开发方式。该网站源于 Git 系统，它是一个分布式的版本控制系统，用于 Linux 内核代码的管理。Git 系统中不存在“主库”之类的概念，每一个复制出的库都可以独立使用，任何两个库之间的不一致之处都可以进行合并。Git 系统一经推出，在各类项目中取得了很大成功，尤其是在 Ruby 社区中（Ruby 是一种功能强大的面向对象的脚本语言）。GitHub 可以托管各种 Git 库，并提供一个 Web 界面。GitHub 的独特卖点在于从另外一个项目进行分支的简易性，在 GitHub 进行分支就像在 Facebook 进行交友一样，在社会关系图的节点中不断地连线。GitHub 提供了一个平台，让世界各地的人们通过简单的版本控制系统和管理步骤协作和共享软件开发项目。

GitHub 这样专业化的软件开发社区能让 NARA 这样的档案机构发挥什么作用呢？当然是与社会组织和公众分享作为工具的软件。国家档案馆数字服务科（The National Archives Digitization Services Branch）开发了一系列应用软件用于促进 NARA 的数字化工作流程的执行。这些软件工具让 NARA 的数字化工作人员大大受益,他们乐于通过 GitHub 与社会组织和公众分享这些软件工具。

目前分享的应用软件有四个:一是 NARA 文件分析程序。用于验证文件名,统计分析文件大小,计算并校验和,提取文件类型,对整个文件目录进行评价,而后对每一份文件的分析结果生成总结报告。二是 NARA 视频帧分析程序。用于对数字化的视频文件进行自动化和标准化的质量控制检查,分析数字化过程中所产生的视频帧级元数据。三是 NARA AVI 媒体编辑工具。用于对嵌入和编辑的 AVI 文件提供元数据控制,基于美国国家档案馆、微软和 IBM 的建议与规范验证文件结构和元数据格式。四是 NARA 多媒体信息软件。用于显示视频文件和音频文件的信息流,允许自定义数据显示和输出格式。

6. Google +

Google+是谷歌公司于 2011 年 6 月推出的一项社交网络服务,该服务除整合了谷歌公司所有社交服务外还加入了很多新的功能,例如交际圈(Circles)、视频群聊(Hangouts)等。交际圈能把好友分成不同的群组,分别传送不同的信息。用户可以通过交际圈选择加入和组织群组从而达到最优的共享模式。Google+拥有过百万的用户。

NARA 使用 Google+发布和更新有关新闻、研究、出版发行、公共活动、展览等方面的信息。如前所述,国家档案馆 Blog 就建立在 Google+上。国家档案馆热切地邀请利用者将该馆 Blog"圈"入利用者的交际圈中并希望利用者参与视频群聊,从而使利用者能跟随国家档案馆的脚步去了解有关新闻、展览、研究、家谱、档案资源、公民档案员(参见第 12 章第 2.3 节"NARA 的Web2.0应用给我们的启示")所更新的信息等。

7. Historypin

Historypin 是与谷歌合作开发的、不以营利为目的一种新型的将媒体与地图进行混搭的网站,该网站允许用户在谷歌地图上覆盖照片、视频和录音。Historypin 认为:"每个人都有历史可以与人分享:这些历史有可能收藏在阁楼上泛黄的相册中,记录在成堆的卡带里,保存在遍及世界各地的档案馆里,流传于传下来的记忆和古老的故事里。"而"每一个历史的片段(那些照片、视频和录音)都可以在 Historypin 中找到归宿。在 Historypin 上,每个人都有机会看到它,添加它,学习它,讨论它,并通过它来建立一个更全面的世界观"。Historypin 的作用是"让数以百万计来自不同时代、不同文化和不同地方的人聚集到一起,共同分享和探究历史的细节,构建宏大的人类历史"。①

国家档案馆邀请社会公众将个人所保管的历史"钉(pin)"在 Historypin 网站上呈现给全世界,鼓励公众将 NARA 放在地图上。邀请公众上传数字文件,为每一项目(照片、视频和录音)添加描述信息和个人的有关叙述,一起体验熟悉的环境随着时间的推移在面前慢慢发生改变,分享个人的回忆和故事。

目前,国家档案馆在 Historypin 上推出以下历史资料集合:马修布雷迪内战照片,来自环保局文献处的 20 世纪 70 年代的摄影记录,有关华盛顿特区的街道、建筑和历史事件的照片,2010 年举办的一次摄影大赛的作品。

8. Mobile Apps

Mobile Apps 是指移动应用。自从苹果手机风靡世界以来,移动应用成为信息传递的一种主流方式。各种适合移动应用的信息产品层出不穷。NARA 也顺应这股潮流开发了适合移动应用查询和阅读的信息产品。这些信息产品包括:

一是教师文献(DocsTeach)。在苹果应用商店上提供,是适用于 iPad 的移动应用程序。它帮助用户使用保存在美国国家档案馆的文献信息,从而有助于用户理解过去的故事、事件和思想。用户可以选择一个历史主题然后挑战 DocsTeach 设计的任务(activity),或是到一个"教室"里找到专门为自己设计的任务,而后使用 DocsTeach. org 网站提供的代码完成这些任务。DocsTeach. org 是一个在线工具,该工具利用美国国家档案馆保存的档案辅助教学。利用这个工具,用户将与成千上万的原始档案和学习任务

---

① About, http://www.historypin.com/about-us/,检索日期 2012 年 12 月 1 日。

亲密接触。如果用户是一名教师,他可以注册一个免费账户。通过使用在线工具、借用和修改处在不断扩大中的任务集创建一个独一无二的、充满任务的"教室"。然后,通过该"教室"自动产生的代码,该教师和他的学生们使用 iPad 访问这个"教室",一起完成教学任务。

二是总统文件(presidential documents)。由联邦登录处与政府通告处(The U. S Government Printing Office, GPO)联合推出的免费移动 Web 应用程序。其功能是报告总统的日常活动,包括总统的行政命令、演讲、陈述、与国会和联邦机构的通信、批准的行动、提交到参议院的提名、白宫的公告、白宫新闻稿等。该应用程序具有界面友好的搜索引擎,可以按日期、类别、主题或位置搜索上述信息。

三是"悬崖边上:肯尼迪与古巴导弹危机"(To the Brink:JFK and the Cuban Missile Crisis)。在苹果应用商店上提供,是适用于 iPad 的移动应用程序。它是一款在线展览类的产品,由 AT&T 公司、国家档案馆和肯尼迪总统图书馆与博物馆共同开发。它将国家档案馆和肯尼迪总统图书馆与博物馆的档案展览输送到了 iPad 上。展览的内容包含许多照片、文献和档案。该产品让无缘参观档案展览的人有机会关注肯尼迪总统的笔记、阅读机密备忘录、聆听肯尼迪总统关于古巴危机的讲话,通过档案材料体验美国历史上最非同寻常的时刻。

四是《今日文献》。

9. Our Archives Wiki

Wiki 一词源于夏威夷语的"wee kee wee kee(意为'快点快点')",发音 wiki,被译为"维基"或"维客"。它是一种多人协作的超文本写作工具,可以多人维护,每个人都可以发表自己的意见,或者对共同的主题进行扩展或探讨。Wiki 与 Blog 都为用户提供了在线协作,不过 Blog 是面向个人的,而 Wiki 是面向社群的。Wiki 帮助用户在一个社群内共同发布大家都关心和感兴趣的话题,收集、创作、共享某领域的知识,从而构建起知识网络系统。

Our Archives Wiki 是 NARA 创建的在线的 Wiki 社群,用于向研究者、教育工作者、家谱学者和档案工作者分享信息和知识,了解国家档案馆的馆藏和正在进行的研究工作。用户利用 Our Archives Wiki 可以针对国家档案馆文献中的相关历史题材创建新的网页或编辑现有的网页,补充档案在线目录中的描述,发布转录的文档,添加信息建立其他资源,将其作为一个工作簿存储档案研究过程中发现的有用的信息,与其他类似主题的研究者分享研究信息。

10. RSS

RSS 技术内容参见前文第 5 章第 6 节"RSS 技术:访问技术之一"。NARA 提供的 RSS Feed 包括三类:一是国家档案馆的 RSS Feed,包括国家档案馆的新闻,DocsTeach 新的教学活动,DocsTeach 的新文档,《联邦登录处日报》文章,Prologue 杂志,《今日文献》;二是 Blog 文章,前文"Blog"部分所述的国家档案员 Blog、国家档案馆 Blog 等的文章均可包括在内;三是 Blog 评论,包括部分 Blog 文章下的评论。

11. Twitter

Twitter 中文译为"推特",是国外一个社交网络及微博(Microblogging)服务的网站。它利用无线网络、有线网络等进行即时通信。用户随时将自己的最新动态和想法以短信形式发送给手机和个性化网站群,而不仅仅是发送给个人。其内容不必如同 Blog 式地长篇大论。NARA 目前建立了 24 个 Twitter 账户,包括国家档案馆、总统图书馆、联邦登录处等。

12. Tumblr

Tumblr 是成立于 2007 年的一种微博,它沿用传统 Blog 的形式并将其演变成一种意识流式的琐碎叙述。这种叙述由一张照片、一段视频、一节引言、一条链接甚至一个闪念所引发,内容短小精悍。Tumblr 实际上是介于 Twitter 和传统的全功能 Blog 之间的服务。该网站目前用户数超过 2000 万人。它不但支持在本站发布微博,还可以同步到 Facebook 和 Twitter。

NARA 在 Tumblr 上托管了微博以便与公众分享更多关于本机构活动的信息。目前 NARA 在 Tumblr 上有 10 个微博,包括联邦档案中心(the Center for Legislative Archives)、林登·约翰逊总统图书馆、国家档案员、国家档案馆、总统图书馆、《今日文献》等。还有一个名为"山姆大叔,今天吃什么?"的档案展览的微博,它是国家档案馆近期举办的一个新的档案展览,内容就同时在网络上利用 Tumblr 推向社会了。还有一个关于说出你的故事的微博,供参加国家档案馆举办的"我在国家档案馆的新发现"竞赛的选手交流。NARA 在 Tumblr 上的微博多是直接展示档案、照片等,并有很简短的介绍。例如通过一辆公交车的照片,讲述了 1955 年引发黑人运动的那个拒绝在车上换位置的黑人妇女罗莎·帕克斯的简要事迹。

13．Ustream

Ustream 是建于 2007 年 3 月的互联网个人在线音视频广播平台。该网站注册用户 200 万,每月产生多达 150 万小时的在线视频和上百万人次的观看量。美国总统竞选期间,几乎所有的候选人都使用过 Ustream 回答支持者的问题。在 Ustream 上的 NARA 频道提供 NARA 的有关讲座和活动的现场直播,还提供 NARA 机构内的视频合集。

14．YouTube

YouTube 是建立于 1998 年的世界上最大的视频分享网站。它通过 Web 的方式,让人们更好地分享视频内容。YouTube 支持多种视频格式并执行较为开放的上传文件规定。YouTube 的系统每天要处理成千上万的视频片段,为全球成千上万的用户提供高水平的视频上传、分发、展示、浏览服务。

在 YouTube 上的 NARA 频道可以观看视频中记载的国家历史,而这些视频出自国家档案馆。这些视频目前以乔治·布什、克林顿等十个总统为主题进行发布。国家档案馆内的一些组织维护 YouTube 频道以便与公众分享作为档案藏品的视频。

15．Storify

Storify 是一款聚合、筛选社交媒体信息并"新闻化"的工具。Facebook、Twitter 和 YouTube 等社交网络产生了永无休止的消息流,如何在其中寻找自己需要的信息? Storify 提供了相应的筛选服务,筛选出最重要的信息,将其放大并给出来龙去脉。任何人都可以通过将其他社交媒体上的内容进行聚合修改写出自己的故事。聚合修改包括重新排列故事元素、添加文字以帮助读者理解上下文、用众多单个元素堆砌一个更大的故事等。Storify 让个人及其社交网络联系得更加紧密。NARA 的 Storify 账户围绕下列内容展开故事：NARA 的会议、事件、展览、假期、教育计划、政府信息公开的举措。

16. Tags

Tags 一般被译为标签，用于对信息进行自由分类。社交网络中的用户为自己的文章、图片、音频、视频等文件定义一个或多个描述，从而添加一个或多个 Tag 后，可以看到所有使用了相同 Tag 的内容，由此与其他用户产生更多的联系和沟通。网络信息通过 Tags 被收集、分类、聚合并且分享。Tags 类似于档案检索中的"自由关键词"，本质是Web2.0环境下的一种基于用户参与的元数据。NARA 在上述网站上的应用同样要用 Tags 自由分类。

12.2.3 NARA 的Web2.0应用给我们的启示

1. 更新信息传播理念

在当前社交网络空前发展的时代，档案网站是档案信息的网络基地，但不是唯一的与利用者沟通的渠道。各种Web2.0应用有助于档案机构将档案信息更方便、更快捷、更直观、更具亲和力地推向利用者乃至挖掘潜在利用者。Web2.0应用是除档案网站之外的网络档案信息利用的新方式。

通过前文的分析可以看到，NARA 在积极地使用各种流行的、处于应用前沿的Web2.0工具去广泛地发布档案信息、宣传档案工作、推广档案意识、前所未有地强化与利用者的沟通交流。与其说Web2.0是信息发布的新手段，不如说它是交流互动的新理念。Web2.0给我们带来的更多是信息管理理念的冲击、是信息传播理念的革命。在这样的网络环境下，国内档案界应该更新信息传播理念，学会使用Web2.0工具帮助我们传播档案信息。

事实上，国内档案界的Web2.0应用已经萌芽。例如《档案管理》杂志主办的档案界网站上已经开通了专业微博；杭州、嘉兴、宁波、余姚等市的档案网站、青岛大学档案馆等很多档案网站都提供 RSS 订阅服务；中国人民大学信息资源管理学院于 2010 年 5 月发起并创建了维基网站《电子文件管理百科》；辽宁大学赵彦昌教授在和讯个人门户上创建的"中国档案学研究"博客……但对于档案信息传播的广泛性来说，这些还远远不够。中国也有许多 Web2.0 应用网站，如与 Facebook 类似的腾讯朋友网，与 Twitter 类似的新浪微博，与 Wiki 类似的中文维基百科全书、威客中国，与 Foursquare 类似的乐土无线社区、玩转四方等。国内档案界应该如同 NARA 一样将档案信息通过这些网站更广泛地进行传播。

2. 改变信息传递模式

按照交互功能，可以将档案信息传递模式分为信息发布型、单向互动型和双向互动型。信息发布型以宣传和介绍与档案工作有关的信息，或者是档案机构所拥有的各种信息为主，实际上就是纸质宣传册的网络版；单向互动型信息流向大都是从档案机构传向网络利用者，档案机构处于主动的方面，没有互动反馈机制。例如档案信息检索服务，档案工作中的文件或表格下载服务等；双向互动可以实现档案机构和利用者的双向沟通，是信息传递的最佳方式。在我国当前的网络档案信息服务中，档案信息的传递都是单向的。Web2.0 的使用有利于彻底改变信息单向传递的模式。

在 Web2.0 时代，信息的利用者可以参与信息的创建、加工、提供等工作，从被动接收信息向主动创造信息方向迈进，真正具有了个性化和信息自主权。档案机构的服务方式从信息的"拉（pull）"模式向推"（push）"模式发展，变得动态而主动。信息的传递变成双向。这种双向交流有利于档案机构改进自己的工作，也有利于利用者从档案信息中发现和吸收知识，提高档案信息的利用率。

3. 畅通利用者参与渠道

细心阅读的读者可以发现，NARA 将很多相同的内容发布在不同的 Web2.0 应用上。例如美国国家档案馆在 Our Archives Wiki、Google＋的 Blog、Facebook、Flickr、Foursquare、Tumblr、Twitter、YouTube 等网站上均有应用；《今日文献》在 RSS、Facebook、Blog、Tumblr、Twitter、安卓市

场、苹果应用商店上均有应用；美国国家档案馆新闻以 Flickr、Twitter 和
RSS 应用方式发布……同一类信息通过不同的应用面对不同的用户群，极
大地扩充了受众面，畅通了利用者参与的渠道。

　　基于利用者的广泛参与，NARA 工作中出现了"公民档案员（citizen
archivist）"一词。NARA 提倡社会公众通过 Web2.0 应用参与到档案事务
中来，从而成为公民档案员。这些参与行为包括：为国家档案馆的图片和档
案添加 Tags；通过转发提高历史文献的利用率；发表文章分享公民拥有的
知识和所了解的国家历史；上传利用者从国家档案馆查找到的档案和照片；
转发历史天气例如从北极航海日志上明确告知过去某些日子的天气情况；
提建议或联系成为志愿者……NARA 对每一个公民说："总有一天，所有的
档案都在线可用，你能帮助实现它。"

　　目前，我国的档案网站已经达到一定规模，但一个不容回避的问题是：
通过网络参与到档案事务中来的普通公众数量极少，有些档案网站可以用
"乏人问津"来形容。档案机构应该认识到：在网络中提供信息，必须挖掘本
馆馆藏，形成丰富的、与民众生活贴近的档案资源。而后借助各类Web2.0
工具畅通利用者参与的渠道，积极传播平等参与的思想，吸引利用者了解档
案和使用档案资源，提高利用者参与的成就感，潜移默化地提高社会的档案
意识，从而推动档案事业不断发展。

4. 借助外部社会力量

　　对于 NARA 和利用者来说，几乎所有的Web2.0网站都是由非政府的
第三方社会力量开发的。NARA 网站对Web2.0做了大量说明和链接，当应
用转到Web2.0服务时，NARA 网站会提示："您已离开 NARA 网站"。
NARA 的工作人员和广大利用者就是借助外部社会力量达到了深入交流
与沟通的目的。

　　对于利用者来说，他能得到所需的档案信息、能与国家档案机构人员进
行交流已经达到利用目的，此时，他不关心自己是从档案网站得到的这些信
息还是从第三方网站上。从信息资源角度看，Web2.0是一个集各个领域、
各个主体的各类信息资源为一体的信息资源网。这种资源网是"以用户为

中心"的。而对于档案服务来说,通过Web2.0应用服务,让利用者获得了更好的体验。

当前,国内的档案网站建设还面临着很多问题,例如资金、技术、人员、用户。在这种情况下,拓展一种思路,利用Web2.0应用,借助外部社会力量来推进档案信息和档案意识的传播,有利于档案利用服务的创新。

12.3　多元化:新的服务模式

多元化的简要定义是"任何在某种程度上相似但有所不同的人员或事物的组合"。档案信息服务模式的多元化,可以理解为任何在某种程度上相似但有所不同的信息服务方式的组合。这些信息服务方式主要包括如下12种。

12.3.1　档案信息推销模式

档案信息推销服务就是为档案信息寻找用户,通过调查研究,将档案信息主动提供给利用者,使其能及时利用。档案工作人员针对利用者特定的实际需要按一定的档案标识系统与途径,从大量的档案目录、索引中主动为用户提供档案信息,从而提高档案信息的利用率,使档案信息的使用价值与用户潜在的需要有机结合起来,把档案实体转化为档案信息,促使档案信息利用者从需要向利用、增值过渡。

12.3.2　档案信息传播模式

档案信息传播服务就是档案管理机构把可开放利用的档案信息资源,通过有效的传播媒介来满足社会公众利用需求的档案服务工作。档案信息利用服务离不开各种媒介的参与,应综合运用各种传播媒介,提供多种多样的信息化服务,档案中蕴涵的信息不是没有利用者,而是缺乏具有足够吸引力的传播方式,在网络环境下开展档案利用服务,可通过网络编辑技术将档案的原貌展现在利用者面前,集文字、声音、影像等多种形式于一体,大大增强档案的可读性,以获得广泛的用户。

12.3.3　档案信息编研模式

档案编研工作是档案信息的升华,它可以把静态、零散的档案信息资源通过采集、分析、加工、整理变成动态、集中、整体的档案信息成果,使利用者直接获得全面、综合的信息,缩短利用者收集信息的时间,提高工作效率,在提供利用档案信息的广度和深度上具有更强的实用性。

12.3.4　全文信息推送模式

在未来的档案利用服务中,利用者对档案信息的深度和广度会有更高的要求,简单的二次信息和三次信息将不能满足其需要。利用者希望全面获得全文信息和深加工信息,而且这些信息可以通过某些手段自动被推送到利用者面前,这种要求在当前已经显示出迫切性。

12.3.5　自助信息服务模式

就是档案人员根据以往服务的经验及对利用需求的分类,对低层次且重复性大的利用需求,借助先进的技术手段为利用者提供标准化服务和解决方案,并由利用者采用自助服务的方式满足其需求。随着数据库、知识库、人工智能等相关技术的不断发展,使得构建具有知识推理能力和知识检索能力的自助式知识服务技术平台成为可能,档案利用者可利用电话、个人计算机及友好的软件界面,根据自身需求进行自助服务。

12.3.6　学科信息门户模式

学科信息门户是将特定学科领域的信息资源、工具与服务集成到一个整体服务系统中,为用户提供一个方便的信息检索和服务入口。面向用户的档案信息利用服务必须致力于学科门户的建设,以主题信息门户、专业信息门户、跨学科信息门户、分布信息门户、开放信息门户等形式开展服务。

12.3.7　参考咨询模式

这是指档案服务中对利用者在利用数字档案寻求知识、情报、信息方面提供帮助的活动。它以协助检索、解答咨询和专题档案报道等方式提供事实、数据和档案线索,其内容主要包括指导利用档案、咨询服务、编制档案目录等。建立网上咨询系统,利用现代科技完善自身的工作与服务,培训档案咨询员,提高网上参考咨询服务效率,帮助利用者查找其所需要的档案信息,为用户提供深层次、多样化服务。

12.3.8　专家指导模式

在未来信息爆炸的网络环境中,利用者有可能更加需要专家的指导和协助来帮助他们完成沙里淘金的工作,使其得到尽可能少、但质量高的信息。专家是善于查找、复制、传递和分析信息的专业人员,他们决定了网上信息服务的竞争力。

12.3.9　定题检索模式

这是根据利用者事先选定的专题,由档案信息服务者跟踪最新档案信息为利用者定期或不定期提供相关文献情报和数据资料的一种服务方式,其提供方式包括题名、摘要、原文甚至译文、综述等。文献跟踪范围为各种档案信息数据产品,可以是一次性服务,也可以是长期定题跟踪服务,并且根据用户要求出具检索报告。

12.3.10　信息导航模式

这种服务把对单份文件的导引发展到对档案文献信息中的知识单元、知识内容的引导,尽可能地对档案信息内容进行浓缩、提炼,引导利用者准确查找到所需信息,使利用者知道自己在什么位置,到哪里去寻找他们所需要的信息,避免利用者面对众多信息不知所措、产生焦虑与恐惧。

12.3.11　多方合作模式

所谓多方合作的档案信息服务模式,就是根据不同类型档案的特点,由档案馆作为发起方,根据研究需要引入第三方、第四方,对档案信息进行主题分析,同利用者一起对档案信息中的知识进行搜集、整理、整合,并对档案信息服务进行评价的一种服务模式,其特点是多方参与、个性化、以用户为中心、解决问题的成功率增加等①。

12.3.12　无线网络模式

无线通信技术的快速发展,使得无线网络的应用和发展成为可能,从移动手机通信到无线上网,可以说无线网络正快步进入人们的生活之中。信息无线网络覆盖面更广,应用范围和接入形式灵活,通过与有线网络的结合,可以实现档案信息的全天候、全方位提供利用,方便用户快速获取档案信息。开展无线网络的档案信息服务可实现与有线网络的互补,真正达到

---

① 　见张晏如《档案信息多元化服务模式探析》,《档案》2010 年第 3 期。

全球无缝覆盖。无线网络接入灵活,较少受地域条件的影响,可以覆盖全球;多样化的无线接入设备以及较高的普及率,可以增加用户的数量,提升档案信息服务的效益。

数字时代催生了上述多种新的服务模式,此外还包括知识服务和个性化服务,由于二者是未来最为重要的服务发展方向,后文分别进行专门研究。这些多元化的服务模式的集成,可以使档案信息利用服务更具有主动性、针对性、权威性、深入性与广泛性,确保档案信息服务的质量,及时满足社会多变的动态档案需求。实践中,各地档案部门可在现有条件下,因地制宜,采取保证特殊、兼顾一般的原则,选择适合本馆、本地区的多元化档案信息服务模式。

12.4　个性化:新的服务方向

随着社会信息化程度的深化,一般性的档案信息利用服务将满足不了不同利用者群体的需求,这就要求在档案服务工作中可以提供个性化信息服务。个性化信息服务是根据利用者的特定需求向其提供经过集成、相对完整的信息集合或知识集合,它是指一种能满足利用者个体需求的服务方式。目前,个性化信息服务模式有很多种,主要包括个性化信息定制服务、个性化信息推送服务、个性化信息检索服务等。档案信息个性化服务的实质在于找到档案信息与利用者个别利用需求的契合点,它不仅能带来注意力效应,而且还可增强利用者的忠诚度和依赖感。

当前很多领域都提出了个性化服务的概念,例如新闻网站、资源推送系统、信息检索系统、数字图书馆等。档案信息利用服务和这些信息服务一样都是面向利用者的服务,只有得到了利用者的肯定,才能获得发展的空间,因而也要重视和提供个性化信息服务。

个性化档案信息服务包括如下三个方面的内容:一是实现服务时空的个性化,即在利用者希望的时间和地点满足其对档案信息的需求;二是呈现服务方式的个性化,即根据利用者个人喜好及专业背景开展档案信息服务;三是提供个性化的服务内容,即面对不同利用者对同一问题的需求,有针对性地使利用者能够各取所需、各得其益。

个性化档案信息服务是在研究利用者的个性、习惯、兴趣、知识结构、心理倾向、信息需求和行为方式的基础上,通过提供相关服务或利用者进行自助服务,使利用者接触到所需的相关信息和感兴趣的知识内容,以节约查找时间、提高效率。要开展好个性化信息服务,档案馆必须重视利用者需求的调研与预测工作,研究、分析利用者的信息需求,有针对性地加强档案信息资源的深层次开发工作,将分散在不同载体、不同类型的档案信息予以集成,从中提炼出对利用者有针对性的精品信息。同时,要充分发挥数据库建设、搜索引擎、数据挖掘、智能代理、信息过滤、全文检索、知识推理和融合等技术在档案信息利用服务中的作用,构建个性化服务的技术平台。档案信息个性化服务措施,归根到底是根据利用者利用档案信息的行为特征、习惯和利用者的需求做出的,因此,档案信息的个性化服务是以档案利用者的需求为依据和核心的。

个性化档案信息利用服务的基本程序包括如下五个方面:一是利用者在系统中注册并登记个人信息,认证授权系统验证利用者身份;二是利用者通过身份验证后,可选择是否需要档案信息的定制服务,选择定制服务的利用者可以在系统内进行资源及界面的制定;三是系统根据利用者登记的个人信息及定制内容情况生成利用者档案,建立"利用者数据库",如果利用者没有进行内容定制,系统则跟踪利用者行为,分析其喜好,将有关信息存入"利用者数据库";四是系统根据档案利用者提出的实时信息需求,结合"利用者数据库",实施信息处理,为档案利用者提供个性化页面,包括个性化的界面和资源;五是档案利用者可以对获取的信息内容和形式进行评价、反馈,随后档案系统对反馈信息进行分析、处理,调整完善"利用者数据库"的内容①。

---

① 见李漫、李红梅《基于数字档案馆的档案信息个性化服务研究》,《兰台世界》2010 年第 3 期。

12.5　知识化:新的服务理念

　　知识化是指档案利用服务中新近应用的知识管理和知识服务理念。随着信息技术的快速发展,知识管理逐渐兴起。它作为获取、存储、学习、传播、应用、共享知识的一种服务方式,正在当今社会中发挥着越来越大的作用。知识服务就是从各种显性和隐性知识资源中,通过对利用者的知识需要和问题环境的分析,将信息提取、重组、创新、集成的知识提炼过程,是有针对性地解决利用者问题的高级阶段信息服务。

　　1959 年,彼得·德鲁克(Peter Drucker)预言信息和信息系统重要性将得到很大提升,而且在距今 40 多年前就提出了知识工作者这个术语。知识工作者是指那些受过良好教育的专家,其工作的基本内容就是创造、修改和合成知识。德鲁克预言,随着知识工作者数量的增长以及他们的重要性和领导能力的增强,知识社会将会到来。德鲁克的预言是非常准确的。2005年,联合国教科文组织发布了《迈向知识社会》的报告,其中有这样一段话:"信息时代的思想基于技术的创新,而知识时代的概念则包含着更为广泛的社会、民族和政治维度。"加拿大档案学者特里·库克在上个世纪末就指出"档案工作者不应囿于档案保管员的角色,而应成为概念和知识的提供者。将着眼点从信息转移至知识上"①。

　　知识服务的核心在于建设起相关的知识库和工作机制,保证知识的及时积累以及提供共享。知识库是为了满足公众利用需求而专门汇总的信息集合,它主要包含业务知识、员工知识、服务案例、客户知识、关系知识、外部情报等。知识库的建设主要包括如下步骤:一是知识收集;二是知识加工、整理与挖掘;三是知识存储与共享;四是知识的更新。知识库的建立可以有

---

　　①　见特里·库克《电子文件与纸质文件观念:后保管及后现代主义社会里信息与档案管理中面临的一场革命》,《山西档案》1997 年第 2 期。

效汇集知识,但其建立的目的不是为了形成一个完备的知识库,而是要帮助档案利用服务者应用在对公众提供的服务中。

在知识服务背景下,档案信息利用服务未来的发展趋势将不再只是简单地传递档案及其信息,而是向利用者提供知识服务。档案利用服务者从"保管员"型转变为知识型、专业型人员,档案利用服务变为一个知识分享、传播的过程,档案管理机构内的知识扩散到外部,即服务社会的过程,是档案利用服务者掌握的个人知识传递给外部需求者的过程。这个过程的结果是有效供给档案知识产品和服务。

传统档案利用服务的目的是为公众提供档案,提供解决问题所需的信息,其关注的焦点和最终评价是"我是否提供了您需要的档案信息"。知识服务的目的是为公众提供知识,提供解决问题的具体方案,它关注的焦点和最终评价是"是否通过我的服务解决了您的问题"。知识服务可以让利用者了解到表面不相干甚至迥然不同的信息之间的联系,还能以交互、可访问的方式调出知识。例如对于学术研究和文化休闲型利用者,除了按需提供档案外,还可以提供地名志、区志等有关图书或者资料等知识成果,或者主动查找相关知识提供利用。传统档案服务是一种模式化服务,对所有的利用者都以同样的方式提供档案服务。知识服务强调个性化服务,需要针对不同的利用者采用与之适应的服务方式提供所需知识。例如对于档案查不到的情况要帮利用者分析当时档案形成归档的单位部门,哪些部门还存有相关档案资料,对于疑难复杂的利用需求不能当场直接答复,需要团队服务等,尽量针对每个人制定贴合其需求的知识或者解决方案。

传统档案利用服务是一种阶段性服务,往往分为接收查询需求、查询档案、调档利用三个阶段。知识服务是一种全过程服务,不仅包括以上这些阶段,还提供前期服务和后期服务。知识服务主要包括五个阶段:一是前期服务,主要包括了解利用者的信息及知识需求,从方便知识服务角度询问并补充利用需求和查询条件,向其宣传现有知识资源状况,告之所查档案有关的业务知识,协助判断其所需档案或知识的获取单位,向公众传授检索、利用知识的技能,帮助利用者提高检索、利用的效率等;二是接收查询申请,利用者出示证件,填写利用需求和查询条件并交与档案利用服务接待人员;三是查询阶段,档案利用服务接待人员根据公众需要调用相关档案、图书等知识资源进行查找,准备提供档案信息或有关知识,对于复杂的利用需求,可以在咨询专家团队意见后给出结果;四是利用阶段,提供有关的档案或图书、资料,告之查询结果及有关的知识信息,并最终根据其反馈来决定继续查找或者提供相应的档案复制件或者证明等;五是后期服务,对于未查到档案信息的情况继续进行深入分析,提供有关查询线索或者业务办理知识,了解公众利用知识、享受服务之后产生的实际效果和新的需求,了解公众对服务质量、服务方式的意见和建议,根据公众的意见和建议改进服务质量、服务方式等等①。

通过与传统档案利用服务的比较可见,知识服务不仅仅是一种服务方法,更是一种服务理念与服务体系。在知识服务中,还可以将利用者信息存入数据库中,而后运用智能技术进行分析,了解利用者的兴趣与爱好,形成需求空间,而后在需求空间中主动查找相匹配的需求信息,再向知识库搜索相关知识。如果搜索到与利用者兴趣爱好相匹配的知识,可以通过嵌入到档案利用服务系统中的知识服务模块用主动性的推送方法满足利用者的个性化知识需求,从而为利用者提供最佳服务。此外,利用者还可通过信息服务平台与专家、档案馆员或其他利用者直接交流问题,寻求帮助,完成知识的共享、转化与创新。

当前虽然有不少档案服务已经积极向公众提供一些便民措施,如提供有关单位联系方式或者办理手续等公众急需的知识信息,主动联系有关部门查询档案线索等,但是这些做法还只是知识服务的雏形,离知识服务这一高级信息服务阶段还有不小的差距。未来的档案利用服务工作还需要系统规划,科学思考,积极建设,构建档案知识服务体系,真正为利用者提供高效的知识服务。

---

① 见陈健《浅谈知识服务在公共档案馆窗口服务中的应用》,http://archives.changning. sh. cn/dazs/rdht/rdht041/rdht041_12. html,检索日期 2013 年 6 月 6 日。

12.6　平民化:新的服务思想

在数字时代,网络打破了原有的金字塔形的社会结构,使得高耸的社会结构变得扁平化。在网络中,人与人之间的关系是平等的,网上的消息很快就能传遍全国乃至全球,舆论监督将发挥最大作用。网络促使人们的思维方式发生很大变化,大众信息意识提升、更加追求个性的表达。在这种环境下,档案信息利用服务必须更加关注利用者的需求。对于个体利用者来说,其利用档案首先的、最初的、直接的目的一般都是出于维护自身利益的诉求,而后是进行专业研究等功能性需求,最后是文化和休闲需求。因此,如何解决民生问题成为网络环境下档案信息利用服务要考虑的重点。

2008 年,国家档案局杨冬权局长在全国档案工作会议上提出档案工作要建立"两个体系",即建立覆盖人民群众的档案资源体系,建立方便人民群众的档案利用体系,这表明档案工作开始重视民生档案的利用,逐步形成惠及全民的档案信息利用服务体系。"两个体系"建设的提出被业界学者认为是档案事业"从国家模式到社会模式"的转变。

由此,"公平公正、开放亲民"成为档案利用服务的重要指导思想。在该服务思想的指导下,档案利用服务对象范围大大扩展,不再仅仅是传统的党政机关、团体单位、专家学者,而是扩大到普通的个人,民生档案开始受到重视。所谓的民生就是民众的生活,服务社会和民生才能实现档案价值的最大化,档案利用服务工作在档案工作中的比重越来越大。

在"服务民生"思想的指导下,我国档案利用服务工作迅速行动起来。许多档案馆及其网站建立起知青、招工、婚姻等与人民群众利益密切相关档案的专题数据库,以便最大限度地满足社会公众的档案信息需求。例如,北京市档案信息网设置了民生档案资源共享栏目,内容涉及民生需求的 33 个方面,包括独生子女档案、房产档案、婚姻档案、学籍档案、人员调动档案、户籍档案等等。每个方面的民生档案根据行政区域进行分类,如知青档案分为北京市档案馆、东城区档案馆、西城区档案馆、崇文区档案馆、宣武区档案馆、海淀区档案馆等 17 个行政区域的档案馆藏。该分类方案既方便利用者在线查找信息,也为到馆利用档案原件提供了便捷,充分体现了服务民生的思想。

此外,还有一些档案利用服务中主动提供休闲类档案信息。例如揭秘历史秘闻满足探秘者好奇之心,提供名人档案、特产档案、乡俗档案等中华文化熏陶,提供与人和家族有关的档案满足寻"根"一族的业余爱好等。通过这些文化休闲类信息翔实而权威的内容、生动而自由的表现形式迎合社会公众需求,深入生活,服务普通大众。

国外有学者认为,档案能够为公民提供身份感、地域感、历史感、文化感、个人感和集体记忆。[①] 新的服务思想源于档案信息的社会属性和社会民主化作用的结果,它不仅是社会进步的直接体现,也切合和谐社会建设的发展要求。

12.7 整体化:新的服务体系

数字时代行至今日,档案机构已经建设了大量的数字档案信息资源。这些资源是一笔丰厚的国家资源财富,但是,目前这些资源没有实现连通和交换,处于分散和孤立的状态,没有实现全面关联。

加拿大的斯威夫特在第十三届国际档案大会上所作《本世纪末档案工作——回顾与展望》的主题演讲中指出:"档案工作者必须找到一条途径,使其他专业的成员分享他们对有效的文件管理独具慧眼的专业借鉴,假如数据管理者、档案图书管理员以及其他专业人员不能认识到档案专业的基本原则,而且也未把它引入新的信息系统中,那么就不可能在现代电子系统中

---

① [加]特里·库克《过去是序言:自 1898 年以来的档案想法的历史和未来的范式转换》,节选自《第十三届国际档案大会文件报告集》,档案出版社 1997 年版,第 26 页。

长久的保存有用而且可用的信息。"以加拿大的馆际共享服务为例。在加拿大国家图书档案馆和其他一些重点档案馆之间都存在着馆际查阅服务系统。1996 年的"档案信息高速公路"圆桌会议上,加拿大提出了建立"加拿大档案信息网络(CAIN)"计划,通过创建自动化联机文件检索工具对国家档案馆所建立的数据库及自动化系统中的大量信息进行检索,并与国内现存的所有分散性档案信息网站联网,实现全国范围内的档案信息资源共享。该计划目的在于准确统计和分析馆际信息共享,从而方便档案馆间的馆际互借和查阅活动,有利于各级各类档案进一步地拓展业务合作,促进档案馆间的文献利用和资源共享①。利用者可以借助于"档案网"这一在线研究工具,从加拿大国家档案馆的各种数据库及自动化系统中查询各类档案信息。

在未来发展中,档案机构应该利用网络技术对档案信息进行管理,将档案信息资源进行集成,并虚拟地将全社会的档案信息整合为一个有机整体,这个整体以档案网络建设为基础,以档案信息资源为核心,以档案信息资源共享为目标,提高档案信息的集中利用程度,为社会利用提供一条超级通道。凡是能上网的利用者均可查阅自己权限范围内的档案信息,他们可以在较短的时间内查阅保管在不同地域和部门的大量档案信息,对于某个特定的利用者来说,他面对的是一站式的检索和查阅界面,但后台是整体化的档案信息利用服务体系。档案机构通过网络把信息服务中的诸要素有机地链接成一个整体,实现资源的全面共享,档案工作的重心从收藏向获取转移,从信息描述向信息传递转移,从提供档案线索和原文向提供分析加工过的增值档案信息产品转移,更好地满足用户的档案信息需求。

档案利用服务要以建立较为丰富的各类数据库作为坚实基础。馆藏数字化越有特色也就越有被利用的价值。目前,我国档案馆自建的数据库多数属于目录数据库,深度不够,这极大地制约了档案信息服务功能的发挥,因此,档案馆应该加强事实型和数据型数据库的建设,并逐步建立起具有馆

---

① 　见罗深《浅谈加拿大国家图书档案馆的档案信息服务系统》,《兰台世界》2009 年第 10 期。

藏特色的全文数据库,成为网上竞争的重要资源。另外,要加强馆际合作开发档案信息和资源共享的工作,根据横向联合、互利互惠的原则,制定有关章程、协议及收费标准,形成一个资源共享的运行机制,这样能够极大地弥补自身信息资源的不足。

整体档案信息利用服务体系包含四个层次:一是国家整体档案信息利用服务体系,形成全国档案信息集成利用网络,提高档案信息利用服务的社会效益和经济效益;二是地区综合档案信息利用服务体系,以地市级综合档案馆为中心,辐射各市、县、区,形成资源共享的格局,体现经济的区域性,以利于档案信息的整体利用服务;三是行业档案信息利用服务体系,集中本行业档案信息进行整体开发、综合管理,为某一行业服务;四是特色档案信息利用服务体系,整合各档案馆的特色馆藏,共同建立一个或多个具有规模的数据库群,为利用者提供跨库、无缝连接的高效信息服务。将各地具有特色的专题数据库共享将是我国档案信息资源建设的特色所在。

结束语

　　数字时代是一个崭新的时代,对于文件与档案管理来说,这个时代有惊喜也有挑战。文件与档案管理面对新的对象、面临新的问题,解决这些问题要开创新的思想,应用新的技术,制定新的法规,拓展新的模式,采取新的策略,重组新的流程,建立新的体制,开发新的系统,最终为整个社会提供新的服务。

　　做好数字时代的文件与档案工作既需要我们脚踏实地,又需要我们具有超前的、打破以往一些传统惯性和作法的思维;既需要具有深入的理论研究,又需要具有建设和试点的实践;既需要理论研究界与具体档案机构紧密结合,又需要档案界与社会各界紧密合作……从而最终管理好电子文件,维护国家数字历史,为社会公众提供身份感、地域感、历史感、文化感、个人感和集体记忆。

　　在数字化时代为国家保存历史记忆并面向社会公众提供高效优质的数字信息服务,是档案界有所作为的表现,也是我们文档工作者义不容辞的责任!

参考文献

图书：

[1] 陈一云. 证据学[M]. 2 版. 北京:中国人民大学出版社,2000.

[2] 范玉顺. 工作流管理技术基础[M]. 北京:清华大学出版社,2001.

[3] 冯惠玲. 电子文件管理教程[M]. 北京:中国人民大学出版社,2001.

[4] 冯惠玲,张辑哲. 档案学概论[M]. 北京:中国人民大学出版社,2001.

[5] 冯惠玲,赵国俊. 中国电子文件管理:问题与对策[M]. 北京:中国人民大学出版社,2009.

[6] 冯惠玲,刘越男. 电子文件管理国家战略[M]. 北京:中国人民大学出版社,2011.

[7] 傅荣校. 档案管理现代化[M]. 杭州:浙江大学出版社,2002.

[8] 蒋平,杨莉莉. 电子证据[M]. 北京:清华大学出版社,2007.

[9] 金波. 电子文件管理学[M]. 上海:上海大学出版社,2007.

[10] 李国庆. 数字档案馆概论[M]. 北京:中国档案出版社,2003.

[11] 梁毓阶. 文书学[M]. 北京:档案出版社,1985.

[12] 刘家真. 电子文件管理导论[M]. 武汉:武汉大学出版社,1999.

[13] 吴弘. 计算机信息网络法律问题研究[M]. 上海:立信会计出版社,2001.

[14] 肖希明. 数字信息资源建设与服务研究[M]. 武汉:武汉大学出版社,2008.

[15] 张正强. 电子文件管理[M]. 北京:解放军出版社,2004.

[16] 赵屹. 电子政务环境下电子文件流程分析与设计[M]. 北京:军事科学出版社,2009.

[17] 赵屹. 档案信息网络化建设[M]. 北京:北京图书馆出版社,2003.

[18] 吴宝康,冯子直. 档案学词典[M]. 上海:上海辞书出版社,1994.

[19] TENG J C. 流程再造——理论、方法和技术[M]. 梅绍祖,译. 北京:清华大学出版社,2004.

[20] ARMS W Y. 数字图书馆概论[M]. 施伯乐,译. 北京:电子工业出版社,2001.

[21] 比尔曼. 电子证据——当代机构文件管理战略[M]. 王健,译. 北京:中国人民大学出版社,2000.

[22] 尼葛洛庞帝. 数字化生存[M]. 海口:海南出版社,1996.

[23] 陈健. 浅谈知识服务在公共档案馆窗口服务中的应用[M]//杨永和. 回眸与展望——档案馆发展的经验、方向与对策. 上海:世界图书出版上海有限公司,2011.

[24] 冯惠玲. 拓展职能——"夹缝时代"档案职业的生存之策[M]//21世纪的社会记忆——中国首届档案学博士论坛论文集. 北京:中国人民大学出版社,2001.

[25] 张宁. 文件连续体理论之比较研究[M]//21世纪的社会记忆——中国首届档案学博士论坛论文集. 北京:中国人民大学出版社,2001.

[26] 诺加雷. 信息技术对档案和档案工作的影响[M]//第十三届国际档案大会文件报告集. 北京:档案出版社,1997.

[27] 瓦洛. 档案思想的自由贸易:加拿大对北美档案发展的看法[M]//第十三届国际档案大会文件报告集. 北京:档案出版社,1997.

[28] 库克. 过去是序言:自1898年以来的档案想法的历史和未来的范式转换[M]//第十三届国际档案大会文件报告集. 北京:档案出版社,1997.

[29] 比尔曼. 虚拟档案[M]//第十三届国际档案大会文件报告集. 北京:档案出版社,1997.

[30] 哈里斯. 法律、证据和电子文件:对世界周边国家的战略展望[M]//第十四届国际档案大会论文集. 北京:中国档案出版社,2002.

期刊:

[1] "无纸"时代即将到来[J]. 山西档案,1994(1).

[2] DAVIS S. 回顾过去展望未来澳大利亚国家档案馆电子文件管理30年[J]. 档案管理,2007(6).

[3] KUNY T. The Digital Dark Ages? Challengesin the Preservation of Electronic Information[J]. International Preservation News,1998(17).

[4] 库克. 电子文件与纸质文件观念:后保管及后现代主义社会里信息与档案管理中面临的一场革命[J]. 山西档案,1997(2).

[5] 安小米. 文件连续体模式对电子文件最优化管理的启示[J]. 档案学通讯,2002(3).

[6] 俄印刷广告时代结束网络广告收入超报刊[J]. 中国印刷,2012(4).

[7] 陈兆祦. 再论档案的定义——兼论文件的定义和运动周期问题[J]. 档案学通讯,1987(2).

[8] 邓绍兴. 改革档案保管期限表的思考[J]. 中国档案,2000(11).

[9] 丁枫. 美、英、澳档案界动态[J]. 中国档案,2010(1).

[10] 段健滨,程广运. 基于 xml 的数据交换技术在电子政务中的应用[J]. 信息技术,2006(7).

[11] 冯惠玲. 认识电子文件[J]. 档案学通讯,1998(1).

[12] 冯惠玲. 无纸收藏《拥有新记忆——电子文件管理研究》摘要之二[J]. 档案学通讯,1998(2).

[13] 冯惠玲. 电子文件时代新思维《拥有新记忆——电子文件管理研究》摘要之六[J]. 档案学通讯,1998(6).

[14] 傅华. 美国电子文件管理的十年官司及启示[J]. 中国档案,2000(6).

[15] 傅荣校. 认识数字档案馆[J]. 中国档案,2001(5).

[16] 韩宝华. 档案与文件关系新论[J]. 档案与建设,1995(9).

[17] 韩杰. 大力推进电子文件中心建设"三位一体"服务经济社会发展[J]. 档案与建设,2007(5).

[18] 何宝梅. 对文件连续体理论的若干思考[J]. 北京档案,2002(10).

[19] 黄萃. 电子文件利用所涉及的法律问题[J]. 档案与建设,2001(5).

[20] 黄玉明. 安徽省电子文件中心建设的思路与做法[J]. 中国档案,2006(12).

[21] 黄正鸿. 云计算在档案信息化领域的应用启示[J]. 中国档案,2011(5).

[22] 黄志文. 电子文件的法律证据[J]. 档案,1998(6).

[23] 江涛. 美国电子文件档案馆(ERA)对我国电子文件保存的借鉴意义[J]. 浙江档案,2006(5).

[24] 李军. 走进无纸化时代[J]. 人民之声,2011(8).

[25] 李漫,李红梅. 基于数字档案馆的档案信息个性化服务研究[J]. 兰台世界,2010(3).

[26] 李泽锋. 基于 OAIS 的可信电子文件管理系统的体系构建[J]. 情报杂志,2010(8).

[27] 刘家真. 澳大利亚电子文件管理策略[J]. 湖南档案,1999(2).

[28] 刘永. 数字档案馆若干问题[J]. 档案管理,2001(2).

[29] 刘越男,梁凯,顾伟. 电子文件管理系统实施过程中元数据方案的设计[J]. 档案学研究,2012(2).

[30] 刘越男,杨程婕,熊瑶,等. 我国省级、副省级档案馆电子文件移交进馆及管理情况调查分析[J]. 档案学通讯,2011(4).

[31] 罗滦. 浅谈加拿大国家图书档案馆的档案信息服务系统[J]. 兰台世界,2009(10).

[32] 马林青. 加拿大联邦政府电子文件管理策略分析[J]. 档案学研究,2010(6).

[33] 面对新的电子信息时代挑战的思考[J]. 兰台世界,1997(4).

[34] 穆林. 前东德国家安全部档案的抢救和整理[J]. 中国档案,2005(2).

[35] 潘连根,刘东斌. 关于"大文件"概念的辨析[J]. 档案管理,2008(5).

[36] 潘连根. "大文件观"与档案学基础理论问题的研究[J]. 兰台世界,2001(4).

[37] 裴喜英. 数字信息长期保存策略分析[J]. 云南档案,2012(9).

[38] 彭光芒. 对电子公文的思考[J]. 秘书,2001(4).

[39] 邱晓威. 数字档案馆及其建设模式[J]. 中国档案,2001(10).

[40] 权丽桃. 政府网络信息资源归档保存研究[J]. 图书馆理论与实践,2011(7).

[41] 任汉中. 档案学研究应当回到"以档为本"的轨道——谈谈我对"大文件观"的几点认识[J]. 档案管理,2008(5).

[42] 芮益芳. 无纸化阅读时代,你且慢来[J]. 中国传媒科技,2010(10).

[43] 孙建华. XML 在数字化档案馆中的应用[J]. 中国信息导报,2004(10).

[44] 宋乐永. 王智玉:"被逼"信息化[J]. 计算机世界,2002(31).

[45] 汤荣宏. 电子公文归档和移交数据结构研究[J]. 中国档案,2007(4).

[46] 田浩求,袁渊,周瑞. 数据备份系统分析及其软件设计[J]. 软件导刊,2008(10).

[47] 王会,田士威,乔相军. 数字媒体与纸质媒体博弈的原则、策略及意义[J]. 河北大学学报(哲学社会科学版),2007(6).

[48] 王茂跃. 关于大文件概念的一些思考[J]. 档案管理,2007(6).

[49] 王茂跃. 关于大文件概念的再思考[J]. 档案管理,2009(1).

[50] 王绍侠. 电子文件产生证据效力的困难及其对管理的启示[J]. 档案学研究,2003(3).

[51] 王佑镁. Web2.0时代阅读方式的传承与转变[J]. 中国信息界,2011(11).

[52] 王玉龙. 云计算环境下电子文件管理问题的思考[J]. 北京档案,2012(2).

[53] 吴宝康.“文件生命周期理论”问题引起的若干思考[J]. 档案学通讯,1993(1).

[54] 吴品才. 大文件观:当代中国档案学的必然选择——兼与王茂跃先生商榷[J]. 档案管理,2008(5).

[55] 肖琨. 实施电子签名法的冷思考[J]. 台声·新视角,2005(6).

[56] 肖秋惠. 我国数字档案馆与电子文件中心建设述评[J]. 档案学通讯,2008(6).

[57] 谢元贞. 数据备份技术[J]. 自动化技术与应用,2001(3).

[58] 徐维. 元数据:电子文件管理的关键所在[J]. 山西档案,2000(4).

[59] 徐振杰. 中外关于电子文件证据的法律法规[J]. 湖南档案,2002(10).

[60] 玄伟剑. 什么是Web2.0[J]. 互联网周刊,2005(40).

[61] 杨宝章.《档案界》网站为何异军突起[J]. 档案,2010(1).

[62] 杨冬权. 贯彻王刚同志重要批示精神以建设电子文件中心为突破口全面建立有中国特色的电子文件管理体系[J]. 中国档案,2007(6).

[63] 杨杰. 我国电子文件立法工作现状探析[J]. 兰台世界,2010(9 月下).

[64] 庾晋,白木,周洁. 计算机灾难性事故中的数据备份[J]. 中国信息导报,2002(2).

[65] 占晖. 档案与电子文件登记备份中心的建设要求[J]. 浙江档案,2011(7).

[66] 张晏如. 档案信息多元化服务模式探析[J]. 档案,2010(3).

[67] 张宁. 我国电子文件管理现状调查与思考[J]. 档案学通讯,2008,(6).

[68] 张智雄. 如何长期保存数字资源[J]. 中国教育网络,2006(4).

[69] 赵俊玲,卢振波. 网络信息保存的责任体系分析[J]. 大学图书馆学报,2009(2).

[70] 赵屹. 对“数字档案馆”的简单认识[J]. 档案学通讯,2003(5).

[71] 赵永超. 基于仿真的数字资源长期保存策略[J]. 情报探索,2009(1).

[72] 浙江省档案局电子公文归档调查组. 信息化浪潮中的电子公文归档——浙江省省直机关电子公文归档情况的调查与思考[J]. 浙江档案,2005(2).

[73] 郑渊洁. 复活的木乃伊[J]. 童话大王,1997(12).

[74] 周振凡. 考察丹麦档案工作的几点印象[J]. 中国档案,2011(12).

[75] 祝庆轩,桑毓域,方昀. 基于云计算的档案信息资源共享模式研究[J]. 兰台世界,2011(7).

[76] 陕西省档案局. 陕西建设了电子政务系统异地文件备份中心[J]. 中国档案,2007(6).

[77] 易名. 大数据,未来新石油[J]. 看天下,2013(6).

论文：

［1］胡杰.基于工作流的文档管理系统的研究与开发[D].大连:大连理工大学,2002.

［2］胡杰.基于政务网的电子文件中心的构建与实现模式研究[D].苏州:苏州大学,2007.

［3］唐跃进.CD-R 光盘耐久性与光盘档案保护研究[D].北京:中国人民大学,2003.

报纸：

［1］档案信息数据应急响应与灾难备份系统在武汉成功启用[N].中国档案报,2009-03-16(3).

［2］任冬莉.南京哈尔滨协议互建档案数据备份基地[N].中国档案报,2009-09-14(2).

报告：

［1］谈胜祥.在上海首届"3＋1"档案论坛会议上的发言[R],2007-12-28.

［2］Workflow Management Coalition. The Workflow Reference Model[R]. Technical Report WfMCTC00-1003,1994.

电子文献：

［3］百度百科.瑞士诺克斯地堡[EB/OL].[2013-05-16].http://baike.baidu.com/view/3660290.htm.

［4］车文翔.山东省首家数字档案异地备份中心建成[EB/OL].[2009-09-30].http://www.tadaj.gov.cn/webwz/newsdetail.jsp? news_id=875.

［5］陈晓鹏.1.2亿元深圳建数据灾备中心[EB/OL].[2013-05-18].http://media.ccidnet.com/media/ccu/598/01001.htm.

［6］大数据"显影":Ayasdi用拓扑数据分析癌症[EB/OL].[2013-06-06].http://www.ctocio.com/ccnews/11043.html.

［7］大数据解决方案背后——开放架构才是未来[EB/OL].[2013-05-08].http://www.csdn.net/article/2011-12-15/309168.

［8］大数据时代[EB/OL].[2013-05-14].http://bbs.pinggu.org/bigdata/.

［9］电子文件中心改革简介[EB/OL].[2011-10-03].http://www.ahda.gov.cn/

SortHtml/1/88700234193. html.

[10] 电子政务忌重"电"轻"政"[EB/OL]. [2013 - 05 - 06]. http://tech. sina. com. cn/i/c/2002 - 12 - 18/0936156441. shtml.

[11] 高富平. 加拿大统一电子证据法[EB/OL]. [2013 - 05 - 10]. http://www. lawit. org/lawdata/legal3/200602/6313. html.

[12] 国际电联:到 2013 年底全球近 40%人口使用互联网[EB/OL]. [2013 - 05 - 14]. http://www. admaimai. com/news/ad201302282 - ad98678. html.

[13] 国家行业标准. 电子公文文档一体化业务流程管理规范(征求意见稿)[EB/OL]. [2008 - 12 - 20]. http://www. fsarc. gov. cn/flfg/daywgf/200704/P020080518275981712400. doc.

[14] 解读电子签名法:电子商务发展的里程碑[EB/OL]. [2013 - 05 - 31]. http://www. lawtime. cn/info/shangwu/qmlaw/20081117321. html.

[15] 南京市档案局馆. 做好档案信息资源整合增强档案网站公共服务能力[EB/OL]. [2013 - 04 - 20]. http://www. zgdazxw. com. cn/NewsView. asp? ID=10779.

[16] 阮一峰. 元数据[EB/OL]. [2013 - 06 - 07]. http://www. ruanyifeng. com/blog/2007/03/metadata. html.

[17] 数字化革命对纸质媒体变革的意义在哪里[EB/OL]. [2013 - 05 - 06]. http://info. broadcast. hc360. com/HTML/001/001/025/50397. htm.

[18] 数字遗产保护章程[EB/OL]. [2013 - 05 - 09]. http://www. saac. gov. cn/news/2012 - 01/05/content_13540. htm.

[19] 唐宁. 欧盟在阿尔卑斯山造地堡存放人类文明档案[EB/OL]. [2013 - 06 - 03]. http://news. xinhuanet. com/tech/2010 - 05/24/content_13550087. htm.

[20] 微时代的阅读变化电子书与纸质书分庭抗礼[EB/OL]. [2013 - 04 - 27]. http://www. caigou. com. cn/News/Detail/131450. shtml.

[21] 奚晓明. 电子数据——《中华人民共和国民事诉讼法》修改条文理解与适用[EB/OL]. [2013 - 05 - 30]. http://blog. sina. com. cn/s/blog_462935f601017u45. html.

[22] 新媒体的崛起与传统媒体的终结[EB/OL]. [2013 - 05 - 13]. http://blog. sina. com. cn/s/blog_5995f0c40100aotk. html.

[23] 英连锁书店巨头鲍德斯倒闭是否实体店即将失落[EB/OL]. [2013 - 05 - 06]. http://www. admaimai. com/News/Detail/2/17004. htm.

[24] 余仁. 信息化进程中的一件大事[EB/OL]. [2013 - 05 - 31]. http://www. cnii.

com. cn/20030915/ca233771. htm.

[25] 张晨. 文明"诺亚方舟"正在建造中[EB/OL]. [2013 - 06 - 03]. http://news. xkb. com. cn/guoji/2010/0529/66743_3. html.

[26] 赵建国. 数字时代如何保存现代文明[EB/OL]. [2012 - 10 - 08]. http://www. gmw. cn/content/2009 - 01/05/content_875792. htm.

[27] 赵彦昌. 中国档案学研究[EB/OL]. [2013 - 04 - 20]. http://hexun. com/ weilaiwansui/default. html.

[28] 最火美剧《纸牌屋》:电视剧遇上大数据[EB/OL]. [2013 - 06 - 06]. http://news. xinhuanet. com/tech/2013 - 05/02/c_124652222. htm.

[29] About[EB/OL]. [2012 - 12 - 01]. http://www. historypin. com/about-us/.

[30] A Report on Federal Web2.0 Use and Record Value[EB/OL]. [2012 - 12 - 01]. http://jhagmann. twoday. net/stories/8367420/.

[31] Cho, Garcia-Molina. Web-based Government Information: Capture, Curation, Preservation[EB/OL]. [2005 - 03 - 16]. http://www. cdlib. org/programs/Web_ based_archiving_mellon_Final_corrected. pdf.

[32] Archive-It[EB/OL]. [2013 - 06 - 08]. http://www. archive-it. org/.

[33] ENISA. Don't use cloud for sensitive data, EU warns members[EB/OL]. [2013 - 05 - 24]. http://www. information-age. com/channels/data-centre-and-it-infrastructure/ news/1514033/dont-use-cloud-for-sensitive-data-eu-warns-members. thtml.

[34] Guidanceon Managing Recordsin Web2.0/SocialMediaPlatforms[EB/OL]. [2012 - 12 - 01]. http://www. archives. gov/records-mgmt/bulletins/2011/2011 - 02. html.

[35] Howard Quenault. VERS:Buildinga Digital Record Heritage[EB/OL]. [2012 - 01 - 05]. http://www. vala. org. au/vala2004/2004pdfs/13Quena. PDF.

[36] NARA. ERK and ERM[EB/OL]. [2002 - 01 - 05]. http://www. nara. gov/ records/fasttrak/prod5a/sld010. html.

[37] National Archivesand Records Administration. Building the Archives of the Future: The Electronic Records Archives(ERA) Program[EB/OL]. [2012 - 01 - 05]. http://www. archives. gov/era.

[38] SUILING. 从纯纸质阅读到电子阅读时代[EB/OL]. [2012 - 09 - 08]. http://

media. cocoachina. com/from-tabloids-to-tablets-commercial-opportunities-on-apple%E2%80%99s-newsstand/.

[39] SusanThomas,Janette Martin. Using the papers of contemporary British politicians as a test bed for the preservation of digital personal archives[EB/OL]. [2012 - 01 - 05]. http://www. paradigm. ac. uk/projectdocs/papers/paradigm-preprint. html.

[40] Tucci. Addressing compliancer equirements in cloud computing contracts[EB/OL]. [2013 - 05 - 27]. http://searchcio. techtarget. com/news/article/0,289142, sid182 _gci1359026,00. html.

[41] USC 研究:全球数据存储总量达 295EB[EB/OL]. [2013 - 05 - 08]. http://soft. zdnet. com. cn/stor-age/2011/0214/2004675. shtml.

[42] 斯道达特. 加拿大《个人信息保护和电子文件法》对个人隐私的保护[EB/OL]. [2013 - 05 - 31]. http://www. cmcma. org. cn/html/201010 - 15/20101015085106. htm.

标准:

[43] 中华人民共和国国家标准. 电子文件归档与管理规范 [S]. GB/T18894 - 2002,2002.

[44] 中华人民共和国行业标准. 文书类电子文件元数据方案 [S]. DA/T46 - 2009,2009.

[45] 中华人民共和国行业标准. 核电电子文件元数据标准[S]. EJ/T1224 - 2008,2008.

[46] 国家档案局. 基于 XML 的电子文件封装规范[S]. DA/T48 - 2009,2009.

[47] 国际档案理事会电子文件委员会. 电子文件管理指南[S]. 1997:20.

[48] CAARA. Models for the distributed custody and managemen to government archival records[S]. CAARAPolicy15,2006.

[49] CIOB(加拿大财政部秘书处信息主管办公机构). Framework for the Management of Information in the Government of Canada[S]. 2002.

[50] European commission. Model Requirements for the Management of Electronic Records(MoReq)[S]. 2008.

[51] Digital Signature Standard(DSS)[S]. FIPS186 - 2(Federal Information Processing Standards Publication186 - 2),1994.

[52] Information processing systems-Open systems interconnection-Basic reference model-Part2:Security architecture first edition[S]. ISO7498 - 2,1989.

[53] International Organization for Standardization. Information and Documentation-Records Management-Part1:General[S]. ISO15489 - 1,2001. Part2:Guidelines[S]. ISO15489 - 2,2001.

[54] International Organization for Standardization. Information and documentation-Records management processes-Metadataforrecords-Part1:Principles[S]. ISO23081 - 1,2006. Part2:Conceptual and implementation issues[S]. ISO/TS23081 - 2,2007.

[55] NAA. Managing Electronic Records: A Shared Responsibility[S]. 1995.

[56] NAA. Keeping Electronic Records[S]. 1995.

[57] Public Record Office(英国公共文件办公室). E-government Policy Framework for Electronic Records Management[S]. 2001.

[58] Standards Australia[S]. As4390,1996:4 · 22.

[59] United States Department of Defense. Electronic Records Management Software Applications Design Criteria Standard[S]. DOD5015. 2 - STD,2007.

法规:

[60] 全国人民代表大会. 中华人民共和国电子签名法[Z]. 2004:第一章,第二条.

[61] 国家档案局,国家保密局. 各级国家档案馆馆藏档案解密和划分控制使用范围的暂行规定[Z]. 国档发[1991]28 号,1991.

[62] Canada. Uniform Electronic EvidenceAct[Z]. 1998.

[63] Council of Europe. Conventionon Cybercrime[Z].

[64] United States. Paperwork ReductionAct[Z]. 1995.

[65] United States. E-governmentAct[Z]. 2002.

后记

我有一个梦想:不为学位、不为课题,仅仅因为喜欢而写一本专业书,写给关注这个领域的小伙伴们读。亲,当你读到这里时,我的梦想照进了现实。

自由写作的感觉真好。不需要写文献综述,不需要做八股文章,想到哪儿、写到哪儿,想写什么、就写什么,随心所欲、率性而为,内容涉及我从业以来对多方面问题的研究、探索和思考,而不必拘泥于某一个主题范围;或活泼、或调侃、或庄重、或严肃,笔锋所至、气象万千,可以根据不同的内容应用不同的语言,使得交流思想的内容轻松易读,探讨专业的内容精湛专深。如果你有兴趣了解数字时代文件与档案管理的变化与发展,如果你拿起本书还能读下去并在心里说:"嗯,还不算枯燥!",如果你读过之后感觉有些帮助或有些收获,亲,那是我写此书的最终目的和最大的荣幸。

就我个人而言,能够成就这样一个梦想是件很伟大的事,天时、地利、人和一个都不能少。

"天时"是时代发展到了一定阶段,文件与档案管理领域的变化发展到了一定阶段。这个阶段我们有必要回头归纳和总结,也需要向前预见和展望,出这样一本书,就有了意义。我的能力和水平是有限的,但在这样一个阶段我想写这样一本书,来抛砖引玉,引发业界同行们对数字时代文件与档案管理更深层次的研究和探索,也希望能吸引社会上各类与文件和档案管理有关人员的关注和思考。

　　"地利"当然是指有出书的时机。我的工作单位中国人民解放军南京政治学院于 2009 年出台了一项励志的政策,每两年评选一次中青年教员优秀人才津贴并给予一类津贴获得者资助出版的优厚待遇。它成为我梦想秀的舞台,让我赢得了梦想基金。这是此书得以面世的催化剂。

　　"人和"当然是指我一直坚持这个梦想。人有梦想不易,实现梦想更不易。当我静下心来写作时,更加深刻地体会到要仅仅因为喜欢而完成一本著作不是一件简单的事:要阅读,在广泛的阅读中奠定基础;要思考,并判断你的思考是否有价值;要学习,在学习中不断领会和提高;要阐述,让你的思考转化成文字;要润色,尽量让你的阐述显得专业而且不枯燥;最后,也是最重要的,要有时间。我们每一个人都身兼多种社会角色,当我努力想扮演好军人、老师、儿媳、女儿、妻子、母亲、家长、同学、朋友、闺蜜乃至减肥者等每一个角色时,才发现唯一的秘诀就是投入时间,在某个角色上投入的时间越多角色演得越好。但是,能给我扮演作者的时间是那么有限。在有限的时间里完成无限的梦想,就是人生给我们的挑战吧!

　　感谢我的所有的助梦人。

　　感谢南京政治学院的领导们出台了那么优秀的励志政策。

　　感谢我所在的信息管理系的领导们在津贴评选过程中给予的指导,尤其是政策伊始时任系领导的林平忠主任和王彦伟政委,他们高屋建瓴、气魄十足地大笔一挥,将我申报的目标由二类津贴改为一类,彼时我尚信心不足、唧唧咕咕,而今在实现梦想时才体会到他们给予的鞭策和鼓励。

　　感谢我的博士生导师、中国人民大学的王传宇教授对本书的写作给予关怀和指导。

　　感谢中国人民大学信息资源管理学院院长张斌教授为本书作序,您在百忙之中给予的支持让我感念于心。

　　感谢世界图书出版上海有限公司及其学术图书部姜海涛经理、吴柯茜编辑以及美编车皓楠,他们让本书得以付梓出版并在出版过程中精益求精、新益求新。

感谢我的母亲刘淑琴。她在写此书最紧张的阶段来我家小住。无论她在哪里、在做什么，始终是我人生中最强大的精神力量。

感谢婆婆李进，虽然写作这段时间她因事不能伴在我的身边，但她爱生活、爱家庭、爱子女的人生态度让我终身受益。

感谢丈夫陈晓晖，承担了陪伴女儿做作业的重大任务，又承担了很多采买、洗衣、洗碗、拖地等琐碎的家务，希望他能把数字时代新好男人作为"宅男奶爸"的那一面光辉形象继续保持下去并发扬光大。

感谢我的小小监工、八岁的女儿陈鹤铭。女儿常常关切地走到我工作台的旁边，认真地审视一下我写的内容，然后用天真的大眼睛望着我，充满期待地询问："妈妈，你的书写完了吗？晚上可以陪我睡觉了吗？"

感谢所有引文及参考文献的作者。每读那些作品，其中深刻的思想、精辟的论述、翔实的数据不断打动我、启发我、教育我，从而丰富了本书的思想和内容。

最后感谢所有关注我或我这本书的人，我将在我所从事并热爱的这个领域，往更深入的方向钻研和耕耘。

我还有一个梦想：写一本有趣的专业书，向社会推广档案理念，内容言简意赅、图文并茂、生动活泼、色彩丰富，通过这样一本书密切社会与档案的关系，为提高社会档案意识尽一点绵薄之力。

年少时读爱因斯坦对相对论的幽默阐述曾经那样深刻地震撼过我，他对年轻人说，相对论好比一个英俊小伙子和一个漂亮姑娘在一起聊天，时间再长也觉得很短；如果这个小伙子在大热天坐在一个火炉旁边，几分钟就像几年。这个小故事让我知道，任何的科学和研究都可以以更形象、更亲民的形式去阐述。

在中国人民大学读博士时，我们美丽的、认真的外教李大雁女士第一节课的自我介绍给我留下深刻的印象。她先介绍自己的姓名、来自美国的哪个州，紧接着就介绍她的德裔的祖上是哪一年、哪月、哪一日踏上美国的土地，揭开了其家族美国生存史的序幕。我知道，她或她的家人一定接触过美国的家谱档案（Genealogy）。在欧洲及美洲各国，家谱档案是一类特色档案，内容一般涉及出生证明、死亡记录、婚姻档案、离婚记录、人口普查、土地登记、护照申请、出入境人员登记、军队服役记录等，利用率相当高。许多人通过查询家谱档案，追寻家族祖先的足迹。李大雁女士或她的家人，一定也是如此知道了其祖上在美国登陆的具体日期。欧美的多数档案馆有专门的家谱档案利用室，档案网站有家谱档案的主页，以此拉近与社会公众的距离。家谱档案只是众多档案类型中的一种，然而其社会作用不容小觑。社会上成千上万的利用者通过家谱档案了解、熟知和认同了档案和档案工作，那一种利用已经深入整个社会，沁入许多人的骨髓。

在我国的实践工作中，档案界已经于 2010 年初提出实现"两个转变"、建立"两个体系"，即转变重事轻人、重物轻人、重典型人物轻普通人物的传统观念和认识，重视所有涉及人的档案的价值，建立覆盖人民群众的档案资源体系；转变档案工作中重机关团体利用、轻个人利用，重为机关团体服务、轻为人民群众服务的传统观念和认识，像重视机关团体利用那样重视人民群众利用，建立方便人民群众的档案利用体系。然而，我们的文件与档案学理论研究，随着数字时代的来临，仿佛越来越尖端、越来越精深，距离具体地指导操作越来越远，也没有很好地实现向社会化、平民化的转变。

也许我们需要一些著作，哪怕是几本小册子，承担一下关于文件与档案的社会教育责任，形象地、亲民地、同时也是专业地告诉社会公众：档案是什么，档案能干什么，档案和我们有什么关系，档案能帮我们解决什么问题，档案在社会中承担什么角色，档案对国家具有何种意义……社会档案意识的提高一定是社会整体素质提升的表现。然而，社会档案意识是一个很复杂的问题，它与一个国家的历史文化背景、全体国民的文化素质、档案部门的服务质量、档案专业研究者的社会教育水平息息相关。作为一名档案学专业的研究者，我想尽个人所能承担一点档案社会教育的职责。所以，我的下一个梦想就是一本言简意赅、图文并茂、生动活泼、色彩丰富、有趣的专业书。

一个梦想已经实现了,又一个梦想在前方点亮。我还会继续写下去。你可以无视我的创作,我仍旧执著于描述新时代里我所热爱的专业和工作。梦想是注定孤独的旅行,路上少不了困难和阻碍。但,那又怎样,哪怕历尽辛苦,也要写得漂亮。我是赵屹,我为梦想写作、为自己代言。

赵 屹

2013 年 5 月 1 日于上海五角场